道德经浅读

『国学精解三部曲』之一

张江红◎著

合肥工業大學出版社

图书在版编目(CIP)数据

道德经浅读/张江红著．—合肥：合肥工业大学出版社，2018.11
ISBN 978-7-5650-4246-1

Ⅰ.①道…　Ⅱ.①张…　Ⅲ.①道家②《道德经》—研究　Ⅳ.①B223.15

中国版本图书馆 CIP 数据核字(2018)第 254463 号

道德经浅读

DAODEJING QIANDU

张江红　著　　　责任编辑　疏利民

出　版	合肥工业大学出版社	版　次	2018 年 11 月第 1 版
地　址	合肥市屯溪路 193 号	印　次	2018 年 12 月第 1 次印刷
邮　编	230009	开　本	710 毫米×1010 毫米　1/16
电　话	总　编　室：0551-62903038	印　张	23.75
	市场营销部：0551-62903198	字　数	289 千字
网　址	www.hfutpress.com.cn	印　刷	合肥现代印务有限公司
E-mail	hfutpress@163.com	发　行	全国新华书店

ISBN 978-7-5650-4246-1　　定价：48.00 元

前　言

中国传统思想文化，以道、儒、法三家为主体，相互承续，各有侧重，各有自己的层次和境界，整体上形成了一个有机的文化统一体。

道家侧重天境，儒家侧重人境，法家侧重物境；道家围绕天道，儒家围绕人道，法家围绕无道之道的“权术”，大用诡道甚至歪门邪道，但求有利可图；道家追求自由与公正，儒家追求等级与秩序，法家追求功名和利益；道家以合天为主要的行为准则，儒家以合礼为主要的行为准则，法家以合法为主要的行为准则。

道家以顺应自然来追求人性的自由和人生的自在，佛家规避凡间的生活和现世的人生，片面追求心灵的至善和来世的因果。

可见，道家哲学不仅是最深刻的哲学，也是比较全面的哲学，《道德经》作为道家经典，历来广为解读和传习。

《道德经》博大精深，它的内容超越了文字，言下之意甚多、甚深，解说者因此众说纷纭，其中多有隔靴搔痒、自说自话、曲解本意、牵强附会等弊病，以至谬种流传，贻害匪浅。

《道德经》直接针对自然之人，不是社会之人；根本立足自然境界，不是社会境界，因此，在读它的时候，往往有与世隔绝、不合时宜之感。因此，在力求准确地解读《道德经》原意的同时，也有必要着眼社会现实，指出它的理想化成分，提出世俗化的建议。

力求《道德经》的本意，提高它与现实生活的衔接度，这就是本人写此《道德经浅读》的两大初衷。

《道德经》八十一章共五千言，字字珠玑，具有高瞻远瞩、追根溯源、矫枉过正、思维雄辩等特点。

一、《道德经》高瞻远瞩

老子的理论视野中，社会只是第二级，是自然的下位系统，因此，他认为人道不是人的最高准则，须以天道为宗，否则就可能忤逆自然而误入歧途。

老子立足自然之无限，站得高看得远，看出了人道中的道德、仁义、智力等等的不足，并提出了补救措施：

一是以无来补全有，成全全面的本体论；

二是以未知来补全已知，成全全面的认识论；

三是以无为来补全有为，成全全面的实践论；

四是以处下来补全处上，成全全面的价值论。

老子以“有无相生”说明有无间的互动，并解释了自然的起源和归宿；以已知和未知之间的关系说明了具体认识的局限和求知之路的无穷；以无为来扬弃有为，提升实践效果的共赢性和长效性；以处下来矫正世人不知节制的进取心，点明了价值取向的全面性。

《道德经》全面而深刻地阐述了无为的公共性、潜在性、长效性和大局性，《道德经浅读》解读了老子的无为的多重含义：

一是有所不为；

二是利他之为；

三是共赢之为；

四是共同而为；

五是择机而为；

六是无形之为。

二、《道德经》追根溯源

《道德经》中的论点多具全局性和根本性，诸如：

一是以无为本的本体论

以无作为有的原型和潜在形式，从而推出宇宙的本体，以及这个本体的自创性和自控性，根本揭示了宇宙的无限性——包括时间维度的无始无终。

二是以无为为高的实践论

老子认为，有为只是为的一个方面，就像有只是自然的一个方面一样，不能单纯依赖有为，只能适度应用之，面对大事或公事，非得借重无为不可。

动静的辩证关系既是老子哲学的基本范畴，也是老子无为思想的根本依据。

老子认为：动静是相对的，静其实也是动——是特殊的动。

其特殊性之一在于：常人往往知动而不知静，好动而不好静，易动而不易静。

深刻体会《道德经》就会发现：其中的静不过是动的逆向操作。

静可以消解过度之动的负效应，优化系统之间和之内的关系，使其运动更契合大道和天道，从而保养并延长系统的生命周期。

天道有动有静，动静有度，人道中的人，对动静的运用也不能偏执。

三是动静并用的认识论

老子认为，实现认识的无限性，有动静两条路线：

静心以消解私心执着，放大心眼，在心境当中内体大道。

动身以消解认识局限，放大肉眼，在物境当中外观大道。

四是以德为宗的价值观

老子以德来整治其下的仁义礼智信等人造的价值规范，以天道整理人道，弘扬天道的终极地位，揭示天道与人道的因果，说明人道中德、智、仁、义等等的位阶和适用条件。

三、《道德经》矫枉过正

《道德经》针砭当时的时弊，以矫枉过正的力度挽救世人遗失的美好和高明。

老子亲历了社会混乱和百姓痛苦，用锐利眼光审视社会现实，指出病根，呼吁世人秉持大道，无为而治，实现大同。他说：

“大道废，有仁义；智慧出，有大伪；六亲不和，有孝慈；国家昏乱，有忠臣。”

老子并不反对仁义、智慧本身，反对的是对它们的滥用，反对的是其不接地气、不通“天气”，他要给人间伦理确立一个大前提——顺应天道。

天道是自然的自调节机制，人类既要奉行作为天道的推论的人道，还要在社会系统中体用天道，特别是天道的两个基本原则：

一是甘为人梯的处下风范；

二是以弱胜强的共存理念。

老子笔下的自然和作为自然之子的圣人，不仅有功成身退的美德，而且有甘为人梯的风度。

常人多乐于进取而不甘守柔，这也是世道纷乱之源。这一积弊非强力贵下、贵柔和贵弱来急救，实难矫正，因此老子疾呼以谦让为核心的处下之风。

用柔和用弱是处下的题中之意和动态内容，老子貌似片面地推重柔弱胜刚强之道，其实他并未否定刚强，只是针对性地遏制世人过度好强的恶习。

天道是老子价值观的至高标准；

无私是老子价值观的治本之策。

老子把私心当作世人难以自拔的道德障碍，他去私的根本途径是：寡欲和无为。

无为是处下之途；处下是无为之果。

寡欲是无为的内在机制，无为是寡欲的外在表现。

老子的理论其实是均衡的，并非矫枉过正的：过正只在其有言之教，均衡见之于其无言之教。

《道德经》本身只是老子的有言之教，其中言下之意和题中之意可视为其无言之教。例如：

老子的以柔克刚针对的是现实中多见的硬碰硬的、两败俱伤的零和局面，其前在环节是以柔容刚，内在环节是以柔化刚，一容一化，尽显共赢路线和本心。

读者不可拘泥文字，忽视老子矫枉过正的苦心，更不能偏执字面从而得出消极主义、唯心主义，甚至“懒汉哲学”的谬论。

四、《道德经》思维雄辩

其中辩证范畴随处可见：

无与有、名与实、始与终、德与欲、私欲与公道、善与恶、无为与有为、处下与处上、动与静、强与弱、公与私、人与我、难与易、虚与实、后与先、宠与辱、得与失、古与今、浊与清、明与暗……

老子认为事物都有对立面，双方对立又统一，都有相互转化的可能，他说：

“有无相生，难易相成，长短相形。”

“贵以贱为本，高以下为基。”

“祸兮福所倚，福兮祸所伏。”

“正复为奇，善复为妖。”

“圣人之道，为而不争……以其不争，故天下莫能与之争。”

“将欲弱之，必固强之……将欲夺之，必固与之。”

《道德经》把辩证思维贯彻于本体论、认识论、实践论、价值论等诸多领域，辩证思维是《道德经》的全面和深刻的首要成因。

目　录

《道德经》凡五千言，九九八十一章，分为《道经》和《德经》，前三十七章属于《道经》，后四十四章属于《德经》。《道经》主讲天道，《德经》主讲人道。《道德经》以有无之间的横向关系为经，面面俱到，此谓“袭常”；以本末之间的纵向关系为纬，层层深入，此谓“袭明”。“常”就是全面，“明”就是深邃。

第一章　有限就是有局限

【原文】

道可道，非常[1]道；名[2]可名[3]，非常[4]名。无[5]，名天地之始；有[6]，名万物之母。故常无，欲以观其妙[7]；常有，欲以观其徼[8]。此两者，同出而异名，同谓之玄[9]。玄之又玄，众妙之门。

【译文】

被常人言传的道，不是天道，只是人道。可以被指称的事物，通常只是已知事物，并未包括它未知的部分。未知的天地，是天地的本来状态；已知的天地，就是已经被人认作万物生母的天地了。所以需要突破已知，深入未知去探索事物的内在奥秘；综合已知以把握它们之间的相互关系。未知与已知来源相同，都出自天道，差别只在于有没有为人所知罢了，已知之间和未知当中都富含玄机。只有不断探索未知，才是搞清自然全部奥秘的不二法门。

【注释】

1. 常：根本性的、本质性的。

2. 名：名字、称呼。

3. 名：命名、指称。

4. 常：非片面的、全面的。

5. 无：未知。

6. 有：已知。

7. 妙：奥妙、深层内涵。

8. 徼：读 jiào，边际、关系、相互关系。

9. 玄：玄机、奥妙、未知。

【解读】

《道经》以天道的所谓“六常”，也叫“六极”，作为主体架构。“极”就是极限，天道有六个极限性的属性，它们是：全在、全知、全能、全有、全善、全生。

《道德经》一开篇就用六章讲这“六常”，具体说来，第一章讲了全在，第二章讲了全知，第三章讲了全能，第四章讲了全有，第五章讲了全善——也称“至善”，第六章讲了全生。

开篇第一章，讲了天道的全在性：存在于全部的空间、全部的时间。

老子一开讲，就引爆了道言之间的矛盾，道的全在性与言的不全在性之间的矛盾。这个矛盾难以回避，除非不说也不写，否则就首当其冲。

老子追求终极真理，决不回避道言矛盾，相反，他无可置疑地指出：言既是传道的载体，也是传道的局限；言传之道只是非常之道，即有缺陷的道，所以他说“道可道，非常道”。同样，“名可名，非常名”，名是言的子系统，道名矛盾是道言矛盾的子集。

学道之学，有有传之学和无传之学，前者是教学，后者是自学；有传包括有言之传和无言之传；自学包括有心之学和无心之学。自学好于教学——没有人际障碍；无心之学优于有心之学——没有心际障碍。无心之学是体认天道的途径，有心之学以及有传之学只是体认大道以及小道的途径。

溶己心于天心是悉知天道的唯一模式。然而，有心之学虽不能悉知天道，但可以得知人道。提升对道的认识，有两条途径：一是综合已知，二是超越已知。后者即“常无，欲以观其妙”，前者即“常有，欲以观其徼”。

一、有限之言

“道是什么?”

许多人，还没开始学呢，就老是喜欢这么问。

不耻下问呀，有什么错呢，似乎驳之不得。求知没有错，关键不在这里，在于没有人能够三言两语告诉你什么是道，让你快速明白，快速成为道学家。

定义法是学习方法的一种，有弊端，会先入为主地限制学习。学习不要投机取巧走捷径，“书上得来终觉浅，绝知此事要躬行”，捷径得来的东西往往会打折。

杂交水稻，走了产量的捷径，质量就打了折扣。转基因产品让世界面临两难选择：选择短平快，解决国际上的粮食短缺问题，应该大种特种；担心它不自然，会带来基因紊乱等等负面效应，那就别种，把它像核武器一样保护起来。

言传是传道的捷径，从我的心，出我的口，入你的耳，入你的心，简单一条知识流水线，可是，言者的本意在这条传播通道上不断流失，每一节点都可以造成它的扭曲或变质。

“言传千里，翻云覆雨”，谎言说一千遍可以变成“真理”，那是谎言的功劳，也是言的功劳。功劳来自哪里？来自言的可曲解性。

这就是言的弊端。老子写《道德经》，洋洋五千言，读起来朗朗上口，殊不知其时他多么心不甘情不愿，因为他压根就不主张言传，特别是言传博大精深的道。

他是被函谷关检查站站长尹喜软硬兼施所迫，无奈写了篇博士论文，换取通关文牒，出关而去，遁出人尘，融入自然，让人再也找不到——“免得再来向我问道”。

人类思维和语言都存在局限，先贤多有意规避这一点：苏格拉底只与学生们对话，不留文字；孔子说《论语》时亦然如此；佛教世尊在灵山拈花示众，也没有落下临终遗嘱。“不立文字，行不言之教”，反映了传者对语言的局限性的自觉与警惕。

学问学问，以问来学，这是做学问的一般境界，道学不是一般的学问，所以不要局限于问，否则就难上档次。

佛说“佛向心中求”，告诫那些在心外求佛的人：那是舍近求远，舍本逐末。释迦牟尼菩提树下证得“人心即佛”之理，指明心路比物路更加直达佛国，此即内径；而心外求佛就属于外径了。

智让禅师解《心经》云：由物归心，好比登堂入室；由私归公，好比细流入海。佛道二家，暗合甚多，多有互文之处，可以互读。

自然是最好的教授，不仅拥有最充分的教学内容，而且拥有最充分的教学手段：它不局限于言传，不局限于身教，还心心相印。心心相印才是学道的最好方式——它超越了学的过程，不叫“学道”了，叫“体道”。

体道之体，是体会，用的是心。体道有两重境界，下者是用私心体道，上者是用公心体道。公心者，心心与共之心也，是消解了心与心之间的界限的心，是私心融合而无分你我的心。

消解心心之间的关系的过程，就是教学过程，此乃高明的教学过程——是消除了过程的过程，可谓无学之学。无为之为，实乃大为，无学之学，方是大学。

大学之前，可以有中学，可以有小学，现在学校不就分为小学、中学和大学吗，甚至还开学前班、幼儿园，进行梯次教学。

但是，现在大学不大，小学太小——到了胎教的程度，搞得很过分，把学生搞得很疲劳，把学习搞得很机械。道家有一句话说得最好，叫作“顺应自然”，儒家有一句话说得最好，叫作“过犹不及”。

过，过度；犹，犹如；不及，欠度，没达到应有的程度。搞得过分相当于不搞，学得太累还不如不学，此即“过犹不及”的含义。

孔子向老子问道，儒家的“中庸之道”学的是道家的自然之道。儒家的言下之意尽在道家，道家的言下之意，尽在自然。道家是儒家的恩师，自然是道家的恩师。老子主张不言之教的深意就是主张去向自然学习。

二、非常之道

道无处不在，道学也是如此，唯心与唯物之分，人为割裂道学的整体性，不过是门户之见、门户之争，于学无益，于人无益。

心物是自然的两大系统，二者不可人为地兼并，不可人为地征服，两大系统之间的共性不是取消个性的理由，非要那么做，毫无意义，别有居心。

天为一，一生二，二生三，三生万物，自然是终极的统一者，是唯一自满的系统，其余系统都是它的子系统。兼并心物之事，非人力可为，亦非人的分内之事，越位而为，徒劳而且不智。

学习的境界，从低到高，可分三重：有传之学、有学之学、无学之学。

清末大儒王国维也说过为学的三重境。因为他说的是为学，所以是有为之学，有为是无为的低级境界，他的三重境没有企及属于无为之为的无学之学。

王国维饱读诗词，亦作亦论，他的《人间词话》，作为词论，见情见性，出类拔萃。他以三句诗词比喻为学的三重境界。

“昨夜西风凋碧树，独上高楼，望尽天涯路”，一境也，其中的有为之为，有“上”有“望”；

“衣带渐宽终不悔，为伊消得人憔悴”，二境也，其中的有为之为，有“悔”有“消”；

“众里寻他千百度，蓦然回首，那人却在灯火阑珊处”，三境也，其中的有为之为，有“寻”有“回”。

道家主张无为，无为即无私之为，仅仅解释为“不为”，太片面，太浅薄。如果无为只是不为，那么谆谆教导无为的道家哲学，岂不成了诲懒诲惰的懒汉哲学了？

搞懂了无为，就会明白老子的“道可道，非常道”。“道可道”是对道的言说，是用有为的方式传道；因为有为，所以不全面，所传的道因此并非“常道”。

常道即全面的道、没有局限的道，包括师传和言传在内的有为的传道模式，都会破坏道的完满。但这类传道方式并非一无是处，可以传递“非常之道”，可以作为学道的初级阶段。也许老子正是基于这一点，才提笔成文，写下世人叹为观止的《道德经》。后学之辈世代解读《道德经》的意义也就在此——毕竟只见树木不见森林也许比一无所见要好一点吧。

学习非常之道，可以借助外人，借助外力；修得常道，非靠自己不行，不但别人帮不了你，甚至你自己也帮不了你自己——常道在天，它与私心甚至个性都是相左的，只有去尽自我，达到无我状态才可与之通融。

武侠小说大师金庸的作品超越小说，充满哲学，哲学和史学是其武侠小说的魅力的两大源泉。这两大底蕴，其他武侠小说作家难以望其项背，所以作品无法与金庸比肩。

《鹿鼎记》是金庸的收官之作，境界最高，道家的无为思想在其中贯彻得最为浓厚，最为自觉和坚定。他早期作品多写习武过程，更早期的作品，还多写师承过程，而在巅峰之作《鹿鼎记》中，他几乎不写主人公的习武过程，大不了写写反派人物或次要人物的习武过程——这都不是寄托小说主旨的人物和笔墨。

主旨性人物，非韦小宝莫属，他身上充满了无为：

他是无为之子，他的生命是无为的产物——他母亲是妓女韦春花，这说明他是嫖客的无意之作，多半是妓女意外怀孕的产物。

他是无师之徒，许多名师有意授他武功，他却没有学习动机，没有学习兴趣，到头来，他仍然只是一个无师自通之徒。

他是无意之杰，“高大上”不是他有意的追求，他率性而为，无畏强暴，直接遵从良心做事，成为除恶扬善的豪杰纯熟意外，绝非人意而全是天意。

“无”是自然之心的别名，无为是自然之为的别名，简简单单，被无或无为搞糊涂了的人，说到底，因为他是不自然的人。

三、生有之无

“无中生有”，不是什么好词，容易让人联想起播弄是非、为非作歹，诸如此类。这种负面感觉，错不在“无中生有”，而在联想——囿于成见的联想。

前在的学习可以是后学的基础，也可以是局限，后者见之于《邯郸学步》。

道学是大学问，具有超越性，超越性之一就是超越我们的经验，甚至违反我们的经验，因此经验主义是体道的大忌。

事物普遍联系，联系一分为二——对立和统一。既然对立是一分为二而来，那么它就不可能是事物间的关系的全部，定有统一性如影随形。

局限于对立，无就成了有的对立面，就容易被解读为“没有”；超越对立性，无与有就具备了统一，就可以被解读为“另一种形式的有”。

兼顾对立与统一的思维就叫辩证思维，唯有辩证思维足以匹配现实的多样性和复杂性，机械思维难当大任。分清这两种思维，才好接着说道家的有无概念，否则只能对牛弹琴。

结婚讲究门当户对，其实会意也讲究门当户对：教学双方不能悬殊太大，不然，知识流就穿越不了——顶多只是形式上的文字流、语音流在穿越。

语言和语意之间的关系不是内在关系，是外在关系，不是必然的关系，是或然的关系，借助语言的传授，需要双方对语言和语意有旗鼓相当的领悟力。

《道德经》在第一章也涉及了名实关系，说了“名可名，非常名”。关于名实关系，西方专门开辟了语言哲学来说明，庞大而晦涩，这里简而言之，语言的本质就四个字——“约定俗成”。

有名可以无实，有实可以无名，名实矛盾、言意矛盾之所以被老子开篇就提了出来，并加以强调，是要警醒读者，不要执着文字，不要“把我的话当圣旨，错会了我的意，我老聃可不负责。骂我，我聃，耳大却失聪，也听不见。”

“无，名天地之始；有，名万物之母。”因为古书没有标点，这两句后人也有断句为“无名，天地之始；有名，万物之母”的，虽断句不同，含义还是差不多的。

有无是道家的两大范畴，是本体论范围内两个必须搞懂的概念，与之相关的有为和无为，是道家实践论范围内的两个关键概念。

对人而言，所谓的无，可以理解为未知；所谓的有，可以理解为已知。在知的现实层面，二者是不同的；在知的潜在层面，二者是相同的。

天地未始，自然就已经开始，自然永在，它的开始是无始之始，在一切有始者之始之前。系统越大，开始越早，道家版本的创世纪被老子表述为：一生二，二生三，三生万物。

简洁明快，是演绎性的，具有抽象性；基督教《圣经》中的创世纪，是归纳性的，有具象性。

西方思维习惯流传至今的归纳性和实用性，是不是导源于《圣经》？东方思维特质中的演绎性和理论性，是不是导源于堪称东方《圣经》的

《道德经》?

二经在各自世界流传极广，影响极深，深入思维，沦为文化基因，这样的设问也许并非妄加揣测吧。

天地是万物之中相当大的东西，它们当中的万物以天地为生身父母。这些父母，相对可知，许多已被人知晓，因此它们的父母，多属于有。

有是对已知事物最高的概括，因此是已知事物共同的母亲，那么未知事物的生母是谁?

就是未知。

未知被道家称为“无”，老子说“有生于无”，就是说：无就是有的生母。无不是天的全部，是自然除却了有的部分，只是天的一部分。既然是一部分，就不可能是自满的系统，不能自满，就不能自生，因此，无在天之下一定还有一个阶段性的生母，那她是谁?

是有，“有无相生”。

自然全有，所以全在，所以全知。全知的自然没有未知，所以在它的视野中，没有有无之分，有无之别不过是子系统之间的分别。“有无相生”“有无相克”就是子系统之间相互转化。对立是转化的动力，统一是转化的依据，对立就是所谓的相克，统一就是所谓的相生。

无中生有，绝不荒谬，不过是说“已知生于未知”而已。因此佛家说：“从来处来，向去处去。”

佛家的见其到来之“来”，相当于道家的“有”；道家的“无”，相当于佛家的不知其去处之“去”。道家口中的自然，犹如佛家口里的如来。如来者，如其所来也，它的来只能用它的来来界定，此外，再无可以界定者。

第二章　偏见妨碍了全知

【原文】

天下皆知[1]美之为美，斯[2]恶[3]已[4]；皆知善之为善，斯不善已。有[5]无相生[6]，难易相成，长短相形[7]，高下相盈[8]，音声相和，前后相随，恒[9]也。是以[10]圣人[11]处[12]无为[13]之事，行不言之教；万物作[14]而弗[15]始[16]，生而弗有，为而弗恃[17]，功成而不居。夫[18]唯弗居[19]，是以不去[20]。

【译文】

如果丧失内在之美，却屈从外在之美或功利化的美，那么这种美就恶化了。同样，如果丧失内在之善，却屈从外在之善或功利化的善，那么这种善就恶化了。原因在于内外相生，相生性在自然界非常普遍：有无相互转化，难易相互造成，长短互相映衬，高下互相补充，音与声互相调和，前和后互相伴随。这种辩证关系是必然存在的。因此圣人辩证地看待问题，能够运用有为之外的无为的方式处理问题，能用言传之外的不言的方式施行教化：应当让其自主之事，就让万物自己去做，并不去促发；自己创造的东西也不应完全据为己有；需要有所作为时就有所作为，但并不仅仅倚仗有为的行事方式；成就功业但不仅仅据为己有，而是与人分享成果。正是由于他不把功劳据为私有，所以功劳永远也不会离他而去，可以通过与人共享的方式长远地享有。

【注释】

1. 知：以……为知、以……作为行为先导的认知。
2. 斯：这、这样、如此。
3. 恶：恶化。
4. 已：通矣。
5. 有：现有的东西、本人拥有的东西。
6. 生：生成、转化。
7. 形：映衬、现形、显现。
8. 盈：补充。
9. 恒：永恒不变、必然的。
10. 是以：以是、因此。
11. 圣人：德厚之人、为人以德而超越了才与力的人。
12. 处：处理。
13. 无为：用辩证地看待有无的观点去做。
14. 作：作为。
15. 弗：不。
16. 始：促发、始发。
17. 恃：倚恃、依赖。
18. 夫：语气助词，无实意。

19. 居：据为己有。

20. 去：丧失。

【解读】

本章讲“六常”中的全知。

天道至善，没有不善之处，没有比它更善的善。其实真善美与假丑恶之分，是人道之所为，这种分别心的积极意义在于弘扬真善美，消极意义在于引发无穷无尽的名分之争。

分别心的本质是私心，私心过度就有弊端，需要节制，甚至需要惩戒。《圣经·创世纪》说：上帝之所以把人类逐出伊甸园，是因为夏娃偷食生命之树上的禁果，由此而生美丑、善恶之心。

人道中有私心，天道中没有私心，因此没有分别心，没有真假、美丑、善恶之别。人类离开了天道的乐园，寄生于人道纷争的大地上，在私心与私心、私心与公心的争斗中身心俱疲。

一、美的认识

世界永恒发展，事物变动不居。坐地日行八万里，就算你不动，地球也要带着你动。

事物的变动有两个方向，一是优化，向好的方面发展；一是恶化，向坏的方面发展。人不能不动，但可以把握变化的方向，把握变化的进程。

有无相生是道家辩证法的纲领性文件，翻译成现代哲学的行话，就是对立面的相互转化。美丑互为对立面，一定是可以转化的。

丑向美转化，求之不得。爱美之心，人皆有之，特别是如今社会，颜值资本化，许多人更是拼命装美，整美。

整容的实质就是制造美。天生的美，是自然所为，整来的美，是人为之美。自然是最高明的美容师，所以自然之美，是美的最高境界，“天生丽质难自弃”，天赋之美，美人自己都不能抛弃，何况别人？抛弃都做不到，何况制造？

美人之美，有形体美、情态美、心灵美等等，“意态由来画不成”，情态美是不能物化的，心灵美更不能，因此，整容，整的不过是低档的形态美。

东施效颦，效错了地方，你可以仿效西施的肉体，怎敢模仿她的神态呢？无功而返、弄巧成拙都是当然的结果，咎由自取。

东施如果穿越历史到达现在，完全可以通过手术刀和硅胶来实现形似西施之目标，但要神似，恐怕只能通过神来之笔，“人来之笔”目前做不到，或许永远都做不到。

“睡觉睡到自然醒”，讲究的是自然；自然美，讲究的还是自然，自然是美的化境。人造美，人为的痕迹难以消除，哪怕你鬼斧神工，可以消除物力痕迹，但心理痕迹无法消除——心理痕迹长在观众心上，间隔你我，超迈肉体。

美有两个叫人为难的特性，异位性和主观性。主观性耳熟能详，异位性必须解释：就是美的主体与其欣赏主体不是一个人，是两个或以上的人。东施自以为美，可是外人却不买账，硬是觉得她丑，东施毫无办法，只能贻笑于人。

异位性，用时髦的话来说，就是主体间性。除了这个性质，除了层次性和主观性之外，美还具有可变性。单就女性美而言，就不仅具有个体认识的主观性，而且具有集体认识的历史性：

《诗经》时代以硕为美，其中描述的美女大都是健硕的。

郊外遇见的美女是“硕大且卷”，舞姿优美的舞者是“硕人俣俣”，赞美心动的女孩说她“硕大无朋”，赞美新娘则是“辰彼硕女，令德来教”。

《诗经》写美人，最经典的是《卫风·硕人》，它如此描绘庄姜：

“硕人其颀……手如柔荑，肤如凝脂，领如蝤蛴，齿如瓠犀，螓首蛾眉，巧笑倩兮，美目盼兮。”

汉代却以瘦为美，赵飞燕就因体态轻盈而得宠于后宫，史书记载：

赵后腰骨纤细，善踽步而行，若人手持花枝，颤颤然，他人莫可学也。

唐朝又恢复以肥为美，唐代簪花仕女图中，女性美最大的特点便是“丰肥富丽”。董逌《广川画跋》云：

“曲眉丰颊，便知唐人所尚，以丰肥为美。”

武则天的面貌是“宽额广颐”，而杨玉环则是：“尝见诸说，太真妃丰肌秀骨。今见于画，亦肌胜于骨。”

宋朝却又重蹈以瘦为美的覆辙。这样的审美观普遍表现在瓷器、书画，特别是诗词上。

施之于人，逐渐走向了病态，抹去了生机而愈加物化。宋代女子的服饰变得素雅收敛，妆容也由富丽转为平淡而更求雅致清新之气质。

从宋朝开始，对女子的审美一直是细颈、削肩、平胸、细腰、窄臀，直到民国时期，才始有松动。然则经过短期的以丰腴为美后，当前又回到求瘦的老路，而且愈演愈烈。

二、美的实践

美的层次性、主体间性、主客观统一性以及可变性，这些都决定了美不能被客观化、标准化，不能割裂主客观之间的联系，也不能消除人与人之间的差异。

天下人如果都用统一的标准去衡量美，用统一的模式去实践美，那就不好了，丑恶的心思和行为就会从中诞生。因此老子仰天长叹："天下皆知美之为美，斯恶矣。"

老子为什么要仰天长叹，而不是仰别的东西长叹呢，因为天就是自然，因为充沛而自由的美就是自然之美。

自然是唯一自满的系统，是唯一完美的系统，因此它的善是至善，它的美是至美。至善是无以复加之善，至美是无以贬损之美，而人为之美是可以异化的，异化的表现之一是失去自我。健客网 2015 年 7 月 16 日报道：

据悉，平日爱美、身材肥胖的邱某，无意中听说吸食冰毒可以减肥，便吵着男友徐某弄点冰毒来吸食。

男友徐某想到朋友晏某是吸食冰毒的，便于 2015 年 6 月 10 日上午电话联系晏某，由晏某开车接他们前往村民孔某家中吸食毒品。

之后，几名"瘾君子"在孔某家中客厅以及厕所内，自制"冰壶"，采用烫吸的方式吸食冰毒。

初次接触毒品的邱某在吸食过程中，不但将毒品吸个精光，连矿泉水瓶里用来过滤冰毒的水也喝了下去。不久，就出现拳头紧握、全身抽搐、口吐白沫的症状，最终抢救无效死亡。

失去生命是从物质上丧失自我，失去价值是从精神上迷失自我。当今社会，假丑恶占了真善美的上风，精神萎靡，道德沦丧，炫富炫美，物化人性。

天者，道之基；性者，德之基；心者，情之基；体者，利之基。基，基地。德分善恶，情分美丑，善在性，情在心，心性二阶，在物境之上，非升华不可得。

“升华还是堕落，这是个问题”，追求真善美还是投靠假丑恶，这是个选择。面对颜值资本化的浅薄世道，有人选择修心，有人选择整容；有人选择整成李冰冰，有人选择整成范冰冰。

范冰冰吸睛有术，所以成了许多人的梦中情人，据说不仅包括男人，还包括心理变态到了变性程度的女人。如此魅力，引得许多拜物教和“拜美教”的教女跪倒在整容手术刀下，背叛自我，背叛自然，做了克隆版的范冰冰。

善和美都应当只是目的，而不应当是手段；应当内外兼修，不应徒有其表。

天下皆知美之为美，所知之美只能是标准化的美，只能是表面化的美，这种脱离了美的内在性和个体性的美，束缚了美的自由，降低了美的格调，提高了美被恶意利用的可能。善，也是如此。

老子不否定美具有客观性、外在性和可知性，他极力反对的是人为设置美的标准，反对这种标准对美的自由的束缚，从而造成美的物化和恶变。

宋明清三朝，女性美有一条公认的标准——“三寸金莲”。这条标准不知毁灭了多少天然自由的女足，扼杀了多少花季少女的欢笑。

三寸金莲的历史是女性的血泪史，天下皆以三寸金莲为美，斯恶矣，除了显而易见之丑、之恶，隐而不现之恶异常恶毒：那就是通过一双残废之足，把女人锁在家里，锁在男人身上，逼迫她们沦为男人的附属品，沦为居家用品，甚至床上用品。

老子反对潜在于善和美的标准化之中的恶化，大奸似忠，大丑若美，善和美的异化的可能，理论上完全存在，事实上也广泛存在。

春秋末年，晋国卿士赵鞅是一个不肯荼毒生灵的慈善家，每逢新年，他都将百姓进献给他的斑鸠放生，然后重赏献斑鸠的人。

他这样的善举，实际上直接导致更多的斑鸠遭到捕杀，不仅劳民伤财，而且荼毒生灵，荼毒道德。

矫形即假，真形即真；矫情即丑，真情即美；矫性即恶，真性即善。所谓真，就是符合，就是顺应母系统，最终顺应自然；所谓矫，就是违反母系统，最终违反自然。自然是至大无外的系统，它是一切存在及其运动的创造者和规范者。

道家以自然为至上的系统，以自然规律为至上的规则，道家不反对子系统中顺应自然的规则，反对的是违反自然者。因此，老子对德、仁、智、礼等等有限系统的公共准则做了警示，提醒世人防范它的不全面性、不确定性。

全面性来自片面性的综合，因此，老子不完全枚举了“有无相生、难易相成、长短相形、高下相盈、音声相和、前后相随”，以此说明对立面的统一的可行性，以此为扬弃片面性提供了方向；无为相对于有为，是相对全面的为，老子以此为扬弃片面性提供了方法。

第三章　道德才是万能的

【原文】

不尚[1]贤[2]，使[3]民[4]不[5]争[6]；不贵[7]难得之货[8]，使民不为盗；不见可欲，使民心不乱[9]。是以圣人之治，虚[10]其心[11]，实[12]其腹[13]，弱[14]其志[15]，强[16]其骨[17]。常使民无知[18]无欲，使夫[19]智者不敢为也。为无为[20]，则无不治。

【译文】

不要过度依赖才智，要把心智纳入道德的节制之中，这样就可以让世人不进行恶性竞争。不要过度珍爱难以得到的东西，这样，那些通过正常途径难以得到那些东西的人，就不大会通过盗窃这种非常手段去得到。不要过度地让世人得知可以满足其私欲的东西，这就遏制了惑乱人心之源。因此，以德立身、以德化人者治世的根本手法是：尽量淡化人们不正当的欲望，着重满足其基本的物质需求；尽量弱化人们自私自利的进取心，着重强化其做人的骨气让其不放弃做人的责任。如果能让国民长期处于没有智慧的滥用和没有私欲的放纵的局面，那么这种大环境就能让聪明人也不敢滥用智力攫取不当利益。如果能让人们尽量在自为之外去为他人而努力，或者去为共同体而努力，社会上的事情就没什么是处理不好的。

【注释】

1. 尚：崇尚、看重、依赖。
2. 贤：贤能、才能。
3. 使：导致、引导。
4. 民：国民、大众、一般人。
5. 不：不能、不想。
6. 争：争取。
7. 贵：以……为贵、看重。
8. 货：货物、东西。
9. 乱：惑乱、丧失良心或天性。
10. 虚：虚化、淡化。
11. 心：私心、私欲。
12. 实：落实、充实。
13. 腹：果腹之物、生理需求，比喻最低限度的需求。
14. 弱：弱化、削弱。
15. 志：志向、进取心。
16. 强：强化、加强。
17. 骨：骨气、做人的底线，比喻做人的基本责任。
18. 知：通智，这里指被不当使用的智慧。

19. 夫：语气助词，无实意。

20. 无为：超越性的为，比如超越自为的他为和共为、超越现在的将为、超越有所为的有所不为。

【解读】

本章讲“六常”中的全能。

全能之能，包括无为之能和有为之能。天全能，而人有所不能，人之所以多有不能，是因其偏废了无为之能。

有无相生，这决定了为必然有两种方式，即无为的方式和有为的方式，有为联系着有，无为联系着无。有无是自然的一体两面，有人称之为阴阳。阴阳共在，阴阳互动，分别构成了“天体”和“天动”。天体就是自然的全体，天动就是自然系统的全部运动。

因为天动包含了万物的全部运动，所以极具能动性，没有它不能完成的任务，所以自然全能。自然无所不能的能力，包括一切能量和力量：包括物力、人力，包括物力、心力、“德力”——道德的力量。

道德的力量是最高级的力量，适用范围最广，使用效果最好。老子立足的境界很高，主张用顺应自然的道德力量作为处人治世的主要手段和首要手段，因此他主张“不尚力”——这里的力是德力之下的力。

这好理解，世人都说“以力服人者鄙，是为莽夫”，或说“一时强弱在于力，千秋胜负在于理”。

韩信甘受胯下之辱，不逞匹夫之勇，不尚莽夫之力，后人津津乐道，赞曰：“小不忍则乱大谋。”

这种赞美，见术而不见道，志在功利。道术二分，是世人对待人接物的规律的等级划分，道高术低，道大术小，道长效而术短效。

法家重术，道家重道，而儒家介乎两者之间，以礼取德法二端。国之治，上治以德，中治以法，下治以力。德与力之高下，判若黑白，世人无不认同。《孟子·公孙丑》曰：

“以力服人者，非心服也，力不赡也。以德服人者，心悦诚服也。”

倚仗武力来使人服从的，并不是真心服从，只不过一时力量不足以相敌而暂时隐忍、表面服从罢了，这种服从只会带来敷衍而非合作；依靠公德或自身德行修养来令人佩服的，才是心悦诚服，才是表里如一、经得起实践考验的服从和配合。老子在《道德经》第三十章中说：“以道佐人主者，不以兵强天下。”

“不尚力”没有争议，“不尚贤”就未必如此，估计多数人不赞成。贤人嘛，德才兼备，干吗不崇尚，不学习，不树为榜样?!

榜样的力量是无穷的，今人这么说，古人也这么说，于是乎，历史和现实中的许多领域就树立了许多榜样：道德模范、劳动模范、孝子、烈女，跨越性别，不记年龄。

封建伦理，名为尚贤，实为尚私，维护本不该维护的等级秩序。他们“尚贤”，“贤”只是手段，而不是目的，这就是贤的异化，尚贤的过程就是异化的过程。别有居心的“尚贤”，还不如不尚贤，老子的“不尚贤”是对假尚贤的挞伐，不是对尚贤的否定。

老子在世之时，专制取代了共和，力治取代了德治，阴谋取代了阳谋，仁义礼智的异化和恶化现象，他见得太多，所以坚决反对不受道德束缚的假仁假义。

榜样的力量是无穷的，坏榜样的破坏力是无穷的，老子因此当头棒喝：“不要因私而崇尚贤人，不要迷信那些阻断了天道的仁义礼智！”

老子是全民共和主义者，孔子是等级专制主义者，共和的基石是公心，专制的动力是私心，因此儒家以王道为至上，道家以天道为至尊。

天道完满而可以为至尊，王道有缺无可以为至上。

《道德经》中经常出现的人，有圣人、贤人、常人、小人四种，圣人是以德配天之人，消除了局限性和恶化之可能，基本可以放心大胆地崇尚而无须提防。

贤人是德才兼备之人，因为兼备，所以德尚未达到圣人的境界，也就是自然的境界，还有恶化的空间，需要警惕和监督。

常人是平常之人，德行平常，小人是失德之人，前者无可推崇，后者当须挞伐。

老子所处的时代，周室式微，德治式微，力治占优，道德、仁义和智力常被恶意使用，它们的正能量没有正常发挥，负能量却过度发挥。既然负面性已经过度，那么老子扶正去邪的救世药方就必须侧重除恶，侧重揭批其藏私性质。

这就是老子为什么老是与仁义礼智这些常人眼中的正能量过不去的原因，就是老子老是与有为、用强等等世人常用的实践方式过不去的原因。

矫枉必须过正，如此才能把法度恢复在适度之处，因此老子把需要强调的东西放在明言之中，比如守柔、处弱、无为等，相应地，把无须强调的东西放在言下之意当中。

尚贤本身没有错，问题是：有些“贤”是真贤，即顺应天道之贤，有些“贤”却是假贤，即背离天道之贤；有些人真尚贤，有些人假尚贤，鱼龙混杂，需要甄别。假尚贤的人，尚的不是贤能本身，而是贤名之类的附属品。

社会性的假尚贤，是集体性的假善济恶，假贤济不肖，它们的危害面更广，作恶行径更曲折，辨别和纠正起来比个体作恶更难。

作恶者不但作恶，而且诲淫诲盗，诲欲诲乱，扰乱自然之心，教唆名利之争。解铃还须系铃人，根治民心纷争的对症之药，是“不尚贤”。

不尚贤有两种解释：一是彻底不要尚贤，二是不要那些不正当的尚贤。老子所指，当属后者。正当尚贤，是天道在人道中的继续，是天道的应有之意，没有理由反对。

新朝皇帝王莽，登基之前，走过了一条长长的尽孝、行善和不慕名利之路，朝野称赏，屡遭举荐，平步青云，甚至在其改朝换代、代汉自立之初，国人也多以为其乃众望所归，天意所属。

然而，新朝皇帝王莽果然新潮，花样翻新，在爱折腾、善折腾方面，位列皇帝之首。他年年抓官改，天天抓币改，改到官员记不住官名、百姓搞不清币种的地步。据史料记载，“每闻币改，市民莫不涕泪以泣。”

古今互鉴，可以观全，可以观真，世人认定王莽大奸似忠、大恶似善，根据就是他当了皇帝之后，本可大施善政却大行恶政。

尚贤时，应当考虑它可能的负效应，想好预防措施，如果不能预防，还不如暂不尚贤，“为无为，则无不治”——有时适当运用无为，可以防止“不治”的局面发生。这里的“不治”即“不治之世”，是“治世”的反义词。

明朝权相胡惟庸，以忠君体国之名独揽大权，架空洪武皇帝。朱元璋问策于刘基，孔明再世的刘伯温建议以静制动，打了个比方，说：“如果不知道蛇洞中会掏出什么，干脆暂且不要去掏，免得引出无法控制的局面。”

把恶魔关在魔盒里，这是对付恶魔的根本手段，西方智慧也劝人不要轻易打开潘多拉的魔盒。

不尚贤，是杜绝尚贤的负面效果的根本手法；不贵难得之货，是根治盗窃的根本手法。

其实，尚与不尚，各有利弊，重点是要善于择机、择时、择人而用，根据实际情况决定用还是不用，决定用到什么程度，什么范围。

不见可欲，当然可以降低惑乱人心的可能，但也限制了人们的视野，阻断了成功的途径——甚至求知、修道的途径。

因此，老子以圣人之治，给出了一个适用范围，那就是：满足私欲的必须，节制私欲的泛滥——“虚其心，实其腹”是对物质需求的规范，“苦其志，强其骨”是对精神需求的规范。

治国在公不在严，《论语·学而》曰：“礼之用，和为贵。先王之道，斯为美。”

“和”就是公，天道至公，因此普适；人道若脱离天道，便无所皈依，从而自误而误人。儒家说得好，做得不好，轻言“天人合一”，重言“三纲五常”，儒家的天道事实上不过是其王道的饰物。

公道是天道的本质，有违公道，必违天道。公道在握，“使夫智者不敢为也”，邪智没有了用武之地，人们自然不再追求邪智，进而克制私欲。圣人之治，一言以蔽之，就是“克私奉公”，不仅自己克己奉公，而且带动别人克私奉公。“人人奉公以成私”之世，便是治世，便是大同之世。

不仅仅为自己而为，便是无为之为，人人都用这种方法去为，国家社会就会良性循环，持续发展，故曰“为无为，则无不治”。

第四章　无所不有的天道

【原文】

道冲[1]，而用之或[2]不[3]盈[4]。渊[5]兮，似万物之宗[6]：锉[7]其[8]兑[9]，解[10]其纷[11]，和其光，同[12]其尘。湛[13]兮，似或存。吾不知谁之子[14]，象帝之先。

【译文】

无形的道好比水一样无孔不入，恩养万物，它不断地运用自身，但用过之后，却好像并不影响它自身的完满。它宛如幽深的水一样深不可测，深远得好比是万物的祖先。它于所经之处——用自己的锋芒消磨那里的锋芒；用自己的缤纷梳理那里的纷争；用自己的光辉调和那里的光线；用自己的飞尘协调那里的飞尘。它清澈，透明得好像也许并不存在。我不知它是谁的后代，只好说它好像是上帝的祖先。

【注释】

1. 冲：冲入、灌溉。

2. 或：或许、好像。

3. 不：不影响。

4. 盈：充沛、完满。

5. 渊：幽深之水。

6. 宗：祖先。

7. 锉：打磨、消磨。

8. 其：所经之处。

9. 兑：通锐，锋芒。

10. 解：解决、梳理。

11. 纷：纷争、纷乱。

12. 同：协同、协调。

13. 湛：精纯、清澈、透明。

14. 子：子孙、后代。

【解读】

本章讲“六常”中的全有。

道以不盈之盈的方式实现了十足的充盈，即自我的完满，即全有。自然不但拥有“盈”，即“有”，而且拥有“不盈”，即“无”。有无都在其内，还有什么可以在其之外呢？

它不仅拥有全部的内容，而且拥有全部的历史；不仅拥有全部的质量，而且拥有全部的能量；不仅拥有全部的个体，而且拥有全部的集体

——“锉其兑，解其纷，和其光，同其尘”，说的就是自觉从个体走向集体，从私心走向公心。

天道不仅全在，而且全知；不仅全能，而且全善，这些都是天道全有之内涵。天道不仅全有而且全生，因此它的全有不仅涵盖了整个现实，而且涵盖了整个历史。

用“道”作为道的名称，借用了“道”这个字的意象。它的含义中，最基本的，莫过于道路。道路是供人行走的，提供着行走的方向，规范着行走的路线，因此，在道路之上，又抽象出了“规范”这个含义，继而抽象出“规律”这一含义。

有人说道是自然规律，有人说道是天心——即自然之心，有人说道就是自然——“道法自然”即道法自身。万物之体的总和就是天体，自然之体；万物之心就是天心，自然之心。

心物是自然的两大系统，合为自然系统，自然是至高至大的系统，心物直接是它的二级系统，位极人臣，其间的异同，常人也许无力完全、彻底地说明白。

我们知道心物之间同中有异，异中有同，对立而又统一，至于具体如何对立，如何统一，相信就好了——这有点像对待神，神是人所未见、人所未知的，但并不影响人们信仰。

知道是心物关系的一重境界，相信是心物关系的又一重境界，知上有信，信补充了人类认知的局限，有何不可，有何不好？

以小人之心度君子之腹，于是多疑；以君子之心度小人之腹，于是多信。是先入为主地怀疑好，还是先入为主地相信好，“把人往好处想”这句俗话给出了答案。信仰是无条件的相信，在有条件之前，可以说这是唯一可行的办法。

相信是信仰的低级形式，二者都是面对未知的善意的态度，它与质疑精神并不矛盾：质疑不是没有根据的怀疑，信仰是没有根据地相信，待到有根据的时候，才谈得上质疑，才用得上质疑；才谈得上认识，才用得上认识。盲信是一厢情愿地相信，是有根据的相信——根据就是一厢情愿，只是这个根据是不靠谱的。

好人信仰真善美，坏人信仰假丑恶，信仰不同，走的道也就不同，好人走正道，坏人走邪道；正人君子走白道，奸邪小人走黑道。

“白猫黑猫，逮着老鼠就是好猫”，白猫黑猫不是白色的猫和黑色的猫，是走白道的猫和走黑道的猫。《红楼梦》中的贾雨村就是只黑心的白猫——外示伪善，内藏奸邪。

王熙凤“不信什么阴私报应”，贾雨村“不信什么黄道黑道”，无所敬畏是恶人的心理特质。贾雨村进京赶考，只赶时间，不赶吉日，连赐予他盘缠的恩人甄士隐，他也舍不得“浪费”时间去辞别一下，可见其乃极度功利主义者。

他钻心打洞、不择手段地追求私利：作为私塾先生，他利用学生家长林如海找到了荣国府的门路，入谱连宗，当上了贾政的族侄，谋得应天府知府的美差；然后假公济私，知恩图报，徇私枉法，胡乱判断了贾府姨侄薛蟠强抢民女打死冯渊一案。

假公济私是恶的一般形式，克己奉公是善的一般形式。道虚己若谷，老子不止一次地以虚己待人的谷比喻道的形象和品质：道不仅恪守大公无私之心，而且择下而处，为外人利用自己提供尽可能的便利，“为天下溪，常德不离，为天下谷，常德不忒。”

大公无私是善的最高境界，这是天道之善。天道是大道，人道是小道，人道之善，克己奉公，待人如己——至于圣人，他已超越了社会境界进入了自然，所以他的大公无私之善也属天道之善。

天道，毫不利己专门利人，像水一样无孔不入地利人——主动利他，广泛利他。天道不仅无所不至地利他，还无微不至地利他——不仅愿利万物，而且善利万物。比如，它善于消磨伤人的锐气，疏导恼人的纷争，和解刺人的光亮，协同掠人的飞尘。

后汉时期名士陈重，是个非常大度的人，有一次同宿舍的人回家，误将邻居的裤子带走了，邻居却怀疑是陈重拿的。陈重没有分辩一声，就买了条新裤子赔给那人。

陈重一生中做了许多这样的事：一个同事负债累累，有一天债主前来要债，陈重不声不响就帮他还清了，事后绝口不谈此事。

道的善意源源不绝，它把自我扬弃在难以见得之处，让人想报恩也无可报答，这就是道演绎的功成身退。天道完全没有私心，没有私为，没有私形，它彻底扬弃了私的局限。因此，它无所不有，无所不在，无所不知，无所不生，无所不能，无所不善。

全生是全有的动态形式，老子说我不知道天道具体是如何产生，好像觉得它存在于天帝之先。

基督教中，上帝是唯一的真神，万能，至上，是世界的创造者。基督教的上帝是人格化的——《圣经·创世纪》说“上帝照自己的模样造人”。基督教的上帝、伊斯兰教的真主、佛教的如来都是人格化的神，其超越性与道家的道不可同日而语。

老子的道，非人格化，先于天帝而在，可以说“道生天帝”。道的形态是虚空，而天帝是实体。有生于无，天帝生于道。老子的道高于任何神祇，《道德经》不同于任何宗教教义，道家超越宗教，它推崇的道就是自然——天体就是道之体，天心就是道之心。

狭义的天道就是自然之心，或者说就是自然之“无”——即自然的无形的一面。

更狭义的天道就是自然系统的运行规律，是宇宙的真谛。天帝只是宇宙的产物，只是道的产物。道家看到了天帝背后的苍茫宇宙，而其他宗教只看到了自然派往人间的使者，即所谓的上帝。

以明德承接天道，演绎出自家的人伦体系——即儒家的人道，《礼记·大学》云：

古之欲明明德于天下者，先治其国；欲治其国者，先齐其家；欲齐其家者，先修其身；欲修其身者，先正其心；欲正其心者，先诚其意；欲诚其意者，先致其知，致知在格物。

第五章 道是无情却大情

【原文】

天地不仁[1]，以万物为刍[2]狗[3]；圣人不仁，以百姓为刍狗。天地之间，其[4]犹[5]橐[6]籥[7]乎？虚而不屈[8]，动而愈出。多言数[9]穷[10]，不如守[11]中[12]。

【译文】

天地不偏爱，用同等的待遇养育生灵；人间的得道的圣人也不偏爱，就像天道对待万物一样，对世人也都一视同仁。天地之间，像不像风箱的中空部位呢？它虚位以待却不垮塌；越是使劲鼓动来贡献风，反而越增加了付出能力。说的越过度就越有可能把听众带进死胡同，不如适可而止。

【注释】

1. 仁：爱，这里指偏爱。
2. 刍：读 chú，喂牲口的草。

3. 刍狗：一解：古代祭祀中用于通神的草扎的狗，这里比喻渴望被神灵保佑的生灵。二解：以草为食的狗，这里的草比喻大自然给予生灵的普遍待遇。

4. 其：代指前文的“天地之间”。

5. 犹：犹如、像。

6. 橐：读 tuò，囊状鼓风器具。

7. 籥：读 yuē，管状鼓风工具。

8. 屈：屈从、垮塌。

9. 数：数次、几率大。

10. 穷：不通。

11. 守：遵守、恪守。

12. 中：适度。

【解读】

本章讲“六常”中的全善——或者说至善。

天道大仁大义，扬弃了人道的假仁假义和小仁小义——人道中的仁义，有所偏爱，有所偏恨，不是个人性的偏爱偏恨，就是集体性的偏爱偏恨，所以视野不大，境界不高。

孔子曾向老子问“礼”，没有听说过他向老子问“仁”，仁是儒家自主研发的产品，是儒家的仁，不是道家的仁，它局限于人间，不接“天气”——未实现自然化。

道家的仁，是道的产物；道家的义，是德的产物，道家的仁义是道德约束下的仁义，而儒家的仁义，自圆其说，自主权过大，自由裁量权过大，往往背道而驰——沦为私心和集体私心的遮羞布。对于不尚自然、自行其是的道德和仁义，老子说："失道而后德，失德而后仁。"

从造字上看，"仁"是"二人"之和，是良性的人际关系。以假仁假义掩盖个人私心，以小仁小义掩盖集体私心，都是仁义的异化和恶化。天道中的仁义，对万物一视同仁，没有私心，没有私利，所以了无屏蔽，境界开阔。

圣人在人间践行大道，扬弃小道中的所谓仁义，一视同仁地对待百姓。一视同仁不是漠不关心，是博爱。博爱是爱，是无私地爱，广泛地爱。

文艺复兴运动的三面红旗，博爱位居其一，另外两个是自由和平等。文艺复兴运动是光复人道的运动：以自由优化心灵，以平等优化人际，以博爱优化人间。

在超越人世的自然中，大有一无所求之爱，比如天道，比如得道入圣之人。

有人说，东方的《红楼梦》堪比西方启蒙运动思想家的哲学著作，是小说版的人本主义哲学。在贾宝玉一人身上，就集中体现了自由、平等和博爱的思想。

宝玉向往自由，不爱学习，不爱上学。不爱学习是不愿受封建思想束缚，不爱上学是不愿受封建学堂束缚。他喜欢看杂书，看《西厢记》，看《庄子》，看追求人性自由的文字。

宝玉尊重平等，反对男尊女卑，扬女抑男，说"女儿是水做的"，男人是泥做的——水清洁，所以女儿清洁；泥污浊，所以男人下流不堪。

宝玉践行博爱，不仅与三教九流的人交朋友，还与花花草草交朋友，"无故寻愁觅恨"，不是"迎风洒泪"，就是"对月长吁"，他的情感超越了社会等级，突破了人类范畴。

儒家的道德仁义之所以饱受指责，是因为它立意不高，立境不大，维护等级，偏爱上流，这种集体性的私心撕裂了儒学的共和性，限制了它的普适性，其中的纲常伦理往往不得不削足适履，舍本逐末。

“君要臣死，臣不得不死，父要子亡，子不得不亡”“饿死事小，失节事大”等等强词夺理的结论便是从儒教典籍中演绎出来的，制造了无数人伦悲剧，甚至历史悲剧。

都说“历史是不能假设的”，但如果假设，也不无道理——因为历史中充满了偶然，通过假设，昭示那些偶然带来的后果，可以鉴今。

假设秦二世不是胡亥，而是扶苏，秦朝的命运也许大不一样：不仅不一样长，而且不一样坏。“沙丘之变”，扶苏被矫诏赐死，扶苏自尽的理由有二，都来自儒家思想——一是“君要臣死”，二是“父要子亡”。

道越大，适用范围就越大；道越小，适用范围就越小。精神文明不能用小道，物质文明可以用小道。

道至大，其爱至大，因其爱至大而好像无爱。说道无爱者，是囿于自身视野有限之局限。大爱若无，因其若无，可见其至公；如果不是若无，则难以至公矣。

韩愈在其《原人》中说过“一视同仁”的道理，主张学习自然的无私来抑制人间私欲，不要有失偏颇。

“道是无情却有大情”，天道如此，圣人也是如此：圣人对待百姓不徇私情，行大道，行大仁——而非妇人之仁。如今小道盛行，小人横行：讲老乡，讲同窗，讲战友，讲亲戚，七大姑八大姨，公权私用，公心沦丧。

圣人以天下为公，私心不用，至少不过度使用。“革命不是请客吃饭”，毛泽东领导中国革命，全家六人死于革命。斯大林格勒战役后，希特勒传信给斯大林，希望苏方释放保卢斯将军，作为交换，德国愿意释放已关押了半年多的斯大林的儿子雅科夫。斯大林让中立国的红十字会转告希特勒：“我不喜欢用一名将军交换一名士兵。”

斯大林不是没有父子之情，他“舍小仁而循天道”，舍私情而取公义。

“天地之间，其犹橐龠乎？虚而不屈，动而愈出”，生命的意义在于奉献，这是天道，人道当承袭之。莎士比亚说过：

上天生下我们，是要把我们当作火炬，不是照亮自己，而是普照世界。

生命在于奉献，这是天道，是大道；生命的意义在于索取，这是小道，是小人之道。这些道理多说无益：对于那些自私自利、执迷不悟的人，说得再多，也做不通他的思想工作，反而有可能引起抵触。天道无言，而且“天道好还”，“多言数穷，不若守中”。

苏格拉底临终遗言，只是嘱咐还清邻居家几块买鸡的钱；卡夫卡临终时要求把自己的著作付之一炬。

武则天当政，杀了许多政敌，骆宾王的《为徐敬业讨武曌檄文》说：“一抔之土未干，六尺之孤何托？”

相比较于暴君和昏君，武周时期，百姓生活还算比较安定，政治还算比较清明。武则天死后自立无字碑，不想多说什么，任由世人公论。

第六章　生生不息若等闲

【原文】

谷神[1]不死[2]，是谓玄[3]牝[4]。玄牝之门[5]，是谓天地根[6]。绵绵若[7]存[8]，用之不[9]勤[10]。

【译文】

作为造物主的道，它生生不息，称得上神奇的生育者。神奇的生育者的产道，可以看作天地万物的创造力的根本来源。道生万物，绵绵不断，它从容有度地生产，无须额外的勤奋。

【注释】

1. 谷神：生育之神，这里比喻作为造物主的道。

2. 死：亡、灭绝。

3. 玄：玄妙、神奇。

4. 牝：读 pìn，雌兽。

5. 门：产道、来源。

6. 根：根源、根本的……。

7. 若：如此。

8. 存：存续。

9. 不：不需、无须。

10. 勤：勤劳、加班。

【解读】

这一章讲“六常”中的全生。

道是无所不能的创造者，具有永不衰竭的创造力，是神奇的创造者，鬼斧神工，而又从容不迫——“用之不勤”。

天工造物，随物赋神，随神赋形，形神在自然中的分合是自自然然的，没有扭捏，没有刻意，它就是系统之间自由的物质交换和能量交换。春华秋实，悲欢离合，莫过如此。

苏轼曰“人有悲欢离合，月有阴晴圆缺”，都是自然之事也；《三国演义》开篇就说“分久必合，合久必分”，此乃系统的所谓生死也。

生也自然，死也自然，都是自然的系统运营：生是子系统从母系统中呈现，死是子系统向母系统的归化，故曰“视死如归”，“视生如游”。

庄子老伴死了，朋友前来吊唁，却见庄子一屁股坐在地上击盆而歌。来者觉得他很过分，一点哀伤也没有，忍不住指责庄子。

庄子解释：“我一开始也很悲伤。老伴陪我过了这些年，给我生儿育女，操劳一辈子，没过过什么富贵日子，想到这里我就忍不住悲伤。悲伤之中，我就想：她出生之前，在自然之中，为自然之气，并无人心和人形，没有人生——便也不受家庭、社会的拖累，悠游于自然之气，好不自在。如今，她死了，散了，还原为自然之气，回到了生前的状态，不是比活着更好吗？想到这里，我就转悲为喜，替她高兴，所以唱起了欢乐的送行曲。”

自然之创造，因时制宜，因地制宜，借力用力，无为而为，无为而成，“绵绵若存”——好像能够感受到自然之手的存在，又不能看清它到底怎么样。自然的创造之手在有无之间，自然的创造之举，在有无之间。无形的创造，是大创造；有形的创造，是小创造。

大创造借助的是大系统及其之间的关系，小创造借助的是小系统及其之间的关系。人生人，就是小创造，借助了男女两个互相契合的子系统，通过二者的合作，繁衍后代。

父母是子女的直接生育者，自然是其父母的生育者，是子女的间接生育者——它生成了父母的生育能力。生育能力的创造就是自然的大创造，身心之间的关系的创造更是自然的大创造——它通过心物两大系统的合作，这种合作与生成，是人力不可企及的。

没有自然神奇的造化之功，父母作为两个系统，不可能如此契合；若不高度契合，即便合作，也不能繁衍。狮虎兽就很难培育，“风马牛不相及”，马和牛就生不出东西。

生死构成了系统的循环，互为前提：如果只有生，人口会暴涨；如果只有死，人类会灭绝。生死相当，才能长久，才可持续。自然之手在高处统揽全局，协调万物，让它们相生相克：相生造就自然之生，相克造就自然之死。对立面的统一与对立，二者之间的均衡，就造就了生死的均衡，造就了自然的和谐，造就了自然的一切子系统之间的动态平衡。

此即阴阳互动。阴阳是对相互作用的双方的命名，以便称谓。一生二，即道生阴阳；阴阳互动，生三，三即许多；三生万物，就是许多生育者生成万物。

就生育而言，阴阳互动，可以视为男女交合的普遍形式。自然作为神奇的生育者，可以比喻成谷神，它的生殖器是很神奇的：超越了生物的具体性，故称为玄牝；它的交合之门，是天地交合之门，与之交合的是自然的阳根。

这一章，老子多用比喻和拟人，目的是让无形的大道理切近读者的经验，以此帮助理解。通过这一章的学习，我们意识到：其实所谓的人造之中多有天造地设的痕迹——比如无师自通，比如灵光闪现，比如寓教于乐。

有位钢琴家回顾自己学习钢琴的过程，说：其实刚开始是有形地学，后来就是无形地学——在自娱自乐的弹奏中学，在娱乐他人的表演中学。

前者是刻意的，后者是自然的；
前者是有形的，后者是无形的；
前者是枯燥的，后者是快乐的；
前者只是手段，后者却是目的。

自娱或娱人的演奏，可谓不勤之勤——无须勤奋的勤奋。有人问正在画画的梵高“您画了那么多画，您觉得哪一幅最好”，梵高回答：“我正在画的这一幅。因为我现在比以前懂得了更多。我的下一幅会比这一幅更好。”

画家和钢琴家的能力有些是人为造成的，有些是天生的——自然帮他造成的。谷神，是原创之神，是对自然的创造力的统称，人类的创造力不过是它的一缕。

“问渠那得清如许？为有源头活水来”，自然是创造的源头，自然的创造力是万物的创造力的源头，乖离自然，就限制了自身的创造力。走进自然，亲近自然，破除世俗之心，实现心境的自然，就容易“宛然天成”——冥冥中获得灵感，无形中富于创造。《周易参同契》曰：

道教修身时，神游太虚，皈依谷神，意守丹田，因循“玄牝之门”，“以太平元气，四肢绵受其润，如山纳云，如地受泽，绵绵不绝。”

第七章 共成私利是正道

【原文】

天长[1]地久[2]。天地所以能长且久者，以其不自生[3]，故能长生。是以圣人后其身[4]而身先[5]；外[6]其身而身存。非以其[7]无[8]私[9]邪？故能成其私。

【译文】

天地广大而久远。天地之所以在空间上广大而且在时间上久远，是因为它们不为自己而活，所以能够长久地生存。所以圣人把考虑自己放在考虑别人之后，因此反而成了领军人物；把自己置之度外，反而保全了自身的所有。难道不正是因为圣人的无私才促成了那些难以刻意追求的个人利益吗？可见，只有节制私欲，才能共赢；只有共赢之路才是成就私利的最佳方案。

【注释】

1. 长：空间之广阔。
2. 久：时间之久远。
3. 自生：为自己而活。
4. 身：自身。
5. 先：置于……之前、领先。
6. 外：置之度外。
7. 其：自觉节制私欲者。
8. 无：去掉、节制。
9. 私：私人、私利。

【解读】

老子开篇用六章介绍了“六常”，接下来便是对这六常的深化和生发，因此第七章就承接了第六章的全生命题，继续讲生——具体是讲共生之生。

道即公道，道学即公学——关于公的学问。“公”是道学的灵魂：在本体论意义上，公是有无之和；在价值论意义上，公是善或者是上善——相对于私，公是善；相对于小公，大公是上善。

公和无都是《道德经》的核心概念：从有到无，是道学体系的横向脉络，意味着视野的从偏到全；从私到公，是道学体系的纵向脉络，意味着境界从低到高。

从第七章开始，在前六章说明了天道的“六常”之后，《道德经》纵横捭阖，左右逢源，开始了横向的细化和纵向的深化。

天长地久，自然永恒，老子在第一章就说：自然的开始是无始之始，“无，名天地之始。”有始之始，只是有限系统的开始，甚至只是经验中的开始。有限系统因为在内容上有限，所以在时间上有始——也有终，而自然是无限的系统，其外无外，其内全有，它没有地方开始，只能自始。

无始便无终，没有地方开始，就没有地方结束。“绵绵若存”，自然之绵延，“前不见古人，后不见来者，念天地之悠悠，独怆然而涕下。”

陈子昂面对自然的永恒，可以因为自己的渺小而哭泣，也可以因为自然的博大而哭泣，前者或许是悲极而泣，后者应该是喜极而泣。

自然全有，无须再有，所以无私，所以公道地活着。正是因为活得无私无碍，所以活得永生不死，永垂不朽。

人也可以永生不死，尽管不能在物质层面实现，但可以在精神层面实现。“生的伟大，死的光荣”，永垂不朽的精神遗产确乎可以“永远活在我们心中”，这就是死者精神的永生。

精神遗产的品质在于死者的公心：越有公心，就越能永生；越有私心，就越不能长生。

许多人，但凡生前有点权势和名声，就以为有了精神不死的资本，于是大开特开追悼会，为不朽造势，其中总要挂一副挽联：“永垂不朽!”

人生要想不朽，就得效法天道，就得真心实意做公仆，而不是假心假意做国贼。不朽的公仆，做人做事并不依赖暴力、权势、财富，甚至知识，而是无私的心、奉献的心。

佛说“我不下地狱，谁下地狱”，道家说“受国之垢，是谓社稷主；受国不祥，是为天下王”。奉献精神和担当精神才是可以不朽的精神，两者都是克己奉公的精神。心的高尚，唯在奉公——奉公是道德的本质内涵。唯一可以长存不朽的精神就是“公的精神”，出自私心的邪恶或伪善只能被永久地钉在人类的耻辱柱上——永世不得翻身。

圣人“后天下之乐而乐”，他因此被众人推崇，被放到了众人之上、之前，此即“后其身而身先”；功成身退，“可以全生，可以永年”，此可谓“外其身而身存”。

皇朝私心深重，皇帝唯我独尊，唯我独私，容不得大臣的私心。专制历史上“飞鸟尽，良弓藏；狡兔死，走狗烹”之类的剧情一再上演，面对这条专制潜规则，有人功成身退，有人功成恋位，结局殊为不同。

张良外其身而身存，韩信内其身而身死，诸葛亮和有“再世诸葛亮”之称的刘基都因为不同的客观原因而没有实现功成身退，所以都没有享受到天伦之乐。

诸葛亮是因为功没有成，退不掉，“出师未捷身先死，长使英雄泪满襟”；刘伯温是因为皇帝不准他走出皇帝的视野，否则就不放心。朱元璋只准一号功臣刘基“回乡归葬，而非回乡归养”，因此世外高人刘伯温只实现了功成心退，而没有实现功成身退。

功成身退的理论基础是“盛极而衰，物极必反”。大自然不许一家独大，“富不过三代”“荫被后代，三世而斩”的原因就在于——自然在调节；三代是调节周期。局限于调节周期，可能看不出自然的公平，超越周期，一定可以看见公平。公平是自然的必然法则，不公只能暂存于周期之内。

“无私而成其私”是成私的高级形态，“有私而成其私”是成私的低级形态，前者根本不求私利，它无意中所成的私利是“公平”的回馈——正如美国哲学家爱默生所说：

“人生最美丽的补偿之一，就是人们真诚地帮助别人之后，同时也帮助了自己。”

以有私的方式成私，可以分成两个层次：一是共赢，一是独赢。

地狱里，一大群人手拿长勺，围着一桶汤，因为勺子的把柄太长，够不着自己的嘴，所以只能望洋兴叹，愁眉苦脸。

天堂里，一大群人手拿长勺，围着一桶汤，虽然勺子的把柄也很长，但大家都舀起汤来喂对方，这样彼此都高高兴兴地喝到了可口的汤。

《中庸》是儒家的经典，中庸之道的精髓就是共和之道，心持两端，不偏不倚。

不偏的前提是心持两端——有我有你，言行之中，不能只顾自为，还要他为；不应把个体利益禁锢在个体的狭小空间，还应当把它寄托在集体利益，甚至他人利益之中，用共赢的思维来赢得正当的个人利益，万不可以吃独食的方式来夺取或看护私人利益。那样做，非但也许夺不到，就算一时得逞，也难保全。

作为共和的中庸，其理想效果，用朱熹的话来说，是“不偏不倚”。日常生活中，也许达不到这样的状态，但也务必做到大体平衡、动态平衡。孔子的中庸思想的内在逻辑是：

“尚中”是中庸的逻辑起点；“时中”是中庸的动态过程；

“中正”是中庸的外在规范；“中和”是中庸的目标追求。

道家的视野比儒家大，境界比儒家高，在道家看来，天地也是自然之共和的主体，因为天地之大，所以其共和意识的自觉性很高，可以“不自生”——不为自己而活，或者退一步说，不仅仅为自己而活。

儒家学说的重心在人间，人作为共和的主体，只有扩大眼界，扩大心胸，才能提高共和的自觉性，才能更好地领会共和的必要性和必然性。

独赢的方式只能用在私人空间，用于公共空间是不当的，也是不公的——因为那一定是假公济私。独赢方式不仅有适用范围，而且要适度，如果过分，就会自食恶果。

一日，夜深人静，锁叫醒了钥匙并埋怨："我每天辛辛苦苦地替主人看门，而主人偏爱的却是你——天天把你带在身上！"

钥匙却也抱怨起来，说："你每天待在家里，舒舒服服，我每天跟着主人出门在外，日晒雨淋！"

钥匙也想过一天安逸的生活，于是故意把自己藏了起来。主人回家，找不见钥匙，气呼呼地便把锁给砸了，顺手扔进了垃圾堆。

进屋后，主人找见了钥匙，气愤地说："锁扔了，要你还有何用！"说完，把钥匙也扔进了垃圾堆。

锁和钥匙在垃圾堆里相遇了，不约而同地感叹：

"落得如此下场，都怪我们只顾自己，不顾别人；只看到自己的利益，却没有看到彼此的共同利益。看来，要保护自己，实现自己的价值，彼此合作是不可或缺的。离开对方，没有锁的钥匙，或者没有钥匙的锁，又有什么用呢？"

第八章 上善若水不争利

【原文】

上[1]善若水，水善[2]利[3]万物而不争[4]，处[5]众人之所恶[6]，故几[7]于道。居[8]善地，心善渊，与[9]善仁[10]，言善信，政善治，事善能，动善时。夫唯不争，故无尤[11]。

【译文】

心怀大善者处事，像行云流水一样，水让万物利用自己却不与之争利，主动置身于大家都不喜欢的地方，让利于人，所以他是很接近天道的。选择立场地位时他是善的，因为他主动选择利他的立场和劣势的地位；调理个人心态时他是善的，因为他让利他之心像深渊一样幽深，让利己之心像深渊一样宁静；与人交往时他是善的，因为他博施仁爱；说话时他是善的，因为他恪守信用；从政时他是善的，因为他主持公平；办事时他是善的，因为他的办事能力只用于做好事；采取行动时他是善的，因为他顾全时局。正是因为他不争私利，所以没有什么需要替自己担忧的。

【注释】

1. 上：上等的、至上的。

2. 善：善于

3. 利：利于、造福于。

4. 争：争利。

5. 处：处于、置身于。

6. 恶：厌恶、不喜欢。

7. 几：几乎、接近。

8. 居：处身、居所、立场。

9. 与：相与、交往。

10. 仁：仁爱、博爱。

11. 尤：通忧。

【解读】

这一章承接第五章的“全善”，继续讲善——具体讲的是不争之善。

不争私利就意味着奉公，奉公有两个含义：一是不争私利，而是争取公利。如此说来，这一章又承接了上一章的“公”的概念，用“不争”和“争”分别衔接了公和私。可见，本章主讲让与争的辩证关系。让争之辩的重要内容是：为公利而争，这是正当之争；以不争来争，这是高明之争。

“上善若水”，水之善，首先表现在它自觉而充分地发挥利人的功能，对此，古诗有云：

“到江送客棹，出岳润民田。”

水是生命的要素，是生养万物不可缺少的东西，因此它蕴含着无穷的利他潜能。这种潜能就是水的本性，表明了水性之善。

“水性杨花”，可以用来表示女性随波逐流的品行，也可以用来表示水的利他的品行。既然“行到水穷处，坐看云起时”是广大士人的人生理想和追求，那么水送杨花一般无偿地运送你，难道不是善举？

水之善，善在利他，也善在克己，利他和克己是善的一体两面，无可偏废。

“人往高处走，水往低处流”，水总是克己奉公，而人却常常纵欲谋私。一切道德问题都是公私关系问题，公私关系的简约形式就是人我关系，由此可见，利他是利公的简单形式，利公是利他的复合形式，二者是总分关系，本质上是一致的。

“水唯能下方成海，山不矜高自及天”，老子用守弱来矫治世人顽固不化的逞强的毛病，用处下来矫治世人习以为常的自大的恶习。

水不但不争私利，而且全心全力地利他；水不但不争高位，而且主动选择众人厌弃的地方来处身，这些做法，说明了水是深得天道的精髓的。

“居善地，心善渊，与善仁，言善信，政善治，事善能，动善时”，杨花的水性不仅是善的，而且其善是全面的，涵盖了立足、居心、交际、言语、从政、办事、视野等多个方面。然而人无完人，难得兼具水之全部的善，若能得其一二，也就难能而可贵了。

张良是功成身退的典范，他自求封留，封于留这块地瘠人稀之地，这算“居善地”；

老子是匡世救人的典范，他深体自然，留真知灼见于后世，这算“心善渊”；

孔明是克己奉公的典范，他鞠躬尽瘁，生命不息奉献不止，这可谓“与善仁”；

荆轲是一诺千金的典范，他言出必行，舍身酬知己，奋勇刺暴秦，此可谓“言善信”；

尧舜是古代圣君的典范，“治大国若烹小鲜”，与民自化，无为而治，此可谓“政善治”；

萧曹是老成谋国的典范，顺应天意民心，“图难于易”，指挥若定，此可谓“事善能”；

刘基是审时度势的典范，他“东守西攻、暂稳北元”的方略，是切合时局的最佳选择，他与朱元璋的这番对话，堪比孔明与刘备的《隆中对》，此可谓“动善时”。

“仁者爱山，智者乐水”，自然的山水钟灵毓秀，吸纳了天地的精华。向山水学习，就是向自然学习，就是像最“高大上”的师傅学习。

礼贤下士之风，学习的就是水之趋下之德，越是乱世，就越被学习。战国四公子都是礼贤下士的标兵，他们是：信陵君魏无忌、平原君赵胜、孟尝君田文、春申君黄歇。

为了对抗强秦，他们礼贤下士，广招门客，充实自己的力量，最后都做了一番大事业。尤其是四公子之首的信陵君，对门客推心置腹，平等结交，终于在他们的帮助下，立下了窃符救赵、两败强秦的殊勋。

水总是主动选择下位来处身，选择利他来处事，毫不利己，专门利人，这种境界一般人难以达到，但顾全大局、克己奉公的境界是可以达到的。

“周瑜打黄盖——一个愿打一个愿挨”，这句俗话中的黄盖“愿挨”

之愿，就体现了克己奉公、顾全大局的自我牺牲精神。《三国演义》中有关的故事，概述如下：

曹操大兵来犯之际，黄盖向周瑜提议火攻破敌，周瑜要他行苦肉计，黄盖一口答应。

黄盖故意提出投降曹操，周瑜假意下令斩首，后改为杖打五十，打得皮开肉绽。

黄盖向曹操献降书，操起初识破诈降，但因有两细作回报黄盖遭刑之事，操方改疑为信。

赤壁之战大败曹操，东吴保住了长时间的国际安宁，其中黄盖功不可没。后人为纪念他，设置了黄盖镇。此镇东濒湖南省第二大内陆湖——黄盖湖。“黄盖湖”这个名称，也是纪念黄盖的。

就居于优势地位的人来说，其处人的美德常常体现在礼贤下士上面，礼贤下士可谓对自然上善若水的美德的世俗化。

立足在人类社会的人，境界往往受到社会的局限，难以企及自然之至善，然而，即便是有私心在内的礼贤下士，也属难能可贵，它是通向更高境界的善的一步阶梯。

第九章　功成身退是自然

【原文】

持[1]而盈[2]之，不如其[3]已[4]；揣[5]而锐之，不可长保[6]；金玉满堂，莫之能守；富贵而骄，自遗[7]其咎[8]。功遂[9]身[10]退，天[11]之道[12]也。

【译文】

执着于私心，贪得无厌，远不如适时收手；只知道通过摩擦来追求锐利，却不知毕露的锋芒是难以长久保持的；财富到了金玉满堂的地步，就难以保全了；富贵到了目空一切的程度，就意味着自己在给自己埋下祸根。即使是你亲手成就的功业，私心也要从中退出，这是符合自然规律的大道理。

【注释】

1. 持：坚持、执着、固执。

2. 盈：加满。

3. 其：适合……的度。

4. 已：停止。

5. 揣：揣摩、摩擦。

6. 保：保全。

7. 遗：留下、造成。

8. 咎：罪过、祸患、祸根、隐患。

9. 遂：如愿以偿、达到、实现。

10. 身：自己、私心（和私利）。

11. 天：自然。

12. 道：自然的运行法则。

【解读】

这一章承接第四章的“全有”，进一步讲“有”，具体讲无私之有。本章讲拥有与放弃之间的辩证关系，它联系着进退之辩。

私心攻伐，人间的矛盾说穿了，还不就是私心之间的矛盾嘛。圣人去私而居公，身心都在私心之外，所以不受攻击，免除了受伤的可能。

“功成身退”当中有“功”，必然蕴含着建功立业这一“进”的环节。功成身退之退，是以进为前提的退，不是一味地退，更不是不负责的逃跑式的退，而是该进就进，该退就退——在利己方面尽量退，在利人方面尽量进。

据说，官员在临近退休之际，是腐败的高发期。究其原因：这些人认为自己有功；认为有权不用，过期就作废了，所以想在退休之前，不顾一切地捞一把，殊不知此时正是“功成身退”的最佳时期。

韩信亲口说过“狡兔死，走狗烹；飞鸟尽，良弓藏；敌国破，谋臣亡”，不可谓不知，只是知而不能行，知行分离，故不得善终。

利好出尽是利空，利空出尽见利好，贪是做人的大忌，过分求“盈”。炒股需要一种“不盈”的学问：高抛低吸，逢低卖入，逢高抛售，适可而止，见好就收。

相比于功成身退，历史上更多的是贪恋权力而至死不悟者。作为法家代表人物的李斯与韩信一样，不是不明白功成身退的道理，而是割舍不下到手的权力，让他不得其死的，正是他紧紧握在手心死到临头才肯放手的权力。

中国历代丞相，若论下场之可悲，恐怕首推秦相李斯。《史记》曰：

“二世二年七月，具斯五刑论，腰斩咸阳市。”

先秦的五刑是墨、劓、刵、宫、大辟，一个“具”字，说明李斯所受的那五种刑罚并处腰斩，一项也没少。被施以五刑，不能不说是残酷现实对李斯个人的极大嘲讽：

其一，李斯是《大秦律》的制定者；

其二，李斯是秦始皇残暴统治的“铁杆屠夫”。

李斯受刑，很有“自作自受”的味道，他是看着自己一点一滴慢慢死去的，同时也看到了自己为之追逐一生的荣华富贵随之而去。权力，对于李斯这个上蔡平民来说，具有超乎寻常的诱惑力：

为了功名，他义无反顾地抛开家乡；

为了私利，他心甘情愿地背叛故国；

为了富贵，他挖空心思地写《谏逐客书》；

为了争权，他心狠手辣地排挤老同学韩非，并将其毒死在狱中；

为了固宠，他借题发挥，一下子就把数百儒生活埋在骊山脚下。

没有最狠，只有更狠，在权力的角斗场上，心狠手辣的李斯被彻底没有底线的赵高打败，在押赴刑场的路上，七十三岁的李斯曾回头对一同赴死的二儿子李由说：

“吾欲与若复牵黄犬，俱出上蔡东门，逐狡兔，岂可得乎！”

李斯临刑前的这一心愿是对自己追逐权力的一生的全面、彻底的否定。

《红楼梦》中的情场主题曲是《枉凝眉》，说的是情不可求的道理；利场主题曲是《好了歌》，说的是欲不可纵的道理。甄士隐在解释《好了歌》时说：

陋室空堂，当年笏满床；衰草枯杨，曾为歌舞场。
蛛丝儿结满雕梁，绿纱今又糊在蓬窗上。
说甚么脂正浓，粉正香，如何两鬓又成霜？
昨日黄土陇头埋白骨，今宵红绡帐底卧鸳鸯。
金满箱，银满箱，转眼乞丐人皆谤。
正叹他人命不长，那知自己归来丧！
训有方，保不定日后作强梁。择膏梁，谁承望流落在烟花巷！
因嫌纱帽小，致使锁枷扛；昨怜破袄寒，今嫌紫蟒长。
乱烘烘你方唱罢我登场，反认他乡是故乡；
甚荒唐，到头来都是为他人作嫁衣裳。

身在富贵当中，却不知富与贵本身就可能是招来后祸的根源，有此无知，再加任性——持富而骄，因贵而傲，那便是与自己过不去。

陶朱公范蠡进退有度，三聚三散家财，体现了高度的人生智慧，实现了高度的人生价值——当进有进，功在当代；当退有退，义在千秋。

为富不仁地做一个守财奴，其实很不容易，甚至无法做到。非分而来，其守谈何容易！守的学问很大，基于自然公平原理，守只能守住自己的本分，非分的利益是守不住的，如偏执固守，只怕本分也要遭殃。

范蠡告诉我们：散财就是最好的守财，是不守之守，是为上守，那是顺应自然之守。“创业难，守成不易”，这是人道之说，在天道看来：创业之难，难在过度地开创；守业之难，难在过分地死守。

第十章　对立双方要统一

【原文】

载[1]营[2]魄[3]抱[4]一[5]，能无离乎？专[6]气致柔[7]，能如婴儿[8]乎？涤[9]除[10]玄[11]鉴[12]，能无疵[13]乎？爱国治民，能无为乎？天门[14]开阖，能为雌[15]乎？明[16]白[17]四达，能无[18]知[19]乎？

【译文】

能让包括肉体在内的外部的物理环境与内心世界融为一体，物我两忘，永不出离吗？能像初生的婴儿那样囤积天地之间的和气，并提炼心中的和气——用以避免私心在后天过分壮大，从而总像婴儿那般柔和、包容和富有可塑性吗？能时常清洗以便扫除内心隐秘的杂念，达到心无挂碍的境界吗？治理国家和爱护国民，能在运用有为的方式的同时运用超越有为的不为、他为、共为和公为等等所谓无为的方式吗？用不用心眼以及怎么用心眼，能从对方的愿望去考虑吗？能够明明白白地广泛传播道德和智慧造福世人，而不掺杂谋私之智吗？

【注释】

1. 载：载体、体。
2. 营：营房，比喻外在的物理环境。
3. 魄：魂魄，比喻内在的心理环境。
4. 抱：拥抱、互抱、统一。
5. 一：整体、统一体。
6. 专：囤积、纯化、去掉杂质、提炼。
7. 柔：柔和、包容、有可塑性。
8. 婴儿：比喻与自然境界最为切近的人。
9. 涤：洗涤。
10. 除：消除。
11. 玄：神秘的、隐秘的。
12. 鉴：值得警惕的东西，这里指心中的杂念。
13. 疵：瑕疵，这里指妨碍公心的东西。
14. 天门：心眼、心灵之眼，对应物境之门。
15. 雌：与雄对应的一方，这里比喻对方。
16. 明：全面体会的道、全面的认知、普适的道理。
17. 白：明明白白地、毫无掺杂和隐瞒地。
18. 无：不、不过度使用。
19. 知：见识；通智，智慧。

【解读】

这一章承接第三章的“全能”，进一步讲“能”，具体是讲无为之能。

从理论上说，有为与无为应当并用，根据各自的适用范围来恰当运用；从实践上说，因为世人多偏废无为，所以应当加强无为的意识，加大无为的比重。

《资治通鉴·唐纪》记载："李林甫为相，尤忌文学之士，或阳与之善，啖以甘言而阴陷之。世谓李林甫'口有蜜，腹有剑'。"

口蜜腹剑，人格分裂，李林甫天生如此吗？也许不是。天才的第一声啼哭也许并不比常人响亮，小人的第一声啼哭也许并不比常人阴森，因为此时他们也还是自然的赤子，天赋之性情与常人差异不大。

皇权的史学家们喜欢神话皇帝，巧舌如簧之中，皇帝超凡脱俗，多为神人交媾之产物，以此规避人间交合环节，愚民之术，及于胚胎，何其用心乃尔！

只可惜世人大多不信，连当事人朱元璋也不相信：洪武皇帝登基之前，大学士宋濂受命作登基诏书，沿用先贤笔法，搬用皇家史书的套路，装神弄鬼，以至于朱元璋自己读来，也摇头感慨："搞的咱自个也不认识自个啦。"于是命刘基照实写来，不准"为尊者讳"，刘基欣然领命去写这货真价实、千古流芳的登基诏书。

这是电视剧《朱元璋》的情节，也许不是十分真实，但也不是空穴来风，对于不走寻常路、不按规矩出牌的朱皇帝来说，一切皆有可能。

人，不要当面是人背后是鬼，要表里如一，人前人后一个样，生活在真诚的世界中，这才叫真人，即自然人。老子主张，身心不要分离，要统一，不要"身在曹营心在汉"。

身在汉营心在汉，才是最好，既可以心爱蜀汉，又可以力帮蜀汉，心行合一，效果最优。

身在曹营心在汉，这是无奈之举，心有余而力不足，毕竟遗憾。

身在汉营心在曹，这是罪恶之举，吃里爬外，是非不分，助纣为虐。

人的统一，除了身心的统一，还有人与人、人与自然的统一。婴儿是自然的产物，是方入人间的人，身上的自然之气最为饱和，是世人的最好状态，所以老子主张尽量保持婴儿般的纯真和柔弱。

与柔弱相对的是强硬，老子认为，强硬是不自然的状态，是世人习以为常、难以自知、难以自拔的恶习，是人在社会这个片面的系统中的片面的发展，是自我意识的过度膨胀。

过犹不及，皆非适度。失度就不适中，就不适公，就是自我孤立，自寻死路。“生命诚可贵，爱情价更高；若为自由故，二者皆可抛”，自由联系着快乐，自由和快乐是人生至上的福祉，人如果能够消除私心，发扬公心，就可以驰骋于公共领域。公心越大，越纯，自由度就越大，潜能就越能发挥。《庄子·达生》中有篇寓言，叫《吕梁丈人》，说：

孔子观于吕梁，县水三十仞，流沫四十里，鼋鼍鱼鳖之所不能游也。

见一丈夫游之，以为有苦而欲死也，使弟子并流而拯之。

数百步而出，披发行歌而游于塘下。

孔子从而问焉，曰：“吾以子为鬼，察子则人也。请问：蹈水有道乎？”

曰：“亡，吾无道。吾始乎故，长乎性，成乎命。与齐俱入，与汩偕出，从水之道而不为私焉。此吾所以蹈之也。”

孔子曰：“何谓始乎故，长乎性，成乎命？”

曰：“吾生于陵而安于陵，故也；长于水而安于水，性也；不知吾所以然而然，命也。”

如果不以公道为标准，自以为是地搞出一套偷渡私心的仁义礼智来，打造走私的捷径，最终一定是得不偿失的——捷径有时就是弯路，“免费的有时就是最贵的”，因此，老子说：“爱民治国，能无知乎？”

爱民治国非得出于公心，私心假意是无法做好的，投机取巧其实是弄巧成拙的：

国家领导日理万机、周公吐哺、大禹三过家门而不入，这都不是治世能手之所为，那样的世道一定是乱世。如果真是治世，定有德治的体系在发挥作用，定有法治的体系在德治系统下具体地发挥作用，定有权责均衡的职位系统在更加具体地发挥作用，根本无须领导事必躬亲——这是庸人之所为。

无为之治不是无政府主义，是顺应自然，各在其位：道德系统、法律系统、官僚系统各安其位，各尽其能。如此协调一致的系统行为，胜过沽名钓誉的个体行为百倍！

据说美国发生海啸，总统并未停止度假，因为他们的赈灾体制相当健全，各部门各行其职便可。如果总统瞎掺和，奔着亲民之名赶去视察，反会增加地方政府的负担，令其忙上加忙。领导人疲于奔命，赶在救灾第一线，首先说明的不是亲民，而是制度缺失。制度之为，是大为，大为若缺，小为何为？

第十一章 必须有用武之地

【原文】

三十辐，共一毂，当其无，有车之用。埏[1]埴[2]以为器，当其无，有器之用。凿户[3]牖[4]以为室，当其无，有室之用。故有[5]之以为[6]利[7]，无[8]之以为[9]用[10]。

【译文】

三十根辐条都插入一个车毂，正因为车毂和车轴之间未被辐条插满，还空出地方可以转动，所以才有车轮的作用。揉和陶土做成器皿，正因为器皿中空出了地方，才有了器皿的作用。开凿门窗建造房屋，正因为门窗当中以及四壁之间空出了地方，才有了房屋的作用。所以，“有”本身仅仅代表占有它；必须到有之外的“无”当中去，才能找到能够发挥它的作用的地方。

【注释】

1. 埏：读 shān，混合。

2. 埴：黏土。

3. 户：门。

4. 牖：读 yǒu，窗户。

5. 有：占有之物。

6. 为：当作。

7. 利：有用的东西。

8. 无：有之外。

9. 为：发挥作用。

10. 用：用处、发挥作用的地方。

【解读】

这一章承接第二章的“全知”，进一步讲“知”，具体讲知无之知。

世人不但要知道“有”的存在，还要知道“无”的存在；不但要知道“有”的作用，还要知道“无”的作用。

本章的知，是得知“作用者的作用”的知，不是仅仅针对作用者的知，它把知从存在环节，推进到了存在者的行为环节、用途环节；说明了有用性与有用处之间的辩证关系。这里的“有用处”是指具有发挥用途的地方。

有为和无为都是行为，不同的是行为的方式的不同；用有和用无，都是利用，不同的是利用的东西的不同。有为与无为、用有与用无这两对辩证范畴，都联系着有无这一对辩证范畴，有无是它们共同的母题。

虚实相当于有无，用有与用无相当于务实与务虚。

上帝要叫谁灭亡，必然先让他疯狂，上帝要叫谁疯狂，必然先让他自满。希特勒灭亡了，灭亡之前疯狂了，疯狂之前自满了，因为自满，听不进意见，辨不清意见。

一线将领们“集中力量拿下中线的莫斯科”的建议，他没有听进去，他分兵南下，围攻库尔斯克。战术上打赢了，俘虏几十万，占领产油区，战略上却输了，回头再打莫斯科时，已是“士别三日当刮目相待”：天时地利人和，都跑到对方去了，特别是老天爷天降严冬，冻人，冻枪，冻坦克，把德意志的意志消磨于无形当中。

希特勒自满，断送了德意志帝国，这是好事；杨广自满，断送了大隋帝国，就不见得是好事了。

俗话说，“满招损，谦受益”，既然满了，就说明没有空地方了，“停满了汽车的停车场，能开车不”?

用处，用处，发挥效用的去所；没有去所，也就没有效用。皇朝的文字狱利用的就是这一点：你可以能说会写，但我把写字的纸张变成监狱，不给你写字的地方。

“自古英雄多薄命”，没有用武之地。韩非子满腹经纶，经天纬地，可悲的是，故国不堪经营，学弟不容施展。

孔子带着弟子到鲁桓公的祠庙参观时，看到一个可以用来装水的器皿，倾斜地放在祠庙里，便问守庙人：“请告诉我，这是什么器皿?”

守庙人回答：“这是欹器，是放在座位右边、用来警戒自己的。”

孔子说：“我听说这种器皿，在没有装水或装水不多时就会歪斜；水装得适中时会是端正的；装得过多或装满，就会侧翻。”说着，回头对弟子们说：“你们往里面倒水试试吧!”

弟子们舀来了水，慢慢向这器皿里灌。果然，当水装得适中，器皿就端端正正；不一会，水满了，它就翻了，里面的水流了出来；再过一会，水流尽了，就倾斜了，又像原来一样歪在那里。

孔子叹气，说："唉！世上哪有太满而不翻的事物啊！"

事物不仅存在于自身，而且存在于其与他者的关系之中。自身曰内，身外曰外，其外不外，是其与外人共有之地——是其与外人的关系的处所。万物普遍联系，任何两个事物之间不可能绝对的无关。

因此存在都有"有"和"无"两个方面，相辅相成——相互依存、相互利用。功利主义者和自私主义者目光短浅，偏重"有"的作用，而忽视"无"的作用，把自己拘禁在自身的狭小空间，丧失用武之地。

饭局上，有些人不想买单，觉得买单就意味痛失，成本很高，又没有什么收益，所以总找借口开溜——他觉得这样做成本最低。但他不知道自己已经付出了奇高的隐性成本：他在告诉别人，他不愿付出，只要回报，不知合作，只知推卸责任。如此这般，他就失去了朋友，失去了机会，失去了环境，即便有浑身的本事，恐怕也少有用武之地了。

"有无相乘，虚实相生"，有时候看不见的东西要比看得见的东西更为重要，自身之外比自身之内更加重要。

《寒江独钓图》上面是："一叶扁舟，一个孤独的钓鱼翁"，这是"实"；那空白处，可以想象为烟波浩渺的江水和广阔的天空，这是"虚"——正是这一留白才衬托出了环境的萧瑟和钓者的孤独。

"有之以为利，无之以为用"，"有"只能说明拥有有用的东西，"无"才能说明拥有发挥它的作用的去处。

第十二章　为外界诱惑所累

【原文】

五[1]色令人目盲；五音令人耳聋；五味令人口爽[2]；驰骋[3]畋[4]猎[5]，令人心发狂；难得之货[6]，令人行妨。是以圣人为腹[7]不为目[8]，故去[9]彼取[10]此。

【译文】

眼花缭乱的色彩能让人失明；嘈杂的声音能让人失聪；过多的味道能让人味觉紊乱；心如脱缰的野马纵情猎取能让人私心膨胀到发狂的地步；难得的宝物能妨碍人的行为举止。因此，圣人只满足基本需求，不过分满足个人需求，所以大家都应该自觉学习圣人，去除内心过分的私欲，尽量择取公心来做人做事。

【注释】

1. 五：泛指杂多。

2. 爽：失误。

3. 驰骋：纵马奔驰。

4. 畋：读 tián，打猎。

5. 猎：猎取，泛指索取。

6. 货：货物、宝物。

7. 腹：口腹之需，比喻个人的基本需求。

8. 目：声色之需，比喻个人过分的欲求。

9. 去：去除。

10. 取：择取。

【解读】

本章承接第一章的“全在”，进一步讲“在”，具体讲私欲之在。

本章涉及了个人与环境的关系，特别是欲望与诱惑的关系，在欲惑的对照中讲私欲的“三性”：广泛性、内在性和危害性。

欲望是内在的，诱惑是外在的，人生旅途上，会遇到各种各样的诱惑：功名利禄、金钱美色，它们都闪烁着诱人的光芒，撩拨着潜伏的欲望。

鱼儿受鱼饵引诱，连饵带钩一起吞下，结果成了盘中餐；鸟儿一路啄食撒下的米粒，欲罢不能，结果走进埋伏的机关，成为笼中鸟。

欲望与生俱来，是原动力，有存在价值，只是不能过度。有欲望，诱惑随之而来，欲望有多大，诱惑可能就有多大，克制欲望是抵挡诱惑的根本手法。

世界很大，诱惑无处不在。人的一生，就是与诱惑斗争的一生。规范私欲是毕生的工作，“志不可失，欲不可纵”，否则就会被其吞噬。

亚当和夏娃就因经不起诱惑，偷吃了禁果，被逐出了伊甸园；普希金笔下《渔夫和金鱼的故事》中那个老太婆，向小金鱼要了别墅要宫殿，要了宫殿要当国王，当了国王又要当教皇，最后竟然要控制太阳和月亮，结果金鱼收回了所有馈赠，让她重回破草棚。

《天方夜谭》中阿里巴巴念着“芝麻芝麻开门吧”的口诀，就能进入强盗的藏宝之洞，但他只适量取了些财宝，既没眼发红、心发黑，也没脑袋发胀，见好就收，冷冷静静出了洞，安安生生过日子去了。然而，有的人一进洞就利令智昏，怎么拿都嫌不够，结果成了强盗们的刀下鬼。

诱惑像海水——诱惑的尽头，还是诱惑，欲望的边界需要自身搭建，那就是适可而止之心，这才是攻不破的防线。《诗经·小雅·巷伯》记载：

一个冬夜，柳下惠路过柳树林，忽遇倾盆大雨，急忙躲进破庙避雨。一年轻女子也到此避雨，与他相对而坐。

半夜，女子被冻醒，起身央求坐到柳下惠怀中驱寒。柳下惠连忙推辞：

“荒郊野外，孤男寡女处在一起本已不妥，你若再坐我怀，更是有伤风化。”

女子道：“世人都知大夫圣贤，小女子虽坐在怀中，大人只要不生邪念，又有何妨？我若因寒冷病倒，家中老母便无人服侍，你救我就是救我母女二人。”

柳下惠无可推辞，只好任由女子坐到自己怀中。

暴雨一夜未停，柳下惠怀抱女子，闭目塞听，丝纹不动，漫漫长夜竟不知温香在怀。

天明，雨过天晴，女子不胜感激，说：“人言大夫是正人君子，果然名不虚传。”

《无常经》云：“佛曰：世事无相，相由心生，可见之物，实为非物，可感之事，实为非事。物事皆空，实为心瘴，俗人之心，处处皆狱，惟有化世，堪为无我。我即为世，世即为我。

佛曰：命由己造，相由心生，世间万物皆是化相，心不动，万物皆不动，心不变，万物皆不变。”

人抵制不了外界诱惑，是因内心无力——道德防线不稳固，自制能力不强大。商纣抵制不了妲己的诱惑，商汤百年基业顷刻坍塌；多少有为之士，曾经轰轰烈烈，却因抵制不了权力、金钱、美色的诱惑，作奸犯科，出卖灵魂，做了诱惑的奴隶。

心为形役，神为欲伤，何必强求外在的可有可无的东西，何不顺应天造地设的公义？也许，只有欲火亡身，即将离世那一刻，才会无可奈何地感叹：欲望像海水，越喝越渴。

节制私欲是必须的，是人生的第一要务，方法有两种，一是外在的物理性节制，一是内在的心理性节制。后者是治根之策，消除了内在的欲望，外在的诱惑也就无从诱起；前者是治表之策，屏蔽了外在的诱惑，内在的欲望也就难以出笼。毛亨注释《巷伯》时，也讲了一个故事：

鲁国有个独处一室的男子，邻居是位独处一室的寡妇。

一天夜里，暴风雨大作，寡妇房子被毁，来到男子这里请求庇护。

男子不让进门，她就从窗户对他说：“你为何不让我进来呢？”

男子说：“我听说男女不到六十岁不能同居，现在我还年轻，你也一样，所以不能让你进来。”

妇人说：“你为何不像柳下惠那样？他用身体温暖来不及回家避寒

的女子，而别人也不认为他有非礼行为呢。”

男子说：“柳下惠是圣人，可以开门；我是常人，不能开门。我要借助房门来学习柳下惠。”

完全没有私欲的，只是天，不是人，人很难做到。老子也明白这一点，因此他没有要求人灭绝欲望，只要求人规范欲望，“为腹不为目”，“弱其志，强其骨”，这就是度的意识。

《道德经》通篇都贯彻了“全”的意识、“度”的意识，老子许多貌似偏激的主张和批判，其实都基于适中，基于全面，比如：

世人多知有而不知无，于是强调无；世人多有为而少无为，于是强调无为；世人多逞强，于是主张守柔；世人多尊上，于是主张处下；世上多假仁假义，于是强调真仁真义；世上多小道和私道，于是强调大道和公道。

这一章仍然贯彻着度的精神，老子列举疯狂享乐的现象，指明了人的行为和心态的失衡。如今的世界，有过之而无不及：纵情声色，耍酷炫富，丧失了节制私欲的能力，迷茫了人生价值的取向，扰乱了社会环境的和谐。

上一章，老子讲有与用之间的关系，讲“有之以为利，无之以为用”，这一章讲对“有”之用，也要用的得当——一方面要用正当之有，另一方面要在正当的地方去使用。

就欲望和诱惑来说，欲望可以视为有用之有，诱惑可以视为有用之用。用是用处，即用武之地；有是可用之物。诱于不当的诱惑，属于在选择用武之地方面的错误；释放不当之欲，属于在选择可用之物方面的错误。

欲不可无，欲不可纵。欲望有正当与不正当之分，即邪正之分。邪欲不可有，正欲虽可有，但不可放纵。

欲望与诱惑的关系，从属于个人与环境的关系。人要用公心对待环境，要做环境的清洁工，不要做环境的污染源："达则兼济天下"，但凡可以，就要尽量带动周边人、周边环境的优化；即便没有条件做到这一点，也要"穷则独善其身"——最起码把自己做好，最起码自己不要做祸乱世界的负能量，不要做惑乱人心的坏榜样。

第十三章 宠辱为何皆若惊

【原文】

宠辱若惊，贵大患若身[1]。何谓宠辱若惊？宠为下，得之若惊，失之若惊，是谓宠辱若惊。何谓贵大患若身？吾所以有大患者，为吾有身[2]，及吾无身，吾有何患？故贵[3]以身为天下，若可寄[4]天下；爱以身为天下，若可托[5]天下。

【译文】

受宠和受辱都好比受惊，可是，人们常常误把受宠这种潜在的大祸看得与身家性命一样珍贵。受宠如同受辱一样令人惊慌的原因何在？因为得宠可以导致人格变得低下，丧失宠辱不惊的独立人格，从而受宠就格外惊喜，失宠就格外惊慌。这就是受宠如同受辱一样叫人惊慌的深层原因。误把受宠这种潜在的大祸看得如同生命一样珍贵的原因何在？我之所以错误地把受宠当作珍宝一样拥有，是因为我有私心，等到我没有私心的时候，对我来说，诸如不受宠之类的情况还有什么可怕之处呢？人的可贵之处在于：全身心地投入到全天下人的公益事业之中，就像可以把自己完全交给天下人一样忘我；人的可爱之处也在于：全身心地投入到全天下人的公益事业之中，就像可以把自己完全交给天下人一样忘我。

【注释】

1. 身：身家性命。

2. 身：自身、自我意识、自为意识、私心。

3. 贵：可贵、推重、尊重。

4、5. 寄、托：寄托、交给、奉献出去。

【解读】

本章讲宠辱之辩。

《道经》第一至第六章讲了天道的六大极致的性质，接下来的六章，也就是第七到第十二章，对“六常”做了生发，在纵横两个方向上的生发。这两个方向的拓展，都可以用公私关系来概括：从横向理解，公私关系是个体与整体的关系；从纵向理解，公私关系是高级与低级的关系。

《道德经》的全部内容，一言以蔽之，就是以公约私、以公佑私，由此可见“公”在全书中的地位、在老子心目中的地位、在道家思想中的地位。

道学是自然主义，自然主义其实就是公平主义，就是至公的公平主义。公平主义就是公道——就是道。

公私之辩是道学的主动脉，是搞清《道德经》的思想结构的关键，是领会《道德经》的精神实质的关键，甚至是全面领会《道德经》中的重要范畴、言下之意的关键。

这一章直接讲宠辱关系，这一关系深刻地联系着公私关系，希望大家在理解老子的其他概念和论述时，也能自觉联系公私之辩。

受宠就窃喜，受辱就愤懑，这是常人，高人宠辱不惊，韩信当年受到胯下之辱，就没有发飙，没有搏命，否则，他就不可能青史留名，智冠三军，成为一代战神。

许多凶杀案被唤作“激情犯罪”，也就是——没有忍住一时之气，酿成了无法挽回的后果。事后，不仅死者家人悲伤，而且杀人者也常常懊悔不跌，声泪俱下。

早知今日，何必当初？受辱而生气，是人之常情，但不要气令智昏，最终害了自己，应当想一想还有什么更好的路可走。“天无绝人之路”，一定有更好的选择，只是当时心态失衡，丧失了权衡能力。

宠辱皆惊比宠辱不惊又上了个档次，后者只是看淡“辱”，前者却是看穿“宠”。从能臣到宠臣，和珅什么场面都见过，宠辱不惊不在话下，可惜他没有领悟宠辱皆惊的要领，所以身不由己地就忘记了“功成身退”的铁律，最终成了嘉庆的一头待宰的肥羊。

“和珅跌倒，嘉庆吃饱”，吃定和珅是嘉庆为期不短的皇帝生涯中的唯一亮点，大清帝国的根基据说就是在他的无所作为之中腐朽的。“惯儿不孝，肥田出瘪稻”，这就是自然的辩证法——嘉庆时刻沉浸在“吾皇万岁”的祝福声中，享受臣民祝福，难道不是另一种形式的受宠吗？不过是下面人对上面人的宠罢了。

“物忌太盛”，这是韩非和李斯的恩师荀子的四字箴言，荀子是非典型的道家人物，他偏重了道之至能，偏废了道之至善。

无论皇帝、大臣、后妃，还是权场上的一般官员，受宠太过，都得担心。都说和珅是被嘉庆杀死的，但也有人说他是被乾隆宠死的。因为受宠过度，所以权倾朝野，富可敌国，树敌太多。

这三条，哪一条都够弄死和珅的。嘉庆赐死和珅，费力列举了二十五款滔天大罪，其实多属子虚乌有，或者牵强附会，真正的就是前面那三条，或者是那三条的细化和深化。

情场如战场，这在佳丽如云的后宫，一点不假。被宠是目的，争宠是手段，争来争去，操碎了心，搭上了命，得不偿失啊。

不到黄河心不死，死到临头才后悔，“平时不烧香，临时抱佛脚”，过程当中，多抱赌徒心态，寄希望于侥幸。

《红楼梦》中有个不大不小的人物，叫娇杏，谐音“侥幸”。这是曹雪芹有意而为之，故意给她取了这么个谐音双关的名字。谐音是作者拓展文意的一种简便手法，诸如贾雨村谐音“假语存”，甄士隐谐音“真事隐”，不一而足。

娇杏是甄士隐家的丫鬟，巨眼识英雄，偶遇贾雨村，隔花弄影，回首勾魂，引起了贾雨村注意；眉目传情，私定了约定。贾雨村高中之后，娶了她去做二房，不几年，正妻就死了，于是扶正为妻。

这一段文字之后，曹雪芹用“偶因一回顾，便为人上人”点题。曹雪芹的《红楼梦》如今只能看到前八十回，在佚失的后文中，娇杏不得善终，应该是大概率事件——因为她的幸福生活是靠侥幸而得来的，来路不正，根基不稳。

“侥幸”二字，古往今来，耽误了多少人？今日落马贪官的忏悔录中，高频词汇，可推“侥幸”。

官本位的官场，人身依附，争取上司赏识是晋升的必由之路，于是乎，权钱交易、权色交易便大行其道。有些女官员，不惜花费巨款或公款，整容美容，提高权色交易的命中率和成功率。

受宠的潜在危害，在低级别的权场，难以显现，因为空间太小，难以容纳宠辱的转化的格局。所以，一般官员向上巴结之时，了无后顾之忧，这就是巴结之风盛行官场而且有恃无恐的成因。

改变官本位顽疾，用道家哲学，用宠辱皆惊，那是拿炮弹打蚊子，路数不对；敬畏历史，敬畏国民，唯有具有这等大格局的官员，才有可能宠辱皆惊。境界低下之人，重点还是要靠道德之下的法律去外在的规范，别指望他们有什么内在的约束力。

宠和辱都有可能挫伤当事人的人格和尊严，受辱损害人的自尊，是直接的、即时的；受宠损伤人格，是间接的、延时的。

齐桓公宠爱易牙、竖刁和开方，出于固宠的需要，易牙把儿子烹给齐桓公吃；竖刁自宫来追随齐桓公；开方父母死不奔丧。这些人的心性被所受之宠给蒙蔽了，扭曲了，消灭了，“水煮青蛙”，不知不觉当中，深刻地丧失了人格的尊严和自由。

“吾所以有大患者，为吾有身”，人之所以患得患失，根源是有私心，如果没有私心，祸患也就无可着落，因此老子说：“及吾无身，何患之有？”

“贵以身为天下，若可寄天下；爱以身为天下，若可托天下”，网上有一篇《十条标准帮你嫁对人》，十条是：

能否主动修复关系；能否自控；

能否共渡难关；能否坦诚相对；

能否延迟满足；能否承担责任；

能否承认错误；能否体谅对方；

能否支持对方；能否自我振作。

这十条标准，明眼观之，其实就是一条标准——公，也就是能够与对方结成一体。以公心待人处事，就是共同体的合格成员，否则就不合格。公心越大，匹配的共同体就越大，合格度就越高。公心越大，越牢固，就越适合做公共事业的领头羊，带领的共同体就可以越大。

儒家的修齐治平，是公心的不断扩大：爱人之心可以修身，爱家之心可以齐家，爱国之心可以治国，爱人类之心可以平天下，爱的境界越大，可以治理的范围就越大。

爱不是满足私欲的借口，而是缔结共和的纽带，爱具有内在的不可磨灭的公共性。所谓“自爱”，强调的是不能放弃义务，绝非“仅仅爱自己”——那是不道德的，更是不可能的。

恨是离心力，爱是凝聚力，是走向共和的原动力，恨是走向专制的原动力。专制是对人的物化，是独赢思维；共和是人性化的待人方式，是共赢的思维，两种不同的思维注定了两段不同的历史，共和史和专制史。私心跛足而行，黑衣夜行，歪门邪道；公心多足鼎立，光明磊落，正道直行。

第十四章　古今可以互为鉴

【原文】

视之不见，名曰夷[1]；听之不闻，名曰希[2]；搏[3]之不得，名曰微[4]。此三者不可致[5]诘[6]，故混而为一。其上不皦[7]，其下不昧[8]，绳绳[9]兮不可名[10]，复归于无物[11]。是谓无状之状，无物之象，是谓惚恍。迎之不见其首，随之不见其后。执[12]古[13]之道，以御[14]今之有[15]，能知古始，是谓道纪[16]。

【译文】

看它却看不见，把它叫作“夷”；听它却听不到，把它叫作“希”；触它却触不到，把它叫作“微”。视觉、听觉和触觉对象的极限，人无力追究到底，所以通常只追究到一定程度，在这一程度上，它仍然是混合的一体。其实，这个程度之上，它并不清晰；这个程度之下，它并不含糊。向上或者向下一直追究下去，到时不是大到跨出就是小到淡出我们的视野，重新做回认识视野之外的事物。这种无可名状的形状、不见实物的形象，叫作恍惚。想迎接这恍惚，却找不见它的前头；想跟随这恍惚，也找不见它的后头。总结历史规律，用它驾驭现实中可以把握的东西；也可以从现在推测过往，推知的就是道的历史。

【注释】

1. 夷：平、不触目。
2. 希：少。
3. 搏：击、触。
4. 微：小。
5. 致：致以、使用。
6. 诘：追问。
7. 皦：清晰。
8. 昧：含糊。
9. 绳绳：像绳子一样连绵不断。
10. 名：命名、认识。
11. 无物：视野之外的事物。
12. 执：掌握、总结。
13. 古：过去、历史。
14. 御：驾驭。
15. 有：可以把握的东西。
16. 纪：纪年、历史。

【解读】

本章讲明暗之辩。

道超越人的感知，在人的视觉、听觉和触觉之外，道依然存在，因此，体道者不能局限于，更不要拘泥于自己的经验。经验主义的狭隘性就在于：认识上自设局限，实践上自缚枷锁。

人作为自然这个无限系统的一个小小的子系统，必定有自身难以摆脱的局限，这是体道者必须注意和克服的。

青蛙问小鸟："你是从哪儿飞来的呀?"

小鸟回答："我是从远处飞来的。我在天空中飞了一百多里，口渴了，下来找点水喝。"

青蛙说："朋友，别说大话了！天不过井口这么大，还用飞那么远吗?"

小鸟说："你弄错了，天无边无际，大得很哪!"

青蛙笑道："朋友，我天天坐在井里，一抬头就看见天，我是不会弄错的。"

小鸟也笑了，说："朋友，你是弄错了。不相信，你就跳出井口来看一看吧。"

井底之蛙看天，好比人执着于自我去认识道；自我的局限就像那口井对青蛙视野的束缚；青蛙眼中片面的天宛如常人心目中片面的道。

世上只有一个东西是绝对自生的，那就是道。道生万物，万物都是道的子系统，道作为无限，不仅包容了所有的有限，而且包容了其他一切无限。因此，天道具有无所不见的视角，具有无所不知的能力。

个人没有这种全知的视角，人类的集合体加之其无限的历史，可以不断扩大视角，可以不断积累经验，可以不断接近真理——即全知，"故曰：'域中有四大，而人为其一焉。'"

就个人而言，人不能像认识有限事物那样认识道，否则，看到的只能是片面的道。正是在这个意义上，老子说："道可道，非常道；名可名，非常名。"

无名的道才是全面的道，才是无限的道，一旦人的自我意识摄入，就必然会破坏认识的全面性。

全面性被老子称为"常"，根本性被老子叫作"明"，透过现象看本质，抓住明，老子称之为"袭明"；通过对立看统一，超越片面到全面，老子称之为"袭常"。袭常和袭明，就是道家供人克服局限的现实途径和实践方法。

能够袭明的君主，叫作明君。李世民从"水可载舟"的现象看到了"水亦可覆舟"潜能，就是透过社会现象看到了民本的本质；从"偏听则暗"看到了"兼听则明"，就超越了片面的境界到了全面的境界。《唐史》记载：

唐太宗问魏徵："君主怎样能够明辨是非，怎样叫昏庸糊涂?"

魏徵答："广泛地听取意见就能明辨是非，偏信某个人就会昏庸糊涂。

从前帝尧明晰地向下面民众了解情况，所以有苗作恶之事及时掌握。舜帝耳听四面，眼观八方，故共、鲧、欢兜都不能蒙蔽他。

秦二世偏信赵高，在望夷宫被赵高所杀；梁武帝偏信朱异，在台城被侮辱；隋炀帝偏信虞世基，死于扬州的彭城阁兵变。

所以人君广泛听取意见，则宦官不敢蒙蔽，下面的情况从而得以反映上来。"

第十五章　得道者的肖像画

【原文】

古之善为道[1]者，微[2]妙[3]玄[4]通[5]，深不可识[6]。夫[7]唯不可识，故强[8]为[9]之容[10]：豫[11]兮[12]若冬涉川；犹[13]兮若畏四邻[14]；俨[15]兮其若容[16]；涣[17]兮若冰之将释[18]；敦[19]兮其若朴[20]；旷[21]兮其若谷；混[22]兮其若浊；澹[23]兮其若海；飂[24]兮若无止[25]。孰能浊[26]以静之徐清？孰能安以动之徐[27]生[28]？保[29]此道[30]者，不欲盈[31]。夫唯[32]不盈，故能蔽[33]而新[34]成[35]。

【译文】

古时善于行道的人，道的细微和精密之处他竟然都神奇地参透了，因此他深不可测。正因为他深不可测，所以只能勉强来勾勒一下他浅层的表象：他安详，就像冬水流经平原；他谨慎，好像怕打搅了周围的邻居；他形容庄重；他风流倜傥，宛如冰晶将融而未融；他敦厚而纯朴；他的豁达，有点像群峦间的山谷；他的包容，有点像清水包容了浑浊；

他的从容，好比大海荡漾着微波；他飘逸的气质令人回味无穷。以静心来渐渐净心的同时谁还能用心包容别人的浑浊呢？以动心来慢慢推动事物的同时谁还能保持心灵的安静呢？确保这种难能可贵的处世方式的关键，是不要过度。正因为决不过度，所以能够适时挡住贪心，从而实现吐故纳新及其促成的良性循环。

【注释】

1. 为道：修道和行道。
2. 微：细小。
3. 妙：精密。
4. 玄：神奇。
5. 通：参透。
6. 识：见识、揣测。
7. 夫：语气助词，无实意。
8. 强：强行、勉强。
9. 为：描写。
10. 容：容貌、表象。
11. 豫：安泰。
12. 兮：语气助词，无实意。
13. 犹：谨慎。
14. 四邻：周围所有邻居。
15. 俨：庄重。
16. 容：形容、形态和容貌。
17. 涣：流散。
18. 释：释放、消解。

19. 敦：敦厚。

20. 朴：纯朴。

21. 旷：旷达。

22. 混：包容。

23. 澹：安然、从容。

24. 飂：读 liù，飘、飘逸。

25. 无止：无穷无尽。

26. 浊：包容别人的污浊。

27. 徐：渐渐。

28. 生：催生、推动。

29. 保：确保。

30. 道：方式。

31. 盈：过多、过度。

32. 唯：唯一、正因为。

33. 蔽：遮挡。

34. 新：吐故纳新、良性循环。

35. 成：实现。

【解读】

本章讲知行之辩。

体道与行道之间的关系，即所谓的“体用”之间的辩证关系——也就是认识与实践的关系。

善于为道的人，不仅善于体道，而且善于行道。为道的概念既涉及了道家的认识论，也涉及了道家的实践论。为道包括体道和行道，体道和行道及其之间的关系，也可以用作《道德经》的基本架构。

道家的认识论和实践论，是心物一体的认识论和实践论，全面超越了唯物主义和唯心主义的认识论和实践论。哲学是在深刻性和全面性上胜过了一般学识的学识，道家哲学在这两方面又胜过了一般哲学。

用道学整理儒学和"法学"，以公心整理私心和私利，这是修正和完善儒法二家之学的根本出路，也是构建国家意识形态的重要思路。

天有心物二系统，一切存在都有心物二系统，二系统之间存在着"深不可识，微妙玄通"的关系，决定着二者的共通性。因此，佛家分成了殊途同归的两派，一是修行以修心的外修派，一是修心以修行的内修派。

心物一体，知行合一，念是心之动，行是物之动，与佛家一样，道家修道也分内外两大取向、两条路径：外径就是行径，内径就是心径，致公是二者的共同点。

实现公心的要点是少动私心，即以静心的方式实现。动静是相对的，少动便是静，少静便是动。动以健行，静以融心，因此道家内修天道的法门当中就有心斋、坐忘以及撄宁等等消解私心杂念的办法。

撄宁当中既有类似心斋、坐忘的环节，另外还有"得道"的环节，既体现了心斋、坐忘的综合，也体现了心斋、坐忘的拓展。关于心斋，《庄子》说：

若一志，无听之以耳而听之以心；无听之以心而听之以气。听止于耳，心止于符。气也者，虚而待物者也。唯道集虚。虚者，心斋也。

《说文解字》云："斋，戒洁也。"心中若有不洁的东西，就需要及时加以戒除。对此，有高僧曰："吹毛用了急需磨。"私心如刀，但凡动用便是在别人身上割肉。哪怕只是割了别人一根汗毛，这种私念也要及时磨灭。

磨灭不止是熄灭，而且要补偿别人的损失。这种补偿，可以针对当事人，也可以无针对地施惠于芸芸众生。

体道时，心境当中有碍通达于道的固执都可谓妨碍心境澄明的不洁之物，只有涤除玄鉴，才能虚己接道，道的光芒才能无所遮蔽地充分照入心田。郭象解释“若一志”，说：“去异端而任独也。”成玄英疏：“一汝志，无复异端，凝寂虚怀，冥符独化。”

“异端”是指“不合乎公道的心念或行为”。郭象和成玄英都把“一”字解释为动词，即“去”之意。关于“志”，王夫之说：“志者，神之栖于气以效动也。”

“一志”常常被认为就是达到“凝神”状态。心斋的去蔽功能，是以所谓的“纯心”和“开心”两个相辅相成的过程进行的：纯心即去除杂念；开心即以“天气”充实因纯心而留下的心理空间。

天气即自然之气，人气即常人的心气，它与天气此消彼长；开心即开阔心境，纯心与开心相伴相生。

关于坐忘，《庄子》说：

颜回曰：“回益矣。”仲尼曰：“何谓也？”曰：“回忘仁义矣。”曰：“可矣，犹未也。”

他日复见，曰：“回益矣。”曰：“何谓也？”曰：“回忘礼乐矣！”曰：“可矣，犹未也。”

他日复见，曰：“回益矣！”曰：“何谓也？”曰：“回坐忘矣。”仲尼蹴然曰：“何谓坐忘？”

颜回曰：“堕肢体，黜聪明，离形去知，同于大通，此谓坐忘。”

仲尼曰：“同则无好也，化则无常也。而果其贤乎！丘也请从而后也。”

忘仁义，忘礼乐，如此等等，进而坐忘。坐忘是离形去知，离我去私，突破自身局限而入自然之化境。

忘的过程包括“若一志”的“一”的过程，一是低级的忘，尚有未忘之忘；坐忘是高级的一，是完全充分的统一，即与外物浑然一体，略无参差。

关于撄宁，《庄子》说：

其为物无不将也，无不迎也，无不毁也，无不成也，其名为撄宁。撄宁者，撄而后成者也。

“撄”相当于前文之“一”；“宁”作为动词，相当于前文之“忘”，作为名词，相当于坐忘之境。

达到宁静状态，就达到了道，因为在“宁”的状态中，其人没有违逆天道者。有“宁”必有“成”，“成”是“宁”自然而然的必然结果，故曰“撄而后成”。这里的“成”，即得道。

心斋、坐忘、撄宁的综合运用便是体道之法、得道之法，《庄子·养生主》通过庖丁解牛的寓言说得很明白：

庖丁释刀对曰：“臣之所好者，道也，进乎技矣。始臣之解牛之时，所见无非牛者。三年之后，未尝见全牛也。方今之时，臣以神遇而不以目视，官知止而神欲行。依乎天理，批大郤，导大窾，因其固然，技经肯綮之未尝，而况大軱乎！”

“彼节者有间，而刀刃者无厚；以无厚入有间，恢恢乎其于游刃必有余地矣。”

道通万物，佛家理论与道家也有共通之处。释迦牟尼在菩提树下夜睹明星觉悟成佛，说的第一番话就是：

“奇哉，奇哉，奇哉，一切众生，个个具有如来智慧德相，只因妄想执着，不能证得。若离妄想，则无师智，自然智，一切显现。”

恶就是不公，善就是公，就是公道。天心无私，是公的典范、善的典范，是为善即为道的至上境界。公道就是公平之道，“公平”二字，“公”是公共，“平”是公平，公共是关系的充分，公平是关系的平等。

善为道者，微妙玄通，充分开通与他者的关系，不以自我局限或扭曲这些关系，让关系充分建立以实现共同体的全面性，让关系充分互动以实现共同体的公平性。全面的公平就是共和，共心是为了实现心的共和，实现心理世界的共和；共赢是为了实现行的共和，实现物理世界的共和。

修心是心理世界的共和之路，修行是物理世界的共和之路，两大共和便构成了全世界的共和。全世界的共和之道，其实就是天道。这一章，老子描摹了得道者的种种外在表现，这些表现，一言以蔽之，就是克己奉公。

第十六章 知常方不乱作为

【原文】

致[1]虚[2]极[3]，守静[4]笃[5]。万物并[6]作[7]，吾以[8]观[9]复[10]。夫物芸芸，各复[11]归其根[12]。归根曰静，静曰复命[13]，复命曰常，知常曰明。不知常，妄[14]作凶。知常容[15]，容乃公[16]，公乃全[17]，全乃天，天乃道，道乃久，没身[18]不殆[19]。

【译文】

追求忘我的境界永不止步，坚持融入统一性绝不动摇，万物相互作用，我从中看出相互联系。

芸芸众生，生生灭灭，对立面相互转化。

向对立面转化的过程叫作静，静是指顺应必然性。

顺应必然性就叫常，对必然性的全面认识就叫明。

不晓得顺应必然性，所作所为就容易盲目甚至悖逆，这很容易招致凶险。

知常就会包容，包容就能实现共和，不断扩大共和就能最终实现大同，大同就是自然。

自然就是天道的创立者，顺道而为就能长久，人终身都不能停止体会和效法自然。

【注释】

1. 致：致力于、追求。

2. 虚：与实相对，实指有我的境界，虚指无我的境界。

3. 极：极度。

4. 静：与动相对，动是个性的形成，静是个性的消解——也就是统一性的形成。

5. 笃：忠实、坚定。

6. 并：相互。

7. 作：作用。

8. 以：得以。

9. 观：看出。

10. 复：相互联系。

11. 复：转化。

12. 根：相应的对立面。

13. 命：命令、必然性。

14. 妄：盲目、悖逆。

15. 容：包容。

16. 公：公共、共和。

17. 全：大全、大同。

18. 没身：终身。

19. 殆：尽。

【解读】

本章讲往复之辩。

克己奉公是道的通行法则，也是道的微观机理，上一章老子从微观的得道者的角度诠释克己奉公之道，这一章作者从宏观视角再次诠释克己奉公之道，并且正面地、直接地提出了作为公道的核心的公的概念——“公乃全”一语道尽玄机，石破天惊。

天道好还，老子说“以道佐人主者，不以兵强天下，其事好还”，佛家说“天道循环，报应不爽”。

“天道好还”并不神秘，就是对立面的相互转化。如果不希望转化的发生，就不要过分地对立。私心对峙是最深刻的对立，私心泛滥，必然“自取其咎”。

蒲松龄在《聊斋志异·画皮》中说：“然爱人之色而渔之，妻亦将食人之唾而甘之矣。天道好还，但愚而迷者不寤耳。”

龚自珍在《与人笺》中说：“天道好还，强弱迭代。”

太平天国运动领导人杨秀清和萧朝贵写的《奉天讨胡檄布四方谕》也说：“今幸天道好还，中国有复兴之理。”

天道居公，维护公心和公平，那些危害公心之心、危害公平之举必将遭到天谴。

佛家的“色”相当于道家的“有”，道家的“无”相当于佛家的“空”。“虚”是从有走向无的过程。需要虚的，是私心；需要实的，是公心。道学就是公道之学，就是公的学问。不同级别的公，就是不同级别的道。其中，天道是自然的公道，人道是人间的公道，“不人道”就是破坏人间公道。

致虚，就是消减私心，达到极致的程度，就能实现心境的安宁，即“静笃”的状态。只有达到了这种高端的状态，才可以看见自然的深刻的奥秘，看清大的系统的共同的宏观运动，甚至看到一般境界中难得一见的大运动——对立面的相互转化。

站得高，才能看得远，看得全，问题是如何才能站得高——这里的高不是物理的高，而是心理的高。

境界不高，看问题就难免片面，这样的人，即便出于好心也常常办出坏事，这就叫“不知常，妄作凶”。

为此，庄子精心创作了一则寓言，说明违反自然而固执自己狭小、低下的享乐境界的所谓善举，实际上多半是逆天之举。

南海北海，同样早潮晚汐，躁动不安。海水上波浪的狂跑，倏忽而逝。

南海国王，北海国王，同样生就海水性格，喜爱狂跑运动，所以一个名倏，一个名忽，也就是高速度。

南海北海之间，一片莽莽大陆，是中土国。中土国生就陆土性格，喜爱清静无为，不躁不动，无知无识，所以名浑沌，也就是糊涂——音读讹了，便成“混蛋”。

混蛋也好，糊涂也好，浑沌不计较，他心头明白：“俺名昆仑。”

他照料中土国，春华秋实，鱼跃鸢飞，无为而治。

奈何南海北海倏忽二王最怕寂寞，所以早晚驾乘潮汐，一个北上，一个南下，每天两次跑到中土国来开碰头会，说是交流新潮汐的信息。

浑沌尽地主之谊，每天两次设宴招待倏忽二位贵宾。至于他俩交流些什么信息，浑沌从来不感兴趣，显得呆头呆脑，瞌睡未醒。

一日，倏忽二王研究怎样报答浑沌。

倏说："人有七窍：两眼看物，双耳听声，一口饮食，两个鼻孔呼吸。唯独这位老兄可怜，一窍不通，应该帮助他呢。"

忽说："是呀，应该让他看看海洋，同时听听信息，尝尝美味，呼吸一点新鲜空气。"

于是他俩决定给浑沌开窍。浑沌仍然瞌睡未醒，没有任何反应。

第一天凿通一窍，看见平面物象了。

第二天凿通二窍，看见立体物象了。

第三天凿通三窍，听见声音了。

第四天凿通四窍，不但听见声音，还能找到声源了。

第五天凿通五窍，大吃大喝了，大说大唱了，大叫大骂了。

第六天凿通六窍，闻到香臭了。

第七天凿通七窍，畅快呼吸了。

浑沌太兴奋，当场就死了。中土国就这样灭亡了，昆仑山留下六条隧道，供人凭吊。

第十七章　无形之中成大业

【原文】

太上[1]，不知有之；其次，亲[2]而誉[3]之；其次，畏[4]之；其次，侮[5]之。信不足焉，有不信焉。悠[6]兮其贵[7]言[8]，功成事遂[9]，百姓皆谓："我自然。"

【译文】

最好的统治者，因为顺乎民意，所以国民几乎感觉不到他的存在；其次的统治者，国民亲近并称赞他；再次的统治者，国民畏惧他；更次的统治者，国民蔑视他。统治者的信誉不足，国人才不相信他。最好的统治者多么超然啊，他不轻易发号施令，经常是在无形当中就引导民力成就了功勋和事业。如果要问百姓这些功业有没有扰民，百姓都会说："我们原本就打算那样做的。"

【注释】

1. 太上：最上面，这里指最好的。

2. 亲：亲近。

3. 誉：赞誉。

4. 畏：畏惧。

5. 侮：轻慢、蔑视。

6. 悠：悠闲、超然。

7. 贵：珍惜、不轻易使用。

8. 言：言语，这里指发号施令。

9. 遂：成功地实现。

【解读】

本章讲顺逆之辩。

《大学》通过修身、齐家、治国、平天下的循序渐进性说明了管理的层次性，不仅管理对象具有层次，管理工作本身也需要有层次——那就是管理艺术和管理技术之分。

管理艺术需要有层次性，管理技术需要有综合性——首先是综合运用有为和无为，不能只用有为，或者只用无为。光用无为，那会陷入无政府主义；光用有为，那会陷入机械主义。

在老子眼中，“高大上”的治理当属无形的治理，特别是顺势而为的治理；“矮穷矬”的治理当属有形的治理，特别是逆势而为的治理。基于无为理念的管理，往往境界高、范围大、成本低，因为它上顺天道，下顺民心。近现代学者胡适因此认为：

最高领袖的任务是自居于无知，而以众人之所知为知；

自处于无能，而以众人之所能为能；

自安于无为，而以众人之所为为为。

凡察察以为明，琐琐以为能，都不是做最高领袖之道。

做统帅的，不要去包揽将军的活，不然，还要将军做什么？做将军的，不要去包揽士兵的活，不然，还要士兵做什么？楚汉相争，结局出人意料：笑到最后的竟是手无缚鸡之力的刘邦，而非力可扛鼎的项羽。这一历史的选择令古往今来的不少仁人志士反复玩味。

惋惜如杜牧者曰："江东子弟多才俊，卷土重来未可知。"

理智如王安石者曰："江东子弟今虽在，肯与君王卷土来？"

项羽败在其所不能，即不善将将，同时也败在其所善能，即善于将兵：他不仅把精力浪费在鸡毛蒜皮的小事上，因此遏制了下属能力的发挥，只知有为，不知无为，偏爱小为，偏废大为；刘邦胜在善于将将，也胜在不善于将兵：他把精力集中在战略层面，而且放开了下属的手脚，知道有所为有所不为，偏重大为，小为层面，因为放权，下属反而替他做得更好。

"不在其位，不谋其政"，若在其位，须谋其政，"位"与"谋"不能错位，这就是对刘邦项羽的成败的解释。治国者不仅要摆正位谋之间的关系，还要摆正时机与心愿之间的关系，不能光有主观性却没有可行性。

大秦、大隋都是二世而亡的短命王朝，它们的灭亡，不是因为做得太少，而是因为做得太多。

汉初几代统治者常以秦之速亡为戒，节制有为之心，重视无为之道，与民休息，与民自治。

自治是层次治理的必然内容，层次治理不仅包括治理手段的层次性，也包括治理主体的层次性。放权于人，放权于下辖地区，都是主体范畴的层次治理。

汉初就落实了君道偏重无为而臣道偏重有为、德刑相辅、开源与节流并用、用民养民并举等等一系列综合性、均衡性的政策措施。

刘邦是无为而治的老手，去世后，孝惠、高后相继当政，继续有为与无为两手并用的做法。《汉书》说：

孝惠高后之时，海内得离战国之苦，君臣俱欲无为，故惠帝拱己，高后女主制政，不出房闼，而天下晏然，刑罚罕用，民务稼穑，衣食滋殖。

文景二帝继统之后，也继续将黄老之术作为治国方针。

文帝以藩王继承大统，其时羽翼未丰，所以特别注意信任和依靠前朝重臣，刘邦时代的功臣周勃、陈平、灌婴等相继为相。这既融洽了新旧君臣之间的关系，又保证了高层统治集团的团结一致。

文帝还多次下诏，“举贤良方正、能直言极谏者”，使一大批年轻有为的知识分子进入政治集团，扩大了政权的统治基础。班固在《汉书·刑法志》中高度评价说：

及孝文即位，躬修玄默，劝趣农桑，减省租赋。而将相皆旧功臣，少文多质，惩恶亡秦之政，论议务在宽厚，耻言人之过失。化行天下，告讦之俗易。吏安其官，民乐其业，蓄积岁增，户口寖息。

严复说：“夫黄老之道，民主之国所有也，故长而不宰，无为而无不为；君主之国，未能用黄老者也。”

无为而治不是万能的，但它是不能偏废的。有无相生，缺失无为思想的治国思想，缺失无为的治国措施，都是失衡的。同样，有为也不能偏废，《管子》说出了有为的必要性：

夫凡人之情，见利莫能勿就，见害莫能勿避。

其商人通贾，倍道兼行，夜以续日，千里而不远者，利在前也。渔人之入海，海深万仞，就彼逆流，乘危百里，宿夜不出者，利在水也。

故利之所在，虽千仞之山，无所不上；深渊之下，无所不入焉。

有为虽然是必须的，但仍旧可以用大为或者无为的理念来优化有为。与民自治，与人自为，就是以无为的方式处理有为；以德引领，以法规范，这就是以大为的方式处理有为。对此，《管子》说：

故善者势利之在，而民自安，不推而往，不引而来，不烦不扰，而民自富。如鸟之覆卵，无形无声，而唯见其成。

有无是相对，有为与无为也是相对的，相对于小为，无为就是大为，相对于我为，无为就是他为，相对于有形的为，无为就是无形的为。无为是有为的最高境界，老子把有为本身也分出了高下：亲民为上，畏民为中，侮民为下。

大秦作为帝国的样板，它的精髓传承了两千余年，生命力相当顽强，但是，为何秦帝国如此短命呢？只能说：不知顺，多为逆。

它自废武功，自废无为，自废有为中的亲民之治，片面择取并过度利用畏民、侮民之治。

封建专制之所以能够在中华大地延续两千多年，主要是愚民之策的功劳。专制者以愚民包装虐民，相对于虐民，愚民是无形的、亲民的，在一定程度上契合了无为。

恶政的本质是逆，忤逆天意和民意，有为的局限性也就在于——可能多有悖逆；善政的本质是顺，顺应天道和人道，无为的普适性也就在于——可以多有顺应。

第十八章 忠臣并非必需品

【原文】

大道废[1]，有仁义；智慧出，有大伪；六亲[2]不和，有孝慈；国家昏[3]乱[4]，有忠臣。

【译文】

大道荒废了，推行仁义这些小道的必要性才如此突出；智慧挣脱道德的束缚，大伪似真的情况才大量出现；父母、兄弟和夫妇这些至亲都不和睦，推行孝慈才显得如此重要和迫切；国家上面昏庸下面混乱，才如此过分地仰仗忠臣。

【注释】

1. 废：荒废。

2. 六亲：父母、兄弟和夫妇。

3. 昏：昏庸。

4. 乱：混乱。

【解读】

本章讲真假之辩。

上一章讲了道的两个方面的互补性，即有为之道与无为之道的互补性，虽然表面上侧重讲的是无为之道，但有为之道已经暗含其中，不言自明。偏废无为之道，是世人的通病，这也为突出无为提供了合理性。

本章以及下一章，老子讲的是道的层次，诸如仁义、智慧、孝慈这些层面。本章主要讲人道的各个层面的异化，下一章则讲这些层面的归化。

老子并没有说大道必须废了才有仁义等等的小道，而是说：大道废了，小道才会自行其是，小道为了自行其是而故意荒废大道。

天道是人道之本，大道是小道之源，自以为是的仁义是无源之水，无本之木，是为部分人而不是全民服务的。脱离了公道的小道，极具私化的取向，极具恶化的危险。

本分的仁义智慧的存在不仅是合理的，而且是必需的，不然自然的规律就不能借以细化，就不接地气，就不能层层深入子系统。老子并不一般地反对仁义智慧，而是具体地反对它们的越位和越轨。

大道如果没有被废弃，作为中道的仁义就无法挣脱规制，就在其本位而履其本职。大伪似真，大私似公，这种难以从外部识别和防范的丑恶，需要通过根植于己心的大道来自律。这也是大道不可替代的功能之一，另外一个不可替代的功能，就是统领其下的中道和小道。《庄子·田子方》说：

庄子给鲁国国王谈无为，国王说："我国提倡文明，培养了大批儒士，讲诗书，习礼义。先生信守无为主义，不合我们国情，所以很少有人讲习。"

庄子说："其实，鲁国儒士很少。"

国王争辩："满城儒服，长袍宽袖，圆帽方靴，你在大街小巷都看见了，还嫌少吗？"

庄子说："陛下若认为我说错了，不妨通令全国：'凡不信守儒家思想而敢穿儒服者，一律处死！'"

国王照办，全国所有儒士尽换新装，偏偏有一男子，换上崭新的儒服，显然是赶着缝的，立正站在宫外，面无惧色。

满城假儒跑来围观，谁也不认识他。国王召他来考问政治，他的回答头头是道，都明合儒家的仁政之道并暗合道家的无为之道。

仁义主要不在教条，而在居心；主要不在人口，而在人心，它必须上合天道，下合民心，绝不是仅仅合乎个人私心或集体私心，否则就是假货，就是变质的仁义。

智慧也是一样，不应被自私地使用，当用以奉公，至少应当讲究利己和利人的平衡。极私的智慧是邪慧，邪慧往往假真济假，假公济私。

李林甫在唐玄宗后期官居兵部尚书兼中书令，即宰相。此人才艺俱佳，品德却坏透了。

他忌才害人，凡才能比他强、声望比他高、权势地位和他差不多的人，他都不择手段地排斥和打击。

对唐玄宗，他自有一整套谄媚奉承的办法，他还讨好受宠的嫔妃以及心腹太监，博得他们的欢心以保自己的地位。

李林甫与人接触时，脸上总露出一副和蔼可亲之态，嘴里尽说动听的话，但内心十分阴险，常常暗中害人。有一次，他装出诚恳的样子对同僚李适之说：

“华山出产大量黄金，如果能够开采出来，就可大大增加国家的财富，可惜皇上还不知道。”

李适之以为这是真心话，连忙跑去建议玄宗快点开采，玄宗一听很高兴，立刻把李林甫找来商议。李林甫却说：

“这件事我早知道了，华山是帝王‘风水’集中的地方，怎么可以随便开采呢？别人劝您开采，恐怕不怀好意；我几次想把这件事告诉您，只是不敢开口。”

玄宗被他这番话打动，认定他真是忠君爱国的臣子，反而对适之大不满意，逐渐将他疏远了。

就这样，李林甫凭借这套本领，一直做了19年宰相。后来，司马光在编写《资治通鉴》时评价李林甫，指出他是个口蜜腹剑的人。

乱世出英雄，危局见忠臣。忠臣往往与昏君联系在一起，这一点，历史上俯拾皆是：商纣王与比干、楚怀王与屈原、胡亥与蒙恬、李治与长孙无忌……

对忠臣的依赖会危害君臣之间的主从关系，破坏国家治理的秩序，从而给野心家留下可乘之机。

危国是忠臣的用武之地，昏君是忠臣的生死冤家，与其呼唤忠臣，不如呼唤明君，忠臣是收拾危局的手段，不用最好，少用为佳。因此，老子说，依赖忠臣治国，其国乃不祥之国。贾宝玉在《红楼梦》第三十六回当中说：

“文死谏，武死战，这二死是大丈夫死名死节。竟何如不死的好！必定有昏君他方谏……必定有刀兵他方战。”

不依赖忠臣的国家才是健康的国家，李隆基误信奸臣，以李林甫之流为忠臣，这是他贪图享乐的结果和恶果。晚年的唐明皇与前期判若两人，厌倦国事，希望大臣来替他承担皇上的辛劳，而他自己独享皇帝的尊荣，在这种心态支配下，他依赖大臣，急需能臣，特别需要集忠臣和能臣于一身的大臣。

于是他把目光瞄准了李林甫，瞄准了安禄山，一文一武，一内一外，想得很美，自欺欺人。安禄山的野心他视而不见，自欺欺人地说是忠心；杨国忠的私心他视而不见，自欺欺人地说是公心。

安史之乱，差点断送唐王朝的性命以及李隆基的性命，罪魁就是当年的两大“忠臣”杨国忠和安禄山，祸首就是身在公位的李隆基的私心。

过度的都是不好的。过度依赖忠臣，就会催生奸臣，此即物极必反之理。世上唯一不过度的是道，是自然，因为自然完美无缺，道完美无缺，没有异化的可能。这就是道统一切的神圣基础，一切人造的法则，诸如仁义礼智信等，都需要用道来贯穿、用道来统筹。

第十九章　运用仁义要自然

【原文】

绝[1]圣[2]弃[3]智[4]，民利百倍；绝仁[5]弃义[6]，民复[7]孝慈；绝巧[8]弃利[9]，盗贼无有。此三者以为文[10]不足，故令有所属。见[11]素[12]抱[13]朴[14]，少[15]思寡[16]欲，绝学[17]无忧[18]。

【译文】

如能杜绝伪善的道德，抛弃谋私的智慧，那么就会对国民有利百倍；如能杜绝所谓的好心，抛弃所谓的善举，国民反而可以自然而然地回归孝顺和慈爱的天性；如能杜绝机巧和利诱，盗贼自然也就锐减了。依赖局限于人道的道德和智慧，就很可能会出现虚假的道德和利己的智慧；单纯依赖所谓的良心和善行，似是而非的良心和善行就会浑水摸鱼；依赖机巧和利诱，那更是诲淫诲盗之策，脱离天道的道德和智慧、良心和善行、机巧和利诱这三样东西，都不足以用来保育国人的身心，所以必须让它们从属于道，从而有所皈依而不入歧途。回归自然状态，顺应自然之动，让思想单纯，让私欲减少，摒弃那些治标不治本的学问，如此，才有可能抵达源头彻底解决问题——这才是不留后患的解决办法。

【注释】

1. 绝：断绝、杜绝。

2. 圣：美德，这里指用以教化别人的工具化的、甚至是虚伪的美德。

3. 弃：抛弃、放弃。

4. 智：智慧，这里指不正当、不公平使用的智慧，比如统治术中的愚民之术。

5. 仁：良心。

6. 义：义举、应有之举。

7. 复：回归。

8. 巧：机巧。

9. 利：利诱。

10. 文：以文化之、教化。

11. 见：通现，让……现出来。

12. 素：未染色的生丝，这里比喻自然状态。

13. 抱：拥抱，引申为回归、皈依。

14. 朴：木素；通扑，动力、原动力。

15. 少：减少、让……单纯。

16. 寡：少、减少。

17. 学：学问，这里指有局限的、治标不治本的学问，甚至是伪学问。

18. 忧：忧虑、后患、隐患。

【解读】

本章讲主从之辩。

唯有自然绝对自主，其他系统只能相对自主，既有自主，也有他主——即被自主，也就是服从。这些系统的自主性是有限的，大小与其系统大小成正比。系统的开放性越高，自主性就越强，封闭性越高，他主性就越强；越开放，就越容易顺应正道，越封闭，就越容易误入歧途。

一般而言，历代王朝治理天下，私下谋取等级特权，表面高举五面红旗：仁、义、礼、智、信。国君以为，百姓遵守这五条标准，他就可以高枕无忧了，然而事实并不尽然。

因为这五条标准并未通达天道，并未顺应公道，所以容易恶化，容易工具化。隔离天意和民意的官意是片面的意志，基于这种集体私心而炮制的仁义礼智信，先天不足——合理性来源不足，支持力来源不足。因此，仁义礼智等等社会法则，必须以自然公平为宗旨，以社会公平为目的，“故令有所属”。

仁义礼智必须从属于什么呢？从实践的角度讲，首先应从属于社会的公道，进而从属于自然的天道。天道是全有的自然的充分的合意，具有不可动摇的真理性，人道是全人类的充分合意，具有人间宪法的地位。人类的准则，要想排除内在的弊端，最好的办法就是自觉顺应天道。

否则，即便贯彻了某些社会准则，也可能只是贯彻了偏私的准则，必然引发有违初衷的恶果，《庄子》就列举了假仁假义的恶果：

无主之仁，即未被道德主宰的仁，其结果可能是满口仁义道德，满肚子男盗女娼。

无主之义，即未被仁慈主宰的义，其结果可能是己行不义，强人之义。

无主之礼，即未被人性主宰的礼，其结果可能是礼仪技术化，人性物质化。

无主之智，即未被人道主宰的智，其结果可能是钩心斗角，投机取巧。

无主之信，即未被公道主宰的信，其结果可能是强词夺理，以力服人。

不以自然的大德为宗旨，不以内在的真实的道德为依托，所谓的良心和义举，都有可能异化为毫不利人、专门利己的漂亮工具。这件工具，虽然好看，但却伤人而又伤己。

美国心理学家威廉说过："凡是太聪明、太能算计的人，实际上都是很不幸的人，甚至是多病和短命的。"

王熙凤是中国古典小说《红楼梦》中的重要人物，贾琏的妻子，王夫人的内侄女，贾府通称凤姐、琏二奶奶，金陵十二钗之一。她长着一双丹凤三角眼、两弯柳叶吊梢眉，身量苗条，体格风骚。在贾府掌握实权，为人心狠手辣，做事决绝，最后心病身病一起爆发，病入膏肓，命丧黄泉。

第五回《游幻境指迷十二钗，饮仙醪曲演红楼梦》中的"红楼十二曲"中的《聪明累》，就是写王熙凤的，说：

机关算尽太聪明，反算了卿卿性命。生前心已碎，死后性空灵。家富人宁，终有个家亡人散各奔腾。枉费了，意悬悬半世心，好一似，荡悠悠三更梦。忽喇喇似大厦倾，昏惨惨似灯将尽。呀！一场欢喜忽悲辛，叹人世，终难定！

心胸是大，心机是小，容人是主，用人是从，不知容纳别人而只知利用别人，就会沦落成爱算计的人——这种人往往没有主见，没有远见，只有偏狭和短视之见，即固执的己见。

爱算计的人，总是以己为主，以人为从，以他人为实现自身目的的工具，因此，常常颠倒了应有的主从关系，造成吃力不讨好的结果。

研究发现，爱算计者百分之九十以上都患有心理疾病，这些人痛苦的时间和深度比常人高许多倍，他们拿起了算计，丢掉了自在。

习惯算计的人，事事计较，无论表面多么大方，内心深处都不坦然，首先就失掉了平静，掉在一事一物的纠缠里。经常失去平静者，常会引起严重的焦虑症，常处焦虑之中，快乐无处着陆。

爱算计者很难得到平衡和满足，反而会因过多的算计而引起对人对事的不满，常与别人闹意见，与人分歧不断，内心布满冲突。

他的心胸常被堵塞，只能活在具体事物当中不能自拔，只看眼前，难顾长远。更严重的是，他并不只计较某一件事，对所有事情都习惯性地算计，太多算计积郁于心，酿成忧患，忧患黏住了自由，蒙蔽了快乐。

爱算计者太想得到，很难轻松，往往还因过分算计引来祸患，平添麻烦。他必然是一个经常注重阴暗面的人，总在发现问题，发现错误，处处担心，事事设防，内心布满灰暗。他目光犹疑，常把自己摆在对立面，这实在是莫大的不幸。

他骨子里异常贪婪，拥有太多自私自利的想法，沉重压抑着他的心灵。

大聪明是主，小聪明是从，世人多希望自己聪明，似乎越聪明越好，殊不知聪明有大小之分，糊涂有真假之别。假糊涂而真聪明者，着眼大局，兼顾彼此，减少矛盾，吸纳助力，图难于易，图大于细，顺势而为，自然而成。

老子并未否认有主的道德、仁义、智慧，并未否定正当的机巧和利益，坚决否定的是它们的异化形态。老子认为，坏的规范不如没有规范，正是在这个意义上，他才说："绝圣弃智，民利百倍；绝仁弃义，民复孝慈；绝巧弃利，盗贼无有。"

道是万物之母，也是万物之主，克服仁义、智慧等人造规范的消极面的根本途径是顺道——"以道一以贯之"；便捷途径是克制私欲，兼顾彼此，回归自然——"见素抱朴，少思寡欲"。

节制私心的反面是提倡公心，这是道家心学的一体两面。儒家对道家有所继承，老子基于防范私欲偷渡而提出"绝巧弃利"的主张，儒家典籍中也有一则相应的故事：

孔子弟子见一老者抱瓮去汲水，好心告诉他：用桔槔这种机械可以省力。

老者却说："我知道有这种投机取巧的东西，但我就是不用——喜欢用投机取巧之物，久而久之，就会助长投机取巧之心。"

孔子称赞说："老者是真正的贤人。"

第二十章　与众不同为哪般

【原文】

唯[1]之[2]与阿[3]，相去几何？善之与恶，相去若何[4]？人[5]之所畏[6]，不可不畏。荒[7]兮，其未央哉[8]。众人熙熙，如享太牢[9]，如春登台。我独[10]泊[11]兮，其未[12]兆[13]；沌沌[14]兮，如婴儿[15]之未孩[16]；儽儽[17]兮，若无所归[18]。众人皆有余[19]，而我独若遗[20]。我愚人之心也哉。俗人昭昭[21]，我独昏昏[22]。俗人察察[23]，我独闷闷[24]。众人皆有以[25]，而我独顽[26]且鄙[27]。我独异于人，而贵[28]食[29]母[30]。

【译文】

对与错，相距有多远？善与恶，相距又有多远？多数人敬畏的，盲从的人就难以不敬畏了。独立判断意识被荒废了，这种荒废难道没有尽头了吗？常人在认识领域熙熙攘攘随大流，好比日常生活中成群结队去赴宴，此时他们的认识受到了物欲的蒙蔽；又好比日常生活中拉帮搭伙去春游，登台眺望美景，此时他们的认识受到了情欲的蒙蔽。只有我淡定自如，不被外界诱惑，不动先入为主之念。我保持物我两忘的统一境界，如同婴儿那样沉浸在自然之中而没有坠入社会境界。我闲散自适，并不积极寻找方向，好像没有归心。众人都有自我意识，而唯独我好像是在自我扬弃，我是装着一颗愚蠢的心吗？俗人都争当明白人，只有我宁愿糊里糊涂的；俗人到处分辨，只有我宁愿蒙在鼓里。众人都有自为的动力，而唯独我冥顽不灵而且孤陋寡闻。我特立独行、与众不同的原因在于：只有我重视从道中汲取营养。

【注释】

1. 唯：恭敬的肯定回答，这里指是或对。

2. 之：结构助词，无实意。

3. 阿：委婉的否定回答，这里指非或错。

4. 若何：几何、多少。

5. 人：众人、多数人。

6. 畏：敬畏。

7. 荒：荒废。

8. 未央：未尽、没有尽头。

9. 太牢：古代帝王祭祀社稷的规格，牛、羊、猪三牲全备；这里指丰盛的宴会。

10. 独：只有。

11. 泊：淡泊、淡定。

12. 未：没有。

13. 兆：端倪，这里指先入为主之心。

14. 沌：混沌、统一。

15. 婴儿：自然之人。

16. 孩：孩子、初级阶段的社会之人。

17. 儽儽：读 lěi lěi，不积极的样子。

18. 归：归附、归附之心。

19. 余：我、自我。

20. 遗：扬弃、自我扬弃。

21. 昭：明白。

22. 昏：糊涂。

23. 察：观察、分辨。

24. 闷：蒙在鼓里，指不用小的心智去求小见识。

25. 以：凭借、动力。

26. 顽：顽劣、冥顽不灵。

27. 鄙：简陋、孤陋寡闻。

28. 贵：珍视。

29. 食：食用、汲取营养。

30. 母：母系统、天道。

【解读】

本章讲是非之辩。

《道德经》的内在体系中，对错、善恶的判断标准是一样的：奉公之心就是对，就是善；害公之心就是错，就是恶。

理论上简单，但到了实践，就复杂起来。“人心隔肚皮，真假两难知”，真心还是假意，只有用心之人一个人知道，外人只能通过外在表现来推测，往往接触不到真相。

《红楼梦》中有个太虚幻境，有两个人进去过，一是甄士隐，一是贾宝玉。二个都是真人，自然之人，假人进不去，可见这太虚幻境其实就是太虚真境，因为虚私而归公，因为归公而见真。

甄士隐梦游太虚境，贾宝玉神游太虚境，都是有心而无身之游。有身之游，只能游物理环境。二人都看见过太虚幻境大门上的一副对联：假作真时真亦假，无为有处有还无。

真假善恶或许一时难辨，没关系，顺其自然，任其发展，总会露出马脚。“天网恢恢，疏而不漏”“不是不报，时候未到”，如此而已。因此，曹雪芹说：

一局输赢料不真，香销茶尽尚逡巡。

欲知目下兴衰兆，须问旁观冷眼人。

真的假不了，因为一个谎言往往需要上千个谎言来掩盖，纸终归包不住火，遮蔽不了所有人的眼光。赵高可以蒙蔽胡亥，却蒙蔽不了所有人，比如冷眼旁观的李斯之辈。

公道自在人心，历史不容糊弄，世人不容糊弄，伪善只能得逞于一时，得逞于狭小的范围。“君子坦荡荡，小人长戚戚”，君子光明正大，小人阴谋诡计。伪善只能暗箱操作，“伪善”之“伪”天然地限制了它的适用，绑缚了它自己的手脚，岂非天意哉？

天意在大处支持真善美，反对假丑恶。阳光是天然的杀菌剂，一旦公开，阳光自来，但凡见不得光的东西，都值得警惕，这就是判断是非善恶的一个简易标准。

是非善恶，不要盲信，更不要盲从。盲信可能混淆是非，盲从可能助纣为虐。怎样才能避免呢？可以从源头做起，警惕私欲泛滥，培育并遵从公心，《孟子》曰：

“吾善养吾浩然正气……其为气也，至大至刚；以直养而无害，则塞于天地之间。”

浩然正气，乃“人之所畏，不得不畏”之气，它内修己善，外惩人恶，当其塞于我心之中，则邪气不存，故我自善；当其充塞天地之间，则天地之间邪气见逐，故天下皆善。浩然正气充塞天地之间的过程，就是天道巡游天下的过程，就是大自然去伪存真、去恶存善的过程。

正人，私欲不纵；圣人，私欲不动，老子用大段文字和比喻说明这一点，从而强调欲不可动、欲不可纵的重要性：

众人熙熙，如享太牢，如春登台。我独泊兮，其未兆；沌沌兮，如婴儿之未孩；儽儽兮，若无所归。

私心活跃，公心就会昏聩，老子主张的是私心的昏聩，主张通过无私而成大私，少私而多成私。世人私心自迷，急功近利，拘泥于小是小非，忽视了大是大非。

美国人斯蒂芬妮是位会计师，由于一直从事和数字与计算有关的工作，这让她在生活中也养成了“斤斤计较”的习惯。

哪家餐厅会多给客人一些调料？

哪条去公司的路线会更节省时间？

去哪家咖啡厅消费最省钱？

很多小事她都毫不含糊，不过，因为太精于算计，斯蒂芬妮不但没有从中得到好处，反而患上了严重的疾病，更谈不上获得幸福和快乐，身边同事也因为她在工作上过分计较而与她心生嫌隙。

直到有一次因病住院，看到躺在病床上的她还处心积虑地和医护人员探讨怎样治疗最省钱，医生终于忍无可忍，说：“如果连命都没了，你再算计，还有什么用呢？”

一语惊醒梦中人，斯蒂芬妮终于认识到自己这些年来一直感到不快乐的症结所在，豁然开朗，痛改前非。“难得糊涂”，其实，“糊涂”才是聪明的最高境界，它超越了小是小非，注重了大是大非：

因为“糊涂”，我们才会容人之过，不做纠缠；

因为“糊涂”，我们才会随遇而安，顺应时势；

因为“糊涂”，我们才会私心不纵，内心平和；

因为“糊涂”，我们才能看透表象，明白是非。

如果我们能把“但行好事，莫问前程”“随遇而安，适可而止”作为人生的信条，守住“在大事上运用道德，在正事上运用智慧，在小事上甘愿糊涂”的原则，就时常可以超越苦闷，享受生活。

第二十一章　若有若无才是真

【原文】

孔[1]德[2]之容[3]，惟[4]道是从[5]。道之为[6]物[7]，惟恍[8]惟惚[9]。惚兮恍兮，其中有象；恍兮惚兮，其中有物。窈[10]兮冥[11]兮，其中有精[12]；其精甚真，其中有信[13]。自今及古，其名[14]不去[15]，以阅众甫。吾何以知众甫[16]之状哉。以此。

【译文】

虚己以容人之德，它的包容性，只来自于道，不可能来自别的地方。如果硬是以看待有限事物的方式去看它，只能说它若有若无。它若隐若现，其中仿佛有形象在；它若有若无，其中仿佛有东西在。它幽静深远，其中有极其细微的精华。这种精华是非常真实的，因为它透露着天道的某些信息。从古到今，人们从来没有放弃认识它的愿望，希望用它来搞清万物的来源。我是用什么推知世界的本原的呢？就是用它呀。

【注释】

1. 孔：孔洞、空虚。

2. 孔德：虚己以容人的美德。

3. 容：包容性。

4. 惟：通唯。

5. 从：从属、来源于。

6. 为：看作。

7. 物：物质性。

8、9. 恍、惚：若隐若现、若有若无。

10、11. 窈、冥：幽深。

12. 精：极其精细的东西。

13. 信：信息、端倪、音讯。

14. 名：命名、认识。

15. 去：放弃。

16. 甫：开始、来源。

【解读】

本章讲形神之辩。

道是天之心，心物是分立而又毗连的系统，典型的心物是其两级，在其结合部，心物相通，心物相似，心中有物，物中有心，“恍兮惚兮，其中有物。窈兮冥兮，其中有精”。

打个比喻：心似场性的能量，物似体性的质量。质能可以互化，爱因斯坦的相对论和质能方程都可作为论据。能量似乎是质量的活跃，质量似乎是能量的凝固。

道作为天心，并非绝对无物，“道之为物，惟恍惟惚，惚兮恍兮，其中有象”。

德与道的区别，一是处境，二是级别。道在自然中，一般称为“道”，在人心中，可以称为“德”；天之德，一般称为“道”，天之子系统的道，可以称为“德”。德既可以是道的继承，也可以是道的别称。

人道唯天道是从，人道与天道之间的禀赋，通过自然之人的孕育来完成。孕育过程中，天赋人禀，一授一受，人得了天地的精华，用老子的话说，就是：

“窈兮冥兮，其中有精；其精甚真，其中有信。”

这些精华中，有道的基因，也就是所谓的“信”。这些基因自发生长，生成人性中之德；人德共和，便约定俗成了人道。

人的行为应当顺应自己的良心，心念应当顺应人性中的善性，人性应当顺应天意，人可以经由人行、人心、人性逐级的顺应，从而顺应自然之道。

也可以越级顺应，甚至可以直接顺应天道，但绝不能不顺应——不能盲目，更不能任性。

背离自然之道的事物，在自然的视野中，都是多余的，吃力不讨好，甚至无益而有害——天道好还，报应不爽。

背离人性之善的事物，在人性层面，是徒劳或有害的。

背离人的良心者，在人心层面，是会良心发现而折磨自己的。

背离人的集体行为准则者，在行为层面，是会受到其他成员抵制和处罚的。

道、性、心、行，等而下之，是人生的四重境界，各级境界中的不善，肯定会酿成其下境界中的不善；各级境界中的善，却未必是其上境界中的善。

道作为善的原则，是绝对普适的，而天道之下的人道当中的性、心、身的实践原则，诸如德、仁、义、礼、智、信等等人为的规范，都有适用条件。一句话——

天道是无需论证的原理，人道是天道的推论。

人道是定理，需要论证，其逻辑起点便是天道。因此，对它们的论证，必须追溯到天道，方为通达之道。

人道从个人开始，从人心开始，是自发的力量、自觉的力量，顺应内心之善是顺应自然的微观形式。做到了这一点，就可谓自然人，也就是老子反复赞美的“婴儿”“婴孩”和“赤子”。

飞将军李广就是功业层面的英雄，就是道德层面的赤子，司马迁在《史记·李将军列传》结尾情不自禁地加了一段“太史公曰”：

传曰：“其身正，不令而行；其身不正，虽令不从。”其李将军之谓也。

余睹李将军，悛悛如鄙人，口不能道辞。及死之日，天下知与不知，皆为尽哀。彼其忠心诚信于士大夫也。

谚曰：“桃李不言，下自成蹊。”此言虽小，可以谕大也。

善心无须自我标榜，善行无须轰轰烈烈，私心不至之处，公心所至之所，善必在焉。

一位同事的婆母去世了，我们前去吊唁。

我们约略知道小区的所在，以为这就够了。根据以往的经验，想要找到办“白事”的地方并不难，因为一来要放哀乐，二来是要打纸幡的。

但是，车在小区里转了半天，硬是没有找到那个同事婆母的家。后来，只得打电话询问门牌号。

我们问那同事，为什么把“白事”办得这么悄无声息？

她流泪告诉说：“我婆婆是个处处都为别人着想的人，临终前，她特意把两个儿子叫到床前，嘱咐说：记着，我死后千万不要放哀乐，也不要打纸幡，因为楼下的孩子刚刚满月，隔壁的小夫妻结婚还不到半年……”

下楼时，我们看到许多人站在楼道里默默垂泪，给这位好人送行。

行道和体道分别是为道的形神，修行和修心分别是为人的形神，神为形先，神为形主，外在的善行必然联系着内在的善心。

我为人人，人人为我，这是社会的良性互动；我害人人，人人害我，这是社会的恶性循环。“我为人人”是我之利人、奉公之心见之于行，“人人为我”是人之利人、奉公之心见之于行，人人利人，其公可成，其私亦可成焉。

第二十二章　思维要有辩证性

【原文】

曲[1]则[2]全[3]，枉[4]则直[5]，洼[6]则盈，敝[7]则新，少[8]则得，多[9]则惑。是以圣人抱一[10]为天下式[11]。不自见[12]，故明[13]；不自是[14]，故彰[15]；不自伐[16]，故有功；不自矜[17]，故长[18]。夫唯不争，故天下莫能与之争。古之所谓“曲则全”者，岂虚言[19]哉？诚[20]全[21]而归[22]之。

【译文】

有时候委曲之中却暗含着成全；有时候冤枉之中却隐藏着公正；有时候低洼之中却潜伏着充盈；有时候陈旧之中却孕育着更新；有时候减损之中却酝酿着获得；有时候丰富之中却包含着迷惑。因此圣人恪守统一性原则作为看待天下万物的基本方式：不局限自身看问题，因此能够通晓全局；不自证清白，反而是非自有公论；不邀功，功劳反而更有可能得到外界承认；不自高自大，反而更有可能受到尊长应有的尊重；正因为他不为自己而争，所以天下人都没办法跟他争。古人所说的“曲则全”，怎么会是一句空话呢？它切切实实地把对立面的斗争和统一都归结在里面啊。

【注释】

1. 曲：弯曲、委屈。
2. 则：却。
3. 全：成全。
4. 枉：冤枉。
5. 直：正直、公正。
6. 洼：低洼、未满。
7. 敝：读 bì，破旧。
8. 少：减少。
9. 多：众多、丰富。
10. 一：统一、统一性。
11. 式：方式、范式。
12. 自见：从自己角度看问题。
13. 明：通晓、全面地知晓、未被蒙蔽。
14. 是：肯定、认为对、认为自己对。
15. 彰：表彰、显现。
16. 伐：夸耀。
17. 矜：自大。
18. 长：读 zhǎng，地位或辈分高或者年纪大。
19. 虚言：空话。
20. 诚：确实、切实。

21. 全：全部。

22. 归：归于、归结、归结在……

【解读】

本章讲争让之辩。

争是利己的手法，让是利他的手法；争是遂私的手法，让是奉公的手法。

“两点之间，线段最短”，这是几何学的一个原理，原理是不言自明、无须证明的道理。

上述原理是物理世界的原理，不是心理世界的原理，世人但知其为原理，却忽视了适用条件，在社会领域也盲目使用这一物理学原理。

世人喜走捷径，捷径相当于两点之间的线段。线段只有一条，最捷的捷径只有一条，而其余的路径却有无数条，因此，捷径走不通的时候，完全可以考虑其他不怎么捷的径，也就是所谓的“曲径”。

物理的曲直与肉眼有关，心理的曲直与心眼有关，关键是用什么样的眼睛去看。

1858年，瑞典一富豪生下一个女儿，不久，孩子患了一种无法解释的瘫痪症，丧失了行走能力。

一次，女孩和家人一起乘船旅行。船长的太太给孩子讲船长有一只天堂鸟，女孩被描述中的鸟迷住了，极想亲眼看一看。于是保姆把孩子留在甲板上，自己去找船长商量。

孩子耐不住性子，要求船上的服务生立即带她去看。服务生并不知道她不能走路，只顾带路，也不牵引，然而奇迹却发生了：孩子因为极度渴望，竟忘我地拉住服务生的手，慢慢走了起来。

从此，孩子的病便逐渐痊愈了。女孩长大后，又忘我地投入文学创作，最后成了荣获诺贝尔文学奖的首位女性，她就是茜尔玛拉格萝芙。

忘我是走向成功的捷径，因为在这种状态，人尽情超越了自身的束缚，释放出最大的自由和能量。

“曲则全”，把曲线考虑在内，才算全面考虑了两点之间的连线，否则就是片面，就丧失了全面，就可能错过其他可行之路，甚至错失了更好的路。曲直与视野密切相关，小视野中的曲径可能正是大视野中的捷径：

南非首位黑人总统曼德拉，曾被关押 27 年，受尽虐待。他就任总统时，邀请了三名曾虐待过他的看守到场。当曼德拉起身恭敬地向看守致敬时，在场所有人乃至整个世界都静了下来。他说：

“当我走出囚室，迈过通往自由的监狱大门时，我已经清楚：自己若不能把悲痛与怨恨留在身后，那么我仍在狱中。”

冤冤相报是直线型思维，以德报怨相对而言就是曲线型思维，往往可以曲径通幽，因为着眼于更深的层次而获得更好的结果。

南非如果在艰难结束白人专政之后，再来一个黑人专政，那有什么意义？不就是换汤不换药嘛，如此下去，冤冤相报何时了！

有一个成语叫“委曲求全”，通常都把它当作贬义词，其实完全可以作为褒义词。曼德拉以德报怨，难道其中就丝毫没有委屈？只不过相对于他所成全的东西，他的委屈完全值得。他成全的是民族和解这个大事业，委屈的是个人恩怨的小问题。“委曲求全”是褒义词还是贬义词，要具体分析，要看委屈与成全二者当中哪一个更有价值。

所有的成全都包含妥协，包含委屈，世界上没有十全十美的东西，没有无须退让的谈判，没有无须自制的合作，有得必有失，这就是老子所谓的“少则得”。

道德问题，最简单的表述就是：私心之间的关系，换句话说，就是公私关系问题。“曲则全”，曲是妥协，只有相互妥协才能形成共同体，即公共体，简称公。可见，曲是共同体形成和维持的必由之路。

曲就是超越自我，直就是固执自我，如果固执自我，就只有一条路可走，那就是两点之间唯一的那条直线。沿着那条直线走到黑，很不明智，难被认同，事倍功半，劳而无功，浪费生命。老子从不固执自我的角度，也说明了这个道理：

“不自见，故明；不自是，故彰；不自伐，故有功；不自矜，故长。”

“无立足境，是方干净”，这是情书兼哲书的《红楼梦》的画龙点睛的笔墨。《红楼梦》的哲学重心是“无”的哲学，是道家哲学。第二十二回“听曲文宝玉悟禅机”一节写道：

贾宝玉听了薛宝钗推荐的《点绛唇》套曲中的《寄生草》，因其中有“赤条条来去无牵挂”一句，便联想起自己，先是喜得拍手画圈，称赞不已，后又“不觉泪下”，“不禁大哭起来”。感动之下，提笔立占一偈，云：

“你证我证，心证意证。是无有证，斯可云证。无可云证，是立足境。”

次日林黛玉见了，觉得好是好，但还未尽善，便补了两句：

无立足境，是方干净。

宝玉还认为有一个主观存在的立足境，黛玉把这一点也根本否定了——这正符合禅宗六祖慧能大师所谓的“本来无一物”的无私精神。

曲，就是不争，就是不为自己而争。人应当有这样的一面，不然，为人之道就不全。就像人不能时时处处都只为自己争利一样，人也不必时时处处都不为自己争利。

“人不为己，天诛地灭”，完全放弃自为，就像极度自私一样，也是天理不容的。己所不欲勿施于人，己所欲者务施于人，这就是公平的全面含义。

公平就是善，就是善的主流和基石。上善若水，毫不利己，专门利人，这不是常态，不是常人之所为。自然之善，志在公平，上善“中和”的是“不善”，即恶，这是自然之所以创造上善的原因之所在。

世界是普遍对立而又普遍统一的整体，事物总处于向对立面的转化的过程之中，故有“物极必反”之说。因此，看问题的时候，既要看到正面，又要看到反面，不能只看一面。

作为现代人，应当继承和发扬前人的智慧，学会运用辩证的思维考虑问题。常人往往只能看清问题的一个方面，看不清其潜在的对立面，不能真正运用系统论和辩证法，只会运用直线思维而不会运用“曲线思维”。反向思维就是曲线思维的一种——最简单的一种。

1901 年，伦敦世博会举行了“吹尘器”表演，它以强有力的气流将灰尘吹起，然后收集在容器中。

观众中有位设计师却反过来想：“将吹尘变为吸尘，岂不更好?”根据这个设想，他发明了更好用的吸尘器。

第二十三章　择善而从终须定

【原文】

希[1]言[2]自然。故飘风[3]不终朝[4]，骤雨不终日[5]。孰为此者？天地。天地尚不能久，而况于人乎？故从事于道者，同[6]于道；德者，同于德；失者，同于失[7]。同于道者，道亦乐得之；同于德者，德亦乐得之；同于失者，失亦乐得之。信[8]不足[9]焉，有不信焉。

【译文】

大自然不怎么用有声的方式发话，更多是用无言的方式。飓风刮不了一个早晨，暴雨下不了一整天。这些事情是谁做的呢？是天地。天地尚且不能随心所欲总做那些事，又何况人呢？所以用顺应道的方式做事，就与道在同一轨道上运行。奉行美德的人，与美德同行；违背美德的人，就与作为美德的对立面的恶同行。追随道的人，道也乐于得到他的追随；追随美德的人，美德也乐于得到他的追随；追随邪恶的人，邪恶也乐于得到他的追随。善恶源于信仰，对善的信仰不够坚定，才有了犹疑不定的余地和误入歧途的可能。

【注释】

1. 希：声音稀少。
2. 言：发话。
3. 飘风：飓风。
4. 朝：一早晨。
5. 日：一天。
6. 同：同行、追随。
7. 失：违背、对立面。
8. 信：信仰。
9. 不足：不够坚定。

【解读】

本章讲分合之辩。

做人不要同流合污，要“同流合清”；不要因私废公而叛离公共境界，可以公而忘私而出离私人境界。“三人行，必有我师焉，择其善者而从之，其不善者而改之。”

道即天意，天意即善——天意是善的最终界定者和唯一界定者。善是德的一种，即恶德之外的善德。狭义的德，仅指善德，简称善。德是性的属性，性含善恶二德。人与道最切近的连接点就是人性。

道在心理环境又叫德，在道的至高层面，恶德只是工具，绝非目的，因此在天道的本意当中，有善而无恶。天全有，无所不为它所有，故无私，无私者无恶。

恶德之恶在于：以恶为目的，或以恶作为作恶的手段。天意无恶，春天春风化雨滋润万物，是善；冬天寒风飘雪清扫污秽，是除恶。

天之善有扬善和除恶两方面，正反两用，略无疏漏，所以天的善是完备的，彻底的，故曰至善。

道的无限性，包括心、体、行三方面。道心无限，故其善是无条件的；道体无限，故其体无所不包；道行无限，故其行无所不能。

因为无所不有，所以有的恶存在；因为无所不能，所以邪不压正，自然之善的主导地位永不丧失。违反自然之善者，不可长久，无法主导，"故飘风不终朝，骤雨不终日。"这就是天确保其善的地位的方法。

自然系统中有无限的运动，但只有一个运动趋势，这个趋势就是善。趋势的唯一性决定了善的唯一性，恶无可与善并驾齐驱。善恶的地位的高下，在自然系统中是确定的，不确定的情况只存在于自然的子系统当中，被善主导的系统，可以长久，被恶主导的系统，迟早被纠。

天气即自然之气，它是正邪二气的中和，正气是走正道的气，邪气是走邪道的气。被恶主导的局部系统，成因在于：它吸纳了过多的邪气。《晏子春秋》曰：

"婴闻之：橘生淮南则为橘，生于淮北则为枳，叶徒相似，其实味不同。所以然者何？水土异也。"

滋生善恶者，气也，正邪二气性质不同，正气具有利他性，邪气具有利己性，两种不同的性质便分别是善性和恶性。天气也叫和气，是共和之气，是善恶二性、正邪二气的中和。

善就是共和以及走向共和，共和的状态是静态的善，走向共和的过程是动态的善。正气是自然的维和手段，自然生而佑之；至于邪气，自然虽生而不佑，故无可以敌正气者。邪气的优势只存在于局部的时空之中。

弃暗投明，弃邪投正是万物的本性，一时迷失本性而误投了假丑恶者，终究会在自然的启发和教导下明心见性，归于正途。

恶之归善，邪之归正，有被动和主动两种方式，《论语·里仁》曰："见贤思齐焉，见不贤而内自省也。""孟母三迁"就是对见贤思齐之道的实践，包括了与恶之分道扬镳，与善之同心同德。

孟子小时，父亲早早死去，母亲守节没改嫁。

一开始，他们住在墓地旁边，孟子就和邻居的小孩一起学着大人跪拜、哭嚎的样子，玩起办理丧事的游戏。

孟母看到了，就皱起眉头，心想："不行，我不能让孩子住在这里了！"

孟母就带着孟子搬到市集，住在靠近杀猪宰羊的地方。到了市集，孟子又和邻居的小孩学起商人做生意和屠宰猪羊的事。

孟母知道了，又皱起眉头，心说："这个地方也不适合我的孩子居住！"

于是，又搬家了。这一次，他们搬到学校附近，每月夏历初一，官员都到文庙行礼跪拜，互相礼貌相待，孟子见了，一一都学习记住了。

孟母得知，很满意地点着头，说："这才是我儿子应该住的地方呀！"

第二十四章　急于求成是通病

【原文】

企[1]者不立；跨者不行；自见者不明；自是者不彰；自伐者无功；自矜者不长。其在道也，曰：余[2]食[3]赘[4]形[5]。物[6]或[7]恶之，故有道者不处[8]。

【译文】

踮起脚尖本来是想站得高，反而站不住；迈开大步本来是想走得快，反而走不了多久。局限于自身视角看问题的人不大可能是真正的明白人；自证清白的人他的清白反而难以显现。自夸的人他的功劳反而难以得到公认；自高自大的人反而难以得到应有的尊重。从道的角度看，可以说：以上做法就好比是剩饭赘肉，实属画蛇添足，多此一举，甚至无益而有害。万物通常都讨厌这种做法，所以有道的人决不那样做。

【注释】

1. 企：踮起脚。

2. 余：剩余。

3. 食：食物。

4. 赘：累赘。

5. 形：形体。

6. 物：包括人在内的万物。

7. 或：或许、通常。

8. 处：处理、做。

【解读】

本章讲快慢之辩。

系统都有自身的运行机制，即自我调节机制，外在系统可以通过与之良性互动的方式对其施加正面影响，不可一厢情愿地粗暴干涉，否则，就会破坏对方的和谐。

良性互动就是出于公心的互动，就是兼顾双方的互动，就是共赢性质的互动。拔苗助长就出自私心，是单方面的行动，结果是“欲速则不达”。

宋国有个农夫，总嫌田里的庄稼长得太慢，今天去瞧瞧，明天去看看，觉得禾苗好像总没长高，心想：“有什么办法能使它们长得快些呢?”

一天，他来到田里，把禾苗一棵一棵地往上拔。一大片禾苗，一棵一棵地拔，费了不少力气。

等他拔完了，已经累得筋疲力尽，可他心里却很高兴，回家还夸口，说："今天可把我累坏了，我帮禾苗长高了好几寸！"

他儿子听了，赶忙跑到田里去看，发现禾苗全都枯死了。

《论语》曰："子夏为莒父宰，问政。子曰：'无欲速，无见小利。欲速则不达，见小利则大事不成。'"

有个小孩，喜欢研究生物，很想知道蛹是如何破茧成蝶的。有一次他在草丛中看见一只蛹，便取回家，日日观察。

几天后，蛹出现了一条裂痕，里面的蝴蝶开始挣扎，想抓破蛹壳飞出。

艰辛的过程已经持续数小时之久，小孩不忍心，决定帮帮它，拿起剪刀将蛹剪开，蝴蝶破蛹而出。

但他没想到，蝴蝶出来后，因为翅膀不够有力，根本飞不起来，不久，痛苦地死去。

破茧成蝶的过程原本痛苦、艰辛，但只有通过这一经历才能换来日后的翩翩起舞。盲目的加速违背了自然之道，让小爱变成了大害。

急于求成往往事与愿违，大多数人明白这个道理，却难以付诸实践，行动往往与之相悖。历史上，很多名人也是犯过此类错误之后才懂得顺其自然、循序渐进的。

南宋朱熹绝顶聪明，十五六岁就开始研究禅学，然而人到中年才真正感悟到："书山有路勤为径，学海无涯苦作舟"，速成绝非参禅的正道，必须经过一番苦功方可打下根基。他以十六字箴言对"欲速则不达"作过诠释，说："宁详毋略，宁近毋远，宁下毋高，宁拙毋巧。"

第二十五章 道法自然即自身

【原文】

有物混[1]成[2]，先天地生[3]。寂[4]兮寥[5]兮，独[6]立[7]而不改[8]，周行而不殆[9]，可以为天地母[10]。吾不知其名，强[11]字[12]之曰道，强为[13]之名曰大[14]。大曰[15]逝[16]，逝曰远[17]，远曰反[18]。故道大，天大，地大，人亦大。域中有四大，而人居其一焉[19]。人法地，地法天，天法道，道法自然[20]。

【译文】

有个东西浑然天成，天地形成之前就已然存在。它静寂无声，稀薄无形，无须借助外力就能存续，并且永远也无须改变这种生存方式；无限循环地运行，自身能量却永不衰竭。因此可以担当生育万物的重任。我不知道它的名字，勉强给它命字，叫作“道”；勉强给它起名，叫作“大”。“大”包括时间维度的扩张，时间维度的扩张包含空间维度的远离，空间维度的远离蕴含时间维度的回归。据此，道称得上大，天称得上大，地称得上大，人也称得上大，因为这四者都有悠久的历史和广阔的活动空间，都有循环往复的存续方式。与人相关的一切境域之中，这四大对于人最为重要，而人位居其一。这“四大”之间的关系是：人效法地，地效法天，天效法道，道效法自身。

【注释】

1. 混：混合状态、非单质。

2. 成：形成。

3. 生：发生、出生、形成。

4. 寂：静、无声。

5. 寥：稀薄、无形。

6. 独：独自。

7. 立：存在。

8. 改：改变，这里指改变无须外力的生存方式。

9. 殆：尽、枯竭。

10. 母：生育者。

11. 强：强行、勉强而为之。

12. 字：古人有名还有字，“名以正体，字以表德”，名满足称呼需要，字展现价值取向。

13. 为：做事，这里指做取名这件事。

14. 大：时空两个维度的大。

15. 曰：意味着、含有……意味。

16. 逝：往、扩张。

17. 远：远离。

18. 反：通返。

19. 焉：在其中。

20. 自然：自然而然。

【解读】

本章讲本末之辩。

自然，自然而然。道是自然的本源，它先于自然的一切子系统而生，天地这样大的子系统也不例外。它是精神与物质的混合体，在一定历史阶段才分化，分化成心物，或者说阴阳两个次级系统。用心物命名自然的二分，是为了突出两个系统的异质性，用阴阳命名自然的二分，是为了突出二者的对立统一性。

在最为根本的层面，心物互化，心物混同与心物两分并无矛盾，是在不同层面而言的。道作为自然的本体，没有生母，或者说它的生母就是它自己，“道法自然”的意思其实就是“道法自身”。

道家“人法自然”的命题蕴含在其“天人合一”的命题之中。“天人合一论”内涵丰富，经过道家在内的各家在历史上的丰富和发展，形成了相对稳定的内容体系。张岱年指出，“天人合一”思想主要包含如下几个命题：

一是人与自然同体。人以及人类系统是自然系统的一部分，人体是自然之体的产物，人心是自然之心的产物。

张载在《西铭》中说：“天称父，地称母，予兹貌焉，乃混然中处。”后来的陆王心学因此而提出：“宇宙即是吾心，吾心即宇宙。”

二是人与自然同道。人道是天道的衍生物，人道中的正道顺应天道，邪道虽然也属天道的产物，但它忤逆天道的本意，是天道的主流的逆流——最终必被天道纠正。

三是人与自然同归。作为自然的天的运动趋势就是善，而且是至善，因为这是自然这个至大无外的系统的善，其善无须，也没有决定者——因此天之至善是无可置疑的。

天的运动的总趋势就是自然之善的唯一界定者，自然也是人间善恶的最高界定者。

人间之恶以及自然界中其他一切子系统中的恶，都是自然的教化手段，它的存在原因在于：自然无所不有，无所不生，无所不用，无所不能。

自然的至能保证了恶对善的从属地位，从道的运行角度讲，尽管它是天的运动的主流的逆流，但这些逆流只可能是支流，运动的主流对它必然的匡正是其不可抗拒的。

自然之内的子系统，比如个体的人，尽管他在心和行等等层面可能恶多善少，甚至在人性的层面也是如此，但天道在他的本性之中必然埋伏着不可磨灭的善的基因——弃恶从善的深刻的本能。

这个本能是其人生走向的“加速度”，不是“速度”。这个加速度所需的心理性的力蕴含在心理性的能量之中，这个心理能就是自然埋伏在每一个人心中的价值基因。

这个不可磨灭的德性基因就是自然确保每一个人都不可能丧尽天良的内在的、可靠的手段。

自然确保每个人都不会天良丧尽的外在手段是——作为特定的人的关联者的其他人和物，在彼此不可切割的互动中，人都被外在环境约束和教导。因此：

人的现实走向即便一时与自然的整体趋向不谐，但其潜在走向一定是与道同向的。天道之至善是其必然的最终归宿——这一点由其必然迟早会良心发现的价值基因所决定。

人与道的同归，是必然的，这个周期尽管可以超越执迷不悟者的有生之年，但不管需要经过多少次生命的轮回，天道必定要度其归于正道方止。于是，孟子认为：

人人皆可以为尧舜，人之趋善，如水之就下；人有天生的善端，本此善端，便可成德、成圣。

第二十六章　以德为本不越轨

【原文】

重为轻根[1]，静为躁[2]君[3]。是以君子终日[4]行不离辎重[5]。虽有荣观，燕处超然。奈何万乘之主，而以身轻天下？轻则失根，躁则失[6]君。

【译文】

稳重是预防轻率的根本手段，清净是预防冲动的根本途径。因此君子任何时候为人处事，都不背离随身携带的蕴含在心性中的厚重品德。虽有美景诱惑它，他也能像飞燕一样超然处之。为什么大国的君主，却只重视自己而轻视全天下呢？轻率就会失去根本，躁动就会背离主流。

【注释】

1. 根：根本、本质内容。

2. 躁：躁动、冲动。

3. 君：君主、主导者、主导性的方面。

4. 终日：整天、天天、任何时候。

5. 辎重：比喻厚重的品德。

6. 失：失去、背离。

【解读】

本章讲轻重之辩。

系统之间的关系有两种，一是纵向的层层包含，二是横向的面面互动。这两种关系都不能破坏，轻视上级系统的规范，就会失去根本规范的庇护；在横向关系中躁动而不是良性互动，就会失去关系的主导性方面。这两种做法都是危险的，因为都是违反自然规律的。

“静为躁君”，万物都应当动静有度，动可以制静，可是不要忘了——静也可以制动，而且是制动的高明手段。《庄子·达生》上有则寓言，说：

斗鸡教练员纪省子为周宣王培训一只斗鸡。

过了十日，周宣王问：“鸡行了吧?”

纪省子答：“不行。雄赳赳气昂昂，到处挑战。”

又过十日，第二次问。答：“不行。虽然不挑战了，但是仍然应战。”

再过十日，第三次问。答：“不行。虽然不应战了，但是眼射凶光，胸怀斗志。”

再十日，第四次问。答：“差不多了。听到其他鸡叫，不见任何反应，看来好像一只木鸡，正德完善了。”

那鸡站在斗鸡台上，神闲气定；敌鸡连上前挑战的勇气都没有，就临阵脱逃了。

“重为轻根”，宇航员在太空，处于失重状态，身体的机能都会产生不良反应。哲学家也告诫人类：“人不能拔着自己的头发离开地球。”

诺贝尔文学奖得主米兰·昆得拉的小说《生命中不能承受之轻》，开篇就直面“轻与重”的命题，指出现代人处于“失重”的生存状态，处于有来无回的丧失家园的精神状态。

“……曾经一次性消失了的生活，像影子一样没有分量，也就永远消失不复回归了。无论它是否恐怖，是否美丽，是否崇高，它的恐怖、崇高以及美丽都预先已经死去，没有任何意义。

……不久前，我察觉自己体验了一种极其难以置信的感觉。我翻阅一本关于希特勒的书，被他的一些照片所触动，从而想起了自己的童年。我成长在战争中，好几位亲人死于希特勒的集中营；我生命中这一段失落的时光已不复回归了。但比较于我对这一段时光的回忆，他们的死算是怎么回事呢？对希特勒的仇恨终于淡薄消解，这暴露了一个世界道德上深刻的堕落。

这个世界赖以立足的基本点，是回归的不存在。因为在这个世界里，一切都预先被原谅了，一切皆可笑地被允许了……”

第二十七章　大爱无疆不弃恶

【原文】

善行无辙[1]迹[2]，善言无瑕[3]谪[4]；善数不用筹[5]策[6]；善闭无关[7]楗[8]而不可开；善结[9]无绳约而不可解。是以圣人常善救[10]人，故无弃人；常善救物，故无弃物。是谓袭[11]明[12]。故善人者，不善人之师[13]；不善人者，善人之资[14]。不贵其师，不爱[15]其资，虽智[16]大迷[17]，是谓要[18]妙[19]。

【译文】

真正善于行走的人，是不会留下任何痕迹的；真正善于说话的人，不会留下毛病或者落下话柄；真正善于计数的人，用不着记数用的筹码或竹简；真正善于封锁的人，即使不用门闩和门闩上的插销也没人能打开；真正善于捆扎的人，即使不用绳索也没人能解开。可见，圣人总能想出好办法去帮助那些需要他帮助的人，所以才没有被他弃之不顾的人；圣人总能想出充分利用他所用之物的价值的办法，所以才没有被他废弃的物品。这就是通过透过现象看本质、突破片面看全面的方法来获得全面认识的大智慧的人的高明之举。所以真正善待别人的人，连恶人他都教育；不善待别人的人，他的弱点其实也有助于善人引以为戒。不重视值得学习的人，不珍视反面教材，就算有点小聪明，也会犯大糊涂，这就是道的关键之处和微妙之处。

【注释】

1. 辙：车辙。
2. 迹：痕迹、人迹。
3. 瑕：瑕疵。
4. 谪：指责、把柄。
5. 筹：记数用的筹码。
6. 策：用于记数的竹简。
7. 关：门闩。
8. 楗：竖插在门闩上使其拨不开的木棍。
9. 结：捆扎。
10. 救：挽救、帮助。
11. 袭：承袭、袭击、抓住（本质）。
12. 明：明智、深刻的认识。
13. 师：师傅、教练、教导者。
14. 资：凭借、借鉴。
15. 爱：爱惜、珍视。
16. 智：这里指小智慧、智力层次相对低级的智慧。
17. 迷：迷糊。
18. 要：重要。

19. 妙：微妙之处、关键。

【解读】

本章讲效用之辩。

效即行为的效果；用即行为的手法。老子首先列举了善行的几种高尚境界，即无为的境界，以此说明有为的境界之上是无为：无为的手法通常好于有为，无为的效果通常优于有为。

人们常说“没有最好，只有更好”，比这种有为更好的是那种有为，比最好的有为更好的是无为。上一章说的呆若木鸡之鸡，它的取胜之道就是无为，即“不战而屈人之兵”。

不战之战，是无为之战，不是不战，是用不战的方式来战。其他鸡，再厉害，都还局限于有战，因有这种局限，自然矮人一等。超越战斗的不战而胜是战争的高级境界，孙子曰：

“上兵伐谋，其次伐交，其次伐兵，其下攻城。”伐谋者，心战也，木鸡之胜是心理上的战胜，是较之物力取胜更彻底和更全面的胜利。无战之战，就是从物理升华到心理之战。孙子兵法的精髓在于辩证性，而纸上谈兵的赵括在这方面十分机械。《史记·廉颇蔺相如列传》记载：

战国时赵国名将赵奢之子赵括，年轻时苦学兵法，谈起兵事来父亲也难不倒他。然而父亲却不称赞他。

其母问缘故，赵奢说：“用兵打仗，是生死攸关的险事，而括讲得很轻易。赵国不用括为将，则罢了；若必将之，破赵军者必括也！”

后来赵王命赵括接替廉颇为赵将，在长平之战中，赵括只知死抠兵书，不善变通，被秦军大败，赵国从此一蹶不振。

这一章，老子突出了“师”，即正面影响他人。至善之师，不仅善于教化，而且不弃一人，在他眼中，没有人是不可教化的，没有人是应当放弃的。

放弃是消极的，还意味着纵容。天道容忍恶，但绝不纵容恶。天道化恶，通过等待恶之自化，或者通过外在的教化。

天道以救为本，有救而无弃，它对恶的惩处也不是基于弃，而是基于救。自然全有，弃无可弃，所弃之处仍在自然之中；自然全能，弃无须弃，一切皆有救药。天道如此，切近天道的圣人也如此，儒家以“有教无类”的思想继承了道家的“有教无弃”思想。

孔子之前“学在官府”，只有贵族子弟有权受教育，因而也只有他们才有当官的渠道和资格。

到了孔子时代，社会政治经济和文化教育都在下移，为私人办学提供了机会。孔子正是抓住了这一机会，开始了其创办私学的职业生涯，希望通过兴办教育来培养“贤才”以实现其仁政理想。在教育对象问题上，孔子明确提出“有教无类”，意思是：

> 无分贵族与平民，不分国界与华夷，只要有心向学，都可入学受教。

孔子弟子三千，来自鲁、齐、晋、宋、陈、蔡、秦、楚等不同国度，这不仅打破了当时的国界，也打破了夷夏之分。

孔子吸收了被中原人视为“蛮夷之邦”的楚国人公孙龙和秦商入学，还欲居“九夷”施教。

孔子弟子有来自贵族阶层的，如南宫敬叔、司马牛、孟懿子，也有很多来自平民家庭，如颜回、曾参、闵子骞、仲弓、子路、子张、子夏、公冶长、子贡等。而平民教育更能体现孔子“有教无类”的精神实质。

孔子“有教无类”思想的基础是其“众生一体都有善性”的理论，子曰：“性相近也，习相远也。”“性相近说”说明人皆有成才成德的可能性，而“习相远说”说明了教化的必要性。

第二十八章 雌雄意指对立面

【原文】

知[1]其雄[2]，守[3]其雌[4]，为天下溪。为天下溪，常[5]德不离，复归于婴儿。知其白[6]，守[7]其黑[8]，为天下式。为天下式，常德不忒[9]，复归于无极。知其荣，守其辱，为天下谷。为天下谷，常德乃足。复归於[10]朴，朴散[11]则为器[12]。圣人用之，则为官长，故大制[13]不割[14]。

【译文】

随处可见只知强行进取之人，唯有我绝不偏废以柔克刚的自然之道，因此我常常像小溪一样随处示弱，甘为人梯，以此作为首要的处世方式。如果能像小溪般随方就圆，勇于处下而不贸然争强，你就不会背离自然之德，就能重新回到婴儿般的天然状态，从而具有更多的可塑性。既知道事物显性的一面，又不遗漏隐性的一面，这种全面的认知模式应当成为天下人共有的模式。恪守这种普适于天下的认知模式和相应的行为模式，认识和实践就永不偏离大德的要求，就能不断提高认识的全面性和行为的合理性，最终重新回到无限和无拘无束的境地，与认知或实践对象融为一体，彻底消解认识关系中的隔阂、实践关系中的矛盾。世人都争往显赫的地位，我却独守世人看不起的地方，充当天下的河谷任由流水汇聚和流淌——全心全意为他人服务。充当天下的河谷，大德才能经常充足。重回天然的纯朴，这种淳朴洋溢于心就会成就博大的襟怀。圣人用这种博大的胸怀，就能成为名副其实的上官或长者，可见：外在的大格局与内心的大格局是分不开的呀。

【注释】

1. 知：知道、随处可见。

2、4. 雄、雌：分别指彼此对立统一的一方，这里分别比喻用强和示弱。

3. 守：坚守、坚持。

5. 常：真正的、根本的。

6. 白：比喻显性的一面。

7. 守：不遗漏。

8. 黑：比喻隐性的一面。

9. 忒：差错。

10. 於：通于。

11. 散：发散、洋溢。

12. 器：度量、胸怀。

13. 大制：外在的大格局。

14. 不割：分不开、联系在一起。

【解读】

本章讲权责之辩。

万事万物都处于对立的统一之中，孤立的视野和绝对的思维都有故步自封之嫌。《庄子》曰：

战国时，楚国有一个卖盾并卖矛的人，夸说自己所卖的盾坚固无比，没有东西能把它刺穿；又夸说自己所卖的矛十分锋利，没有东西不能被它刺穿。

路上有人听见他的话，忍不住问了一句："如果用你的矛去刺你的盾，结果会如何?"那人瞠目结舌。

万物皆服从天道，但顺应天道并不意味着无所事事：人道可以细化天道，顺应公道而为，包括了多种多样的为，也包括无为。在有为或无为之中以及有为与无为之间选择，就是展现了人的主动性，就贯彻了自主的意志——尽管不是绝对自主的意志。

处人处事可以抓住矛盾的主要方面，以此作为工作的重点，作为精力的主要投放地。

自然规律不可打破，但自然规律的作用周期相对于人的行为周期来说，通常都是宏观的，在其周期之中完全可以包容人的主观能动性的用武之地。

它不但为人间的善举提供了可行的空间，也为恶行提供了可能。除恶和扬善是天意之善的两种活动方式，自然通过下属系统，逐级下放维善的义务、能力和行为。

一切有限系统的全部的维善的体制、机制、活动就构成了自然的全部维善行为及机制。

系统越大，能力越强，境界越高，维善、维公的层次就越高，影响就越大，周期一般也就越长。

因此，上位系统总是倾向于把行善和维善的机会首先留给其下位系统，以此锻炼其行善和维善的自觉意识和制胜能力。

由此可见，在能力所及范围内自觉行善和维善，是下位系统可以优先享有的权利，也是必须及时履行的义务——尽管你不承担，自有上位系统替你承担，但这至少会迁延时日，故曰："先天下之忧而忧，后天下之乐而乐。"

先义务后权利的人生观和价值观出自宋朝名臣范仲淹的《岳阳楼记》，意思是：

把国家、民族等母系统的和谐摆在个人之上，为集体的前途、命运担忧分愁，为全天下的人的幸福出力，吃苦在前，享乐在后；权利可以赠予，责任决不推卸。

如此，可谓大人。大人者，为其上位的大系统的正道直行充当前锋者也；反之可谓小人，小人者，把小集体的利益放在大集体之前者也。

圣人不断升华自身境界，直至自然之境，"复归于朴"。因为如此，圣人的襟怀如果用器来形容，那就不是小器，而是大器。大器中的气，就不是小气，而是大气。

圣人虚怀若谷，甘为人梯，所以甘为"天下溪"。卡耐基曾说过：

"一个善于舍弃自己的利益去帮助别人的人，一定会有良好的人际关系并借以成就自己。"

清康熙年间有个大学士叫张英，一天他收到家信，说家人为了争三尺宽的宅基地，与邻居发生纠纷，希望他利用职权疏通关系，打赢这场官司。张英阅后坦然一笑，挥笔写了一封回信，附诗一首，曰：

千里修书只为墙，让他三尺又何妨？
万里长城今犹在，不见当年秦始皇。

家人接信后，心平气和，主动让出三尺宅基地。对方见了，感动之余，也主动相让三尺，结果成了六尺巷。这个化干戈为玉帛的故事流传至今。

晋代袁宏在《三国名臣序赞》中说："形器不存，方寸海纳。"李周翰注之曰："方寸之心，如海之纳百川也，其言包含广也。"《尚书·君陈》曰："尔无忿疾于顽，无求备于一夫。必有忍，其乃有济；有容，德乃大。"民族英雄林则徐任两广总督时，题写的堂联正是：

海纳百川，有容乃大；壁立千仞，无欲则刚。

第二十九章　天下为公莫私有

【原文】

将[1]欲[2]取[3]天下[4]而为之，吾见其不得已[5]。天下神器[6]，不可为也，不可执[7]也。为者败之，执者失之。是以圣人无为，故无败；无执，故无失。夫[8]物或行或随；或嘘[9]或吹；或强或羸；或挫[10]或隳[11]。是以圣人去[12]甚[13]，去奢，去泰[14]。

【译文】

有些人之所以愿意代理政权治理天下，我看他是勉为其难，不得已而为之。天下的公权力是神圣不可侵犯的东西，不是个人能力可以运营的，不是个人意志可以把控的。以一己之力强行去运营的人，必败无疑；以一己意志强行去垄断的人，必失无疑。所以圣人不为自己而为，只为他人或者共同体而为，所以没有失败的可能，这就好比根本就不去拿起，所以压根就不会丢失。万物有的在前头走，有的在后头跟；有的慢慢地嘘气，有的快快地吹气；有的强壮，有的羸弱；有的自受失败，有的伤害他人。万物的行事原本就是可以各有不同的，只要不违背天道就行，所以圣人严防过度、奢靡、享乐等等不适度的事情。

【注释】

1. 将：将要。

2. 欲：打算、愿意。

3. 取：取代、代理。

4. 天下：国家、国家的公权力、天下的公权力。

5. 不得已：得：得到、找到、可以。已：结束、不去做。不得已：没有办法不去做，不得已而为之。

6. 神器：祭天所用的器皿、神圣的东西。

7. 执：把控、垄断。

8. 夫：语气助词，无实意。

9. 嘘：慢慢地吹气。

10. 挫：失败。

11. 隳：读 huī，毁坏。

12. 去：去掉。

13. 甚：过于、过头。

14. 泰：安逸、享乐。

【解读】

本章讲可否之辩。

家天下之前是公天下，天下为私不合自然之道，天下为公才是人类对自然的顺应。《礼记·礼运篇》曰：

“大道之行也，与三代之英，丘未之逮也，而有志焉。大道之行也，天下为公。

选贤与能，讲信修睦。故人不独亲其亲，不独子其子。使老有所终，壮有所用，幼有所长，矜寡孤独废疾者，皆有所养。男有分，女有归。

货，恶其弃于地也，不必藏于己；力，恶其不出于身也，不必为己。是故谋闭而不兴，盗窃而不作。故外户而不闭，是谓大同。”

国家权利是全体国人的权利，所谓的统治者不过是公权的代理人，决不能是公权的所有人，不然，公权就私权化了，国家就阶级化了，就分裂了，就乱了。

上古之世，天下为公，人人敬畏公权代理人之位，常常是让贤不得，才勉为其难地上位，为天下人承担责任。

吴国的创始人吴太伯与弟弟仲雍共同创建吴国，太伯去世后，仲雍继位，传了十七世，到了寿梦这一代。寿梦有四子，想传位给小儿子季札，季札认为自己德才不够，推让不就；改传长子，长子诸樊也说：“社稷神器，不敢染指。”

梦寿没有办法，强求诸樊做了国君。诸樊勉为其难，如履薄冰，几次让国于季札，季札都说自己不够格，只够当个农民，于是，“季札不受，而耕于野。”

等到三个哥哥都死在国王任上，又轮到季札当国王，季札仍然不愿轻受其国，干脆逃走了。

后来，天下为私，化公权为私器，化代理权为所有权，化有限的权力为无限的极权。在私欲怂恿下，在极权诱惑下，吴国王位再没被让过，相反，被夺来夺去。

公子光杀父夺位，杀了吴王僚，成为吴王阖庐。阖庐虽然没有被儿子夫差杀，但夫差阴谋争位的举动还是大量存在的。

德治败给力治之后，国家便成了私欲的神器，再也不是全民公器，被野心家抢夺不停，几乎没有一个朝代可以幸免夺权的血光之灾：不是手足相残，就是父子相害，要不就是亡国之君与开国皇帝的生死较量。

这种大盗窃国的行径没有不失败的，有的一代而败，身死权失；有的一朝而败，族灭国失。王朝更迭，城头变幻大王旗，你方唱罢我登场。“天下神器”，不可私为，不可私有，否则，迟早要葬身于私。

公权是用来保护其成员之自由的，是私权的拓展，是私权的集中使用。这种使用方式有两个目的：一是保护私权，二是延伸私权。前者是提高私权的强度，后者是延长私权的长度。公权的来源是私权，私权是公权的衣食父母，因此，公权必须为私权服务。公权变质的表现是：公权奴役私权。

公权代理人要确保公心不失，以此确保公权的公共性。圣人防范私心害公的方法有去甚、去奢、去泰三大法宝，统称“吉祥三宝”。

去泰，防止当为而不为，防止为政不勤；

去奢，防止假公济私，防止为政不廉；

去甚，防止极端的作为，防止为政不善。

勤政、廉政和善政，对应着去泰、去奢、去甚，呼应着老子后文所说的“道之三宝”：一曰慈，二曰俭，三曰不敢为天下先。

第三十章　其事好还终须记

【原文】

以道佐[1]人主[2]者，不以兵强天下。其事好[3]远：师[4]之所处[5]，荆棘生焉[6]。大军之后，必有凶年[7]。善有果[8]而已[9]，不以取强。果而勿矜[10]；果而勿伐[11]；果而勿骄[12]；果而不得[13]已；果而勿强。物壮[14]则老[15]，是谓不[16]道。不道早[17]已[18]。

【译文】

用大道来指导政权，这样的君主就不会通过武力逞强于天下。武力征服其实是非常舍近求远的办法：军队所到之处，那里就会荆棘横生；大军交战之后，那里必定会出现荒年。做事通常不过是要实现某种目的而已，既然还有更好的办法达到目的，逞强的办法就不足取了。达到目的也无须自大；达到目的也无须自夸；达到目的也不要自满；达到目的也不要从中谋取私利呀；达到目的也不要觉得自己强大。事物过于强壮就走向腐朽，这说明它不符合天道，不顺应天道就会提早灭亡。

【注释】

1. 佐：辅佐、指导。

2. 人主：领导人、君主。

3. 好：倾向于、偏爱。

4. 师：军队。

5. 处：处于、到、经过。

6. 焉：那里。

7. 凶年：荒年。

8. 果：结果、目的。

9. 而已：就可以了。

10. 矜：矜持、自大、狂妄。

11. 伐：自夸。

12. 骄：自满。

13. 得：获得、谋取。

14. 壮：强壮。

15. 老：老迈、腐朽。

16. 不：不符合、不顺应。

17. 早：提早。

18. 已：结束、灭亡。

【解读】

本章讲因果之辩。

这一章，老子给出了德治和力治两种治国方式，说明了力治的弊病，彰显了德治优长。

《易经》说“无往不复”，佛经说“报应不爽”，《道德经》说“其事好还”，都强调因果关系。

做过的事，无论好事还是坏事，都会回来，都会成为现在的因。同理，现在也会成为将来的因。前因后果，相互联系的事物，前者就是因，后者就是果。

从因到果的时间跨度也许可以超过当事人的有生之年，这一点其实无关紧要：万物不灭，天道好还，前因可以回到你的来生，不管其时你是不是人，反正一定还存在。

“善有善报，恶有恶报”，放大眼量，一点不假。可见，为非作歹者，一定是搬起石头砸了自己的脚。这不是危言耸听，只不过人多得过且过，不管日后，“过把瘾就死”，“我死之后，哪管白浪滔天！”

霸道处事，可以短平快地满足私欲，但会遭报应；公道处事，私利一时也许不能最大化，但没有后遗症。因此治国者应当以道，不要以力，只有那些无道昏君才鼠目寸光，一私障目。贞观九年，唐太宗谓侍臣曰：

往昔初平京师，宫中美女珍玩，无院不满，炀帝意犹不足，征求无已，兼东西征讨，穷兵黩武，百姓不堪，遂致亡灭。

此皆朕所目见，故夙夜孜孜，惟欲清净，使天下无事，遂得徭役不兴，年谷丰稔，百姓安乐。

夫治国犹如栽树，本根不摇，则枝叶茂荣。君能清净，百姓何得不安乐乎？

暴秦之暴，报应在二世，可谓速报。报应的速度与暴虐的程度有关，程度越高，速度越快，这是一般规律。大隋也是如此，不过它没有大秦暴虐，它的速败，在于急功近利太甚，超越了国民承受力。

即便是利在千秋之事，也不一定能够功在当代，也不能立刻上马，起码要先求得共识，统筹将来，否则，可能吃力不讨好。从这个意义上说，利民之事，应当尽可能让国民自己去做，这才是最稳妥的办法。毕竟国民自己才最了解自己想要什么，最迫切需要什么。

隋炀帝倾尽民力修建的大运河，至今还在发生效益，完全是利国利民的工程，只可惜，赞美它的是后世国民，是脱离了修建之苦者，是单纯的受益者。

要知道，道家不反对正当之力、正当之强，反对的是脱离了公道约束的力和强。同样，道家也不一味崇尚柔弱和忍让，道家反对对恶之让，主张人人充当自然除恶的先锋。道家主张的是利善之让，利于启发对方自觉之让，利于自己更好地生存和发展的让。

以暴制暴是可以的，只是不要过度，只要达到以暴制暴的目的就可以了，不要借以自大、自夸、自满、自利，如此这般就过分了。过分就是找死，会提早灭亡。

系统都有生灭，老子说顺道可以长生，并没有说不死。自然之死就是正死，“强梁不得其死”就是不得好死。《红楼梦》第三十六回，贾宝玉有一段论死之言：

比如我此时若果有造化，该死于此时的，趁你们在，我就死了，再能够你们哭我的眼泪流成大河，把我的尸首漂起来，送到那鸦雀不到的幽僻之处，随风化了，自此再不要托生为人，就是我死的得时了。

“为而弗居”是因，“了无牵挂”是果。了无牵挂就是自由的状态，就是自然状态，道家主张回归自然，所以把“为而弗居”作为道家无为的一大内容、一大原则。

因此，道家人物往往只以道佐人主，而不愿自当君主。国家有道，他们就隐而不现，国家无道，就挺身而出。这类人物，治世皆隐，乱世皆出，如伊尹、姜太公、诸葛亮、刘伯温等。

第三十一章 强硬手段要慎用

【原文】

夫兵者，不祥之器，物[1]或[2]恶之，故有道者不处[3]。君子居[4]则贵左[5]，用兵则贵右[5]。兵者不祥之器，非君子之器，不得已而用之，恬[6]淡[7]为[8]上[9]。胜而不美[10]，而美之者，是乐杀人。夫乐杀人者，则不可得志于天下矣。吉事尚[11]左，凶事尚右。偏将军[12]居左[13]，上将军[14]居右[15]，言以丧礼处之。杀人之众，以悲哀[16]泣之，战胜以丧礼处之。

【译文】

兵器，是不祥的东西，它的作用对象也许都厌恶它，所以有道之人不轻易使用它，除非作为以其人之道还治其人之身的必要手段。君子在日常待人接物时看重左边，用以尊重别人；用兵打仗时却看重右边，即看重胜过刚强的柔弱。战争机器是不祥的东西，不是君子愿意使用的东西，万不得已而使用它，尽量无形地淡化它的负面效应，这才是上策：

胜了也不要美化它，如果有人美化它，那就是单纯喜欢杀人。凡是乐于杀人的人，他的志向在天下人面前就行不通了。喜事以左边为上，凶事以右边为上；偏将军居于左边，上将军居于右边，这是借用丧礼上的做法来说明战事应当采用的做法，意思是：即便不愿彻底示弱也要在主要方面示弱，即便难免逞强也不要在主要方面逞强。战争中杀人众多，要用悲痛的心情悼念和哭泣。即便打了胜仗，也要以丧礼来办所谓的庆功会。

【注释】

1. 物：兵器的作用对象。

2. 或：或许。

3. 处：用……处理、使用。

4. 居：居家、日常生活。

5. 左、右：古时礼仪中以左边为大，这里分别代指尊与卑、强与弱。

6. 恬：安静、无形的。

7. 淡：淡化。

8. 为：是。

9. 上：上策。

10. 美：美化。

11. 尚：崇尚。

12. 偏将军：比喻示弱。

13. 左：比喻主要方面。

14. 上将军：比喻逞强。

15. 右：比喻次要方面。

16. 哀：悼念。

【解读】

本章讲吉凶之辩。

上一章揭开了力治的命题，这一章继续论述力治的不合理、不合情、不合道之处。这一章和上一章一样，继续借用战争的框架来论道，以小见大。《庄子·则阳》说：

戴晋人是民间贤士，机智诙谐，因此惠施引他拜见好战的魏惠王。

戴晋人问："王见过蜗牛吗？"

王说："见过。"

戴晋人说："有两帮小家伙爬入蜗牛双角，一帮占领左角，建立触国，发表《触犯宣言》；一帮占领右角，建立蛮国，发表《蛮横宣言》。

两国军队在交界处，也就是蜗牛头皮间，常常互相争夺领土，爆发大战。

一场大战，抛尸数万。败方逃窜，死守蜗牛角尖；胜方追击十五天，然后凯旋，两国签订和约，准备下次再战。"

王问："虚构的吧？"

戴晋人说："不，请听我落实。宇宙空间，在你看来，有极限吗？"

王说："没有极限。"

戴晋人说："设想你的灵魂飞天，以不可思议的超光速畅游没有极限的最远最远的宇宙空间，然后返回地面，再看看这九州列国，同那无限大的宇宙相比较，岂不无限小吗？"

王说："那是当然。"

戴晋人说："九州列国之间有个小小魏国，魏国有个更小的大梁城，大梁城内有一微粒，请原谅，那就是你。你同蛮国的领袖相比，难道有很大差别吗?”

王说：“差不多。”说完，独坐发呆，怅然若失。

“兵者，不祥之器”，兵器有不祥的一面，如果不当使用，就会带来灾难性后果，这在古代如此，现代更是如此。生化武器、核武器，都是大规模灭绝性武器，若被罔顾公众和公平的恐怖分子拥有，极端主义者就会做出不祥之事，比如威胁人类以实现其集体私欲。

佛家以慈悲为怀，但佛家寺庙，菩萨身后往往有手握武器的四大金刚，这叫以武力为后盾。因为善有扬善和除恶两面，除恶不能没有还治其人之身的手段，那就是恶人常用的武力。在这个意义上，可以说：“兵者，吉祥之器也。”其实，兵之吉凶，不在兵本身，而在用兵者的心——私心还是公心。

第三十二章　适可而止是本分

【原文】

道常[1]无名，朴[2]虽小，天下莫能臣。侯王若能守之，万物将自宾[3]。天地相合，以降甘露，民莫之令[4]而自[5]均[6]。始[7]制[8]有名[9]，名亦既[10]有，夫亦将知止[11]，知止可以不殆[12]。譬[13]道之在天下，犹川[14]谷[15]之于江海。

【译文】

道是无所不包的，所以压根就无法命名；道的原动力虽然微小，却没有什么可以叫它臣服。侯王如果能恪守天道的纯朴，万物自然就会依从他。天地间阴阳二气相互交合，因此降下甘甜的雨露，并没有什么人命令国人，他们就能自觉均享自然的雨露。体制如果是依据自然之道创设的，那么它的合法性一开始就自然存在。人们不但按照它的要求行可行之事，而且按照它的要求不做不该做的事。知道不做不该做的事情就可以免遭困局。天下人置身于道之中生活，这就好比溪水和河流直接置身在大江大海中流动。

【注释】

1. 常：全面、全有、无所不包。

2. 朴：木素；通扑，动力、原动力。

3. 宾：宾服、依从。

4. 莫之令："莫令之"的倒装，没有人下达号令。

5. 自：自行、自觉。

6. 均：均享。

7. 始：创始。

8. 制：体制、规则。

9. 名：师出有名、合理性。

10. 既：已经。

11. 止：停止、不妄为。

12. 殆：尽头、困局、穷途末路。

13. 譬：譬如、打比方。

14. 川：河流。

15. 谷：溪谷、溪流。

【解读】

本章讲行止之辩。

这一章在前两章论述力治的基础上，转入德治命题，左右逢源，一丝不乱。

《论语·乡党》曰："不撤姜食，不多食。"朱熹注之曰："适可而止，无贪心也。”

网上有一篇散文，叫《聪明的人，懂得适可而止》，写的是：

人的一生希望遇到两个人：一个惊艳了时光，一个温柔了岁月。

得不到回应的付出，要懂得适可而止，否则，打扰了别人，伤了自己。

别人帮你，那是情分；不帮你，那是本分。

人心贪婪，总是进了一步，还想再进一步。懂得适可而止，才能天长地久。

渐行渐窄的路，要考虑转弯，否则，脱离了公众，隔绝了自己。

无论做什么事，都要掌握一个度：木头烧大了不叫炭，而是灰。

聪明人懂得乘风而上，大智者知道适可而止。

得不到回应的热情，就适可而止，不要吊死在别人的树上，成为累赘，不妨抽身做个路人，擦肩而过，相忘于江湖。

每个人的世界，可以说都是自己给的。不管做什么，都要给自己留点余地，好让自己可以从容转身。

花开一季，人活一世，适可而止，浓淡相宜。不以人无而自喜，不以己无而自卑，与人分享，甘苦与共：

留一点好处让别人占；

留一点道路让别人走；

留一点时间让自己回味。

第三十三章　自胜才是真正强

【原文】

知人者智，自知者明；胜人者有力，自胜者强[1]；知足者富；强行[2]者有志；不失[3]其所[4]者久；死而不亡[5]者寿。

【译文】

知人的人只称得上智，自知的人才称得上明。战胜别人的人只意味着他具备物力层次的优势，战胜自己的人才意味着心理强大。知足者心灵的富足是彻底的富足。竭力追求理想的人有志向。不越本分的人能够长久。肉体消失而品德长存的人才是真正意义上的长寿。

【注释】

1. 强：强大。

2. 行：行动、追求理想。

3. 失：失去、超过。

4. 所：本分、理所应当的、公平所允许的。

5. 不亡：不消亡、长存。

【解读】

本章讲胜负之辩。

自胜与他胜是“胜”的两大基本内容，“知人者智，自知者明”，“明”高于“智”，自知难于知人，自胜难于自知。

胜人者只能算有力，真正的强在于战胜自己。明朝哲学家王阳明文武双全，曾率兵平定宸濠之乱，他说：“去山中之贼，易；去心中之贼，难。”

心中贼就是私欲和偏见，难以察觉，不易对付。颜回做到“不迁怒、不贰过”，二者都是“自胜”的具体表现，所以受到孔子赞许。人在生气时，容易怪罪不相干的人；犯错后，又习惯为自己开脱，世间能做到“自胜者强”的人太少太少。

人有时是自己最大的敌人，有时是最好的朋友，使敌人转变为朋友的关键是：训练自己，修养自己，战胜自己的偏见与固执，成为自己的主人。

在美国，有一个品德高尚的人，名叫彼得，他常常用自己的行为去引导别人。

有一天，彼得悠闲地在路上散步，前面有一个乞讨的人在放声大哭。

彼得很心痛，问：“你为什么在这儿哭？”

“我父母去世了，就剩我一个人。前天，有几个强盗把我洗劫一空，还把我赶出家门。我无家可归，为了生存，只好在路边讨几个吃饭钱。”

乞讨者边哭边说，路边睡觉的一条流浪狗被说话声惊醒了，相当不快，朝彼得狂叫，还咬着他的裤脚不放。

彼得没有打斗，也没有挣扎，只从口袋拿出一面镜子，放在疯狗面前。那狗对着镜子狂叫。叫着叫着，声音越来越小，最后竟夹着尾巴灰溜溜地走了。

乞讨者看了这一幕，好像懂得了什么，连声向彼得表示感谢，兴高采烈地走了。

彼得也微微一笑，收起镜子，显出一副高深莫测的模样。

乞讨者找个地方安了家，靠种花成了美国首富。当记者问他：“您成功的秘诀是什么?”

他总说：“在我几乎绝望时，一位高尚的人帮助了我：他用镜子对着向他狂叫的狗，最终狗被镜子里的自己吓跑了。我没有像被自己吓跑的狗一样——被自己打败，这就是我的成功秘诀。”

第三十四章 大道无私面面观

【原文】

大道泛[1]兮，其可左右[2]。万物恃[3]之以[4]生而不辞[5]，功成而不有[6]。衣[7]养万物而不为主[8]，常无欲可名[9]于小[10]；万物归[11]焉而不为主，可名为大[12]。以其终不自为大，故能成其大。

【译文】

大道广泛流行，它可以到达任何地方。万物依靠它来生生不息，而大道从不排斥，也从不推卸生养万物的责任；成就万物所需的功业，大道却不据为己有。无微不至地养育万物却不剥夺它们的自主权，从微观层面看，大道对任何一个事物都从来没有自己的私心；万物在大道的境界中形成它们大大小小、不计其数的统一体，大道也不剥夺那些统一体的自主权，这是从相对宏观的层面看大道的无私。因为大道始终都不自高自大，所以才能成就它无所不有的大。

【注释】

1. 泛：广泛流行。

2. 左右：到处。

3. 恃：依靠。

4. 以：来。

5. 辞：推辞、排斥。

6. 有：据为己有。

7. 衣：衣服、体贴地、无微不至地。

8. 不为主：不强行替……做主。

9. 名：认识、看出。

10. 小：微观。

11. 归：归附、归于统一体。

12. 大：宏观。

【解读】

本章讲谦狂之辩。

谦逊与狂妄是两种截然不同的待人接物的态度，颜之推在《颜氏家训》中说："诞傲致殒。"

《三国演义》中的马谡有个突出的弱点，那就是：骄狂至极，目中无人。马谡出兵街亭之前，诸葛亮曾明确提醒他：对手十分强劲！

诸葛亮说："司马懿非等闲之辈，更有先锋张郃，乃魏之名将……"但马谡大言不惭："休道司马懿、张郃，便是曹睿亲来，有何惧哉！若有差失，乞斩全家。"

马谡认为司马懿等人不值一提，固守街亭轻而易举，狂傲是其痛失街亭的根本原因。法国思想家蒙田说过：

“真正有学问的人，就像麦穗一样，只要它们是空的，就茁壮挺立，昂首睨视；而当趋于成熟，成为饱满的麦粒时，它们便谦虚地低下头，不露锋芒。”

肤浅而褊狭的人充满骄傲，深邃而丰富的人充满谦逊，谦和之人，往往得道多助。亚里士多德说：

“对上级谦恭是本分，对平辈谦逊是和善，对下级谦逊是高贵，对所有的人谦逊是安全和机遇。”

明代隐士洪应明在《菜根谭》里记下了这样的箴言：

建功立业者，多虚圆之士；
偾事失机者，必执拗之人。

古往今来，真正的成功者都依靠谦虚的心态不断学习，对各方面的意见都认真听取，并加以领悟，从而得以扩大自己的心胸和眼界，因此多得天时、地利、人和之助。伟人毛泽东说得十分通俗有力：“骄傲使人落后，谦虚使人进步。”

第三十五章　经验不足以为据

【原文】

执[1]大象[2]，天下往[3]。往而不害[4]，安[5]平[6]泰[7]。乐[8]与[9]饵[10]，过客止。道之出口[11]，淡乎其无味，视之不足见，听之不足闻，用之不足既[12]。

【译文】

天道把握着大境界，天下万物在其中来来往往。万物在道的境界中来来往往，如果不违背道，就能获得安全、公平和幸福。道乐于给予引导，让过客般的事物停止违背道的行为。道说出的无言之言，因为本来就是没有味道的，所以，人如果体味道也会觉得它没啥味道。用眼睛看，是不足以看见道的；用耳朵听，是不足以听见道的；过去体道、行道的经验也不足以作为日后实践的充分依据，还要不断完善。

【注释】

1. 执：把握。

2. 象：形象、境界、系统。

3. 往：交往、来来往往、交流合作。

4. 害：损害、忤逆。

5. 安：安全。

6. 平：公平。

7. 泰：美好、幸福。

8. 乐：乐于。

9. 与：给予。

10. 饵：诱饵、诱导、引导。

11. 出口：说出口、说出口的话。

12. 既：既往、泥古、重复。

【解读】

本章讲知行之辩。

用老眼光看待新问题，用静止的眼光去看待不断发展变化的事物，用有限的视野看待无限的天道，都是要犯错误的。《吕氏春秋·察今》曰：

楚人有涉江者，其剑自舟中坠于水，遽契其舟，曰："是吾剑之所从坠。"

舟止，从其所契者入水求之。舟已行矣，而剑不行，求剑若此，不亦惑乎？

王阳明主张"知行合一"，以此消解知行之间的距离，避免二者之间的不协调性。

王阳明知道人的活动是有目的、有意识的活动，他以“致良知”实现人的行为的目的的正当性。以良知规范行为的目的，良知从何而来？从与行合一的知中间来。

王阳明不仅强调知行的合一，而且强调主客体的统一。“统一”与“合一”的目的是一样的，都致力于消解不协调性。他用主体包容客体，构成主客体的统一体，以此消解主客体的对立性结构。

王阳明提出，人的“一念发动处即是行”，这实际上是把常人所谓的“行”延长了，伸入了主体的心理世界。这样做的目的是要人们树立一种信念：在刚开始意念活动时就要依照“善”的原则去做，将不善和恶消灭在萌芽阶段。

王阳明以知行合一之“行”和“知”去为道——体道并行道，以此追求善，不断追求，止于至善方止。《礼记·大学》云：“大学之道，在明明德，在亲民，在止于至善。”

第三十六章　全面运用含反用

【原文】

将[1]欲歙[2]之，必[3]故[4]张之；将欲弱之，必故强之；将欲废之，必故兴之；将欲取之，必故与之。是谓微[5]明[6]。柔弱胜刚强。鱼不可脱于渊[7]，国之利器不可以示人。

【译文】

打算闭合它，可以利用相反相成的道理而有意张开它。打算弱化它，可以利用相反相成的道理刻意强化它。打算废除它，可以利用相反相成的道理故意振兴它。打算索取它，同样可以以付出它作为实现目的的手段。这就是在具体方面的全面认识与实践，由此可见，柔弱也是可以战胜刚强的。事物总是处于相互联系的统一体之中，就像鱼儿无法脱离有水之处而生存一样，任何事物都有自己的局限性。所以，即便国家拥有克敌制胜的利器，那也是轻易不能拿出来使用的，否则，在使用过程中就会暴露它必然存在的弱点，对方也就可能针对性地想出克制办法。

【注释】

1. 将：将要。

2. 歙：通翕，合。

3. 必：必须、可以。

4. 故：有意。

5. 微：具体、全面之中的具体方面。

6. 微明：明：全面的认识；微：具体的；微明：明的具体运用、克服局限的具体做法。

7. 渊：深渊、适用环境，这里也比喻全部的生存条件、全部的生存手段。

【解读】

本章讲正反之辩。

对立的事物既互相排斥又互相促成，有时候，两个相互克制的事物，实际上也可以相互依从，相互利用。

“将欲废之，必故兴之；将欲取之，必故与之。”关于事物间的相互依从和利用，老子说：“祸兮福之所倚，福兮祸之所伏。”有一个大家熟知的成语故事，叫《塞翁失马》，说的是：

住在边塞上的一个老头，一天丢了马，别人来慰问他。

他说：“这怎么不能算是好事呢？”

几个月后，果然，这匹马带了一匹好马回来了。

“鱼不可脱于渊，国之利器不可以示人”，《庄子·徐无鬼》说：

吴国国王乘船游长江，登猴山。

群猴见国王仪仗威严，锣鼓喧天，吓得弃树逃窜，躲入棘丛，不敢露面。

独有一猴，藐视君权，不慌不忙，大摇大摆，表演一臂搔痒痒一臂打秋千，技巧精湛。

国王拉弓一射，此猴敏捷，一把接住飞箭。

国王怒，命令全体侍卫：“上！全体放箭！”

此猴誓死不逃，终被乱箭射穿，可怜！

第三十七章　道用无为弘自化

【原文】

道常无为[1]而无不为。侯王若能守之[2]，万物[3]将[4]自[5]化[6]。化而欲作[7]，吾[8]将镇[9]之以无名之朴[10]。无名之朴，夫[11]亦将[12]不欲[13]。不欲以[14]静[15]，天下将自定。

【译文】

大道不局限于有为，常常以超越有为的他为、共为、借人之所为而为等所谓“无为”的方式为来实现无所不为。侯王等主宰者如果能恪守不扰民的自然主义，万物终将自动发生你所希望的变化。事物发生适度的变化之后，如果它不适可而止却还想胡作非为，大道必将以说不上名字的原动力和天然机制去说服或纠正它。无名的天然纯朴，它也和我的自然之心一样倾向于节制私欲。用消解自我从根本上消解私欲，节制冲动，天下就必将自行安定。

【注释】

1. 无为：无我之为、不仅仅为我而为。

2. 之：不折腾的理念、自然主义。

3. 万物：侯王打算作为自为对象的任何一个事物。

4. 将：终将。

5. 自：自动。

6. 化：发生变化、归化。

7. 作：作为、胡作非为、过度地作为。

8. 吾：大道的自称。

9. 镇：镇压、阻止、说服、纠正。

10. 朴：木素；通扑，原动力、自然的纠偏机制。

11. 夫：语气助词，无实意。

12. 将：本能地倾向于。

13. 不欲：否定私欲、节制私欲。

14. 以：以……为手段。

15. 静：消解自我、抑制过分之动。

【解读】

本章讲有为与无为之辩。

本章用有无，用有为和无为，对前文分述的辩证范畴作一小结，阶段性地结束《道德经》的《德经》。

用大为统领小为，用无为完善有为，就无不可为。《庄子·应帝王》中有一首《国王颂》，唱的是：

国王英明，用无为治天下。

天下每个角落，都能找出他的功劳，都能证实他的伟大。

你若一一调查，所有成绩都应该归百姓，而不应该归他。

他用这个办法，让人忘记他个人的伟大。

家家温饱，是他暗中赐福；人人善良，是他幕后教化。

他让国民自豪，敢拍胸说："看咱！不靠国王，靠我自己，靠大家！"

他是天下第一乐泉，让百姓笑哈哈，只饮水不思源，不必去报答他，国人根本没有想到需要歌颂他。

他不制定死板的政策和法令，总是顺从自然的变化而变化。

他游心在自然的逍遥王国，在云之外，在天之涯。

佛家有"有为法"与"无为法"，可用来帮助理解道家的有为与无为，不妨拿来互相解读。

佛家认为：有因缘造作之法，叫作"有为法"，无因缘造作之法，即叫作"无为法"。道家认为，有自我意识的行为是有为，有公共意识的行为是无为。

佛家的"无为法"分为六种情形，道家的无为也可分成六种情形与之对应：

一是虚空无为：虚空遍一切处，既是虚空，自然无生灭变化，故名虚空无为。道家与之对应的无为是：无可作为之为。

二是择灭无为：择是拣择，灭是寂灭，又名"涅槃"。择灭无为就是用真正的智慧去选择佛法，修成涅槃之果，证入无为之境。道家与之对应的无为是：利他之为。

三是非择灭无为：一切有为法，皆是仗因托缘而生起的，如果没有能生之缘，或有因而无缘，则毕竟不生，这就是"非择灭"的含义。再者，无为法的法性，自体本来清净，没有烦恼，既然没有烦恼，也就用不着去拣择智慧来灭除，这也就是所谓的“非择灭无为”。道家与之对应的无为是：共赢之为。

四是不动无为：说的是色界第四禅的禅定情形。道家与之对应的无为是：暂不作为之为。

五是想受灭无为：想是想象，受是感受，也就是五蕴中之受、想二蕴，佛教所说的最高禅定叫作“灭尽定”，又叫“灭想受定”。想、受不起了，无为境界自会显现，这种一切想、受都不生的无为境界，就是想受灭无为。道家与之对应的无为是：无分你我之为。

六是真如无为：真者真实不虚，如者如常不变，这种既真实不虚而又如常不变的真如理体，就是诸法没有生灭的无相无不相的真如实相。断除了我、法二执，才能证得真如无为。道家与之对应的无为是：绝无私心之为。

第三十八章　道德蒙尘会退化

【原文】

上[1]德不[2]德[3]，是以有德；下德不失德，是以无德。上德无为[4]而无以[5]为；下德无为而有以为。上仁为之而无以为；上义为之而有以为。上礼[6]为之而莫[7]之应[8]，则攘臂[9]而扔之。故失道而后德，失德而后仁，失仁而后义，失义而后礼。夫礼者，忠信之薄[10]，而乱之首。前识[11]者，道之华[12]，而愚之始[13]。是以大丈夫处[14]其厚[15]，不居[14]其薄[16]；处其实[17]，不居其华。故去[18]彼取此。

【译文】

上等的德没有外在形式，所以真正称得上内容博大，也就是具有大德；下等的德专注于不失去外在形式，所以其实并没有多少内容，通常少德。具备上等的德的人用无形、无我等等所谓无为的方式来作为，所以好像没有什么东西被他用于作为；具备下等的德的人其实无所作为，却经常虚张声势摆弄花架子。具备上等的仁的人想有所作为，但常常却力不从心，没有资源来作为；具备上等的义的人想有所作为，它拥有的凭借不过是依赖别人的义举。推行曲高和寡之礼的人，令人无以应对，于是推行者绝望之余顺手就把那无用的自欺欺人的礼抛弃掉了。可见，人道的退化是这样发生的：是丧失了天道以后，无奈才用人德；是丧失了人德之后，没办法才用仁；是丧失了仁之后，无奈才用义；是丧失了义之后，没办法才用物化的礼。外加于人的礼，以缺乏自主性的忠和信为基础，是惑乱人心的罪魁祸首。前文所说的德仁义礼，都不过是道的皮毛，如果局限于它们，愚民政策就必然会以它们为发祥地了。因此，大丈夫置身于道的实质内容，绝非徒有的形式；心存朴实，不慕虚荣。因此人人都要像大丈夫一样，远离空洞的工具化的德、仁、义、礼，择取真实的目的性的道德仁义。

【注释】

1. 上：上等的、高尚的。

2. 不：不需要、没有。

3. 德：德的外在形式、工具化的德、他律之德。

4. 无为：无形之为、无我之为，比如：他为、共为、任他人作为、借他人以作为。

5. 以：用……工具来作为。

6. 上礼：曲高和寡的礼制。

7. 莫：没有。

8. 应：回应。

9. 攘：推、向外挥、扔掉。

10. 薄：稀薄、缺乏。

11. 识：记述。

12. 华：表象。

13. 始：发源地、发祥地。

14. 处、居：置身心于……

15. 厚：多有天道之处、相对于道的形式的道之实质内容。

16. 薄：鲜有天道之处、徒有的道的形式。

17. 实：实质。

18. 去：抛弃、远离。

【解读】

本章讲真诚之德。

这一章从《道经》进入《德经》，从天道进入人道，是《德经》的第一章。这里首先强调的就是德的真假问题——这是《德经》的首要问题，因此放在第一章。

真假问题是德之有无的问题，大小问题是德之高下的问题，前者是主要问题，后者是次要问题。从高到低，道首先分为天道和人道，然后人道再次分为德、仁、义、礼、智、信等，由高到低，逐层深入渐行渐小的境界，指导渐行渐小的问题。

各级人道需要接受上级的规范，以防恶化、私化、伪化。人类社会进入专制阶段，阶级私心压倒了全民公心，统治阶级故意挣脱天道对人道的规制，割裂或遮蔽人道与天道间应有的联系，为人道自行其是营造条件，以便制造和占领道德的制高点，垄断道德的制定权和解释权，为专制体制保驾护航。

如此这般，炮制偏爱统治阶级的各级行为准则，普遍施行于全民，造成义务主体与权利主体的分裂——在这个分裂中抢夺或偷窃平民的权利。

专制道德不仅是恶毒的，而且是虚伪的，老子一针见血地指出："失道而后德，失德而后仁，失仁而后义，失义而后礼。夫礼者，忠信之薄，而乱之首。"

此章以"德"字开篇，所以把以下章节统称为《德经》。人间的道也叫作德，这是区别人道与天道的一种做法。老子的德有上下之分，上德合乎天道。上德在整部《道德经》中有不少别称：

比如孔德："孔德之容，唯道是从。"

比如常德："为天下溪，常德不离，复归于婴儿"，"为天下谷，常德乃足，复归于朴。"

比如玄德："生而不有，为而不恃，长而不宰，是谓玄德。"

孔德、常德、玄德都是上德，上德"无以为"——无形，无私，必真；下德"有以为"——有形，有私，可假。仁、义、礼、智、信也可分上下，上下之间的分别，莫过于公平度的多少罢了。失真必然失公，真实度是公平度的首要指标。

周公制礼，礼是周朝的国家意识形态，是思想的主旋律，时人以"礼仪之邦"自居，鄙薄不识"礼"的周边部落为东夷、西戎、南蛮、北狄。

孔子十分重视"礼"，强调实现"仁"的手段就是"克已复礼"，他以仁为道德的重心，而老子以"公"为道德的重心，以公制私，直接拒绝道德私有化。老子批判一切偏私的道德，揭示道德私有化的一切可能。

偏私的道德只能赤裸裸地出现，要么以伪公的面目出现，公私矛盾自然会衍生真假矛盾。

老子把居于天道的人称为圣人，把对抗虚假人道的人称为大丈夫，以他的朴素无华、奉行公道来对抗不公的人道。

大丈夫有豪爽、果敢、刚毅、正直的天性，他比圣人略低一等，是人道中的杰出者，是“有为”的代表。梁山好汉鲁智深称得上大丈夫，不拘虚礼，行侠仗义。

礼本是人际交往约定俗成的行为规范，在阶级社会里，礼被固化为一种等级制度。虚礼禁锢着人们的自由，磨灭着人们的天性，维护着不公平的国家社会的僵死的稳定——即维护等级制度。

晋朝司马氏强调名教，在“礼”的掩饰下，进行残酷的权力斗争。以嵇康、阮籍为代表的“竹林七贤”，就以自然对抗名教。当今社会，虚礼俗套日益繁多和伪劣：各类宴请、应酬、节假日手机短信，使人不堪重负，时间和精力徒耗在繁文缛节之中。

人们爱公道，爱的是其实质的内容，不是其虚假的形式，《庄子·德充符》中，孔子说：

有一次我出差去楚国，路边看见一群小猪吃母猪奶。那母猪已经死了，刚断气，小猪不知道，还在那里争着吮吸，急得叫喊。

过一会母猪的体温转凉，小猪一个个瞪大眼，不再叫喊，抛弃母亲的遗体，乱纷纷逃散。

为什么逃散？

因为小猪忽然发现：眼前这个肉堆不再活动，不再温暖，不再分泌奶汁，不像猪族的一员，显然属于异类，不可亲，有危险，所以惊惶逃散。

由此可见，小猪爱的不是一堆死母猪肉，不是外形，而是亲爱的猪妈妈，而是内涵。猪懂得爱内涵，人却不懂得，世俗看重的是外形。

罪徒受刖刑斩一脚，买回新鞋不好意思穿，因他的下肢不全。女子嫁到男家，初夜发现不是处女，就得休掉，退回娘家，不准再进门，因为丈夫应该占有一具未破的女身，她的外形不可不全。

正如那些外形完美的女士逗人喜爱，那些内涵完善的男士也应招人喜爱呀。

第三十九章　自然融合与隔阂

【原文】

昔之得一者：天得一以清；地得一以宁；神得一以灵；谷[1]得一以生；侯王得一以为天下贞[2]。其致[3]之也，谓天无以清，将[4]恐[5]裂；地无以宁，将恐废；神无以灵，将恐歇[6]；谷[7]无以盈，将恐竭[8]；万物无以生，将恐灭；侯王无以贞，将恐蹶[9]。故贵以贱[10]为本，高以下[11]为基。是以侯王自称孤、寡、不谷。此非以贱为本邪？非乎？故致[12]誉无誉。是故不欲琭琭[13]如玉，珞珞[14]如石。

【译文】

曾经实现过与自然的统一的存在有：苍天通过清静无为实现过与自然的统一；大地通过宁静致远实现过与自然的统一；神明通过性灵自如实现过与自然的统一；万物的生母通过生生不息实现过与自然的统一；侯王通过顺应民意来占卜天意的方式实现过与自然的统一。与自然统一的境界如果过分刻意而非顺应自然地去追求，那么：苍天就没有办法做到清静无为，因此必将开裂；大地就无法做到宁静致远，因此必将荒废；神明就无法做到性灵自如，因此必将停滞；盆地就没有足够的东西可以拿来充满，因此必将干涸；万物就没有足够的东西可以拿来生育，因此必将灭绝；侯王就无法联通天人合一的境界，他要是再行占卜天意之事，必将以失败告终。所以贵应当以主动自贱作为避免向对立面过快转化的根本措施，高应当以主动放低作为避免向对立面过快转化的基本措施。因此侯王自称孤、寡、不谷（不育症患者），这种做法难道不是以主动自贱来作为处世的根本方式吗？难道不是吗？可见，过分追求赞誉往往适得其反，因此不要追求美玉般的晶莹，应保持顽石般的质朴。

【注释】

1. 谷：万物生母。

2. 贞：占卜、求告于天。

3. 致：致力于、刻意追求。

4. 将：必将。

5. 恐：恐怕、很可能。

6. 歇：停歇、停滞、完蛋。

7. 谷：谷地、盆地。

8. 竭：干涸。

9. 蹶：跌跤、失败。

10. 贱：卑贱、自贱。

11. 下：低下、放下身段。

12. 致：致力于、在……方面努力。

13. 琭琭：读 lùlù，有光泽的样子。

14. 珞珞：读 luòluò，耿直的样子。

【解读】

本章讲共和之德。

“天人合一”道家共和思想的响亮口号，是共和境界的制高点——人类与自然的共和。道家共和思想是中华传统文化的主体，是专制思想的天敌。

自然是大天地，人则是一个小天地，人和自然在本质上是相通的，所以一切人和事都应顺乎自然，实现人与自然的和谐。老子说：“人法地，地法天，天法道，道法自然。”

地是人的母系统，天是地的母系统，自然是天的母系统，天人合一的实质是子系统不断顺应母系统，全面恢复先天的自然本性，藉此回归大道，归根复命。

天人合一不仅是一种思想，也是一种态度，一种状态，一种行事方式。《庄子·达生》讲了一个故事：

鲁国有个名叫梓庆的木匠，他为朝廷做的镶，即悬挂钟鼓的架子两侧的柱子，那真是鬼斧神工，名闻千里。

于是鲁侯召见他，问他其中的奥秘。

梓庆说：“我一个木匠，哪有什么诀窍，根本没有什么技巧啊！我准备做镶的时候，我都不敢损耗自己丝毫的力气，而要用心去斋戒。我斋戒的目的，是为了静心，让自己的内心真正安静下来。斋戒的过程是这样的：

斋戒到第三天，我就可以忘记庆赏爵禄了，也就是说，我可以忘利。

斋戒到第五天，我就可以忘记非誉巧拙了，也就是说，忘记名声了。

斋戒到第七天，我可以忘却我这个人的四肢形体，也就是说，达到忘我之境。

这时，我忘记是在为朝廷做事。大家知道，为朝廷做事心有惴惴，有了杂念，就做不好了。

这时，我就进山了，进山寻找我需要的木材。观察树木的质地，看到形态合适的，仿佛一个成型的镰就在眼前，然后我就把最合适的木材砍回来，顺手一加工，就会成为现在的这个样子了。

我做的事无非叫作——以天合天，这就是我的奥秘。”

天人合一是至大之合，是人与万物之合的总和。合就是公，就是共，就是和，就是顺；不合就是私，就是专，就是制，就是逆。共和之道就是公道，专制之道就是“私道”。

公道之大，首推天道，就人而言，天道即天人合一之道。天人合一之人，就是在整个自然界都奉行公道的人，世人合一之人就是在整个人世间都奉行公道之人，国人合一之人就是在整个国家都奉行公道之人，家人合一之人就是在整个家族都奉行公道之人。

公是道的内核，无公则无道。公私问题和真假问题都是道德的根本问题——关乎道的有无，无真或无公都意味着无道。

公行天下，天人合一观念并非中国文化所独有，世上很多宗教都有这类观念，并有系统的修行方法。儒、道、释三家均有关于天人合一思想的阐述，共同点是：人类的生理、伦理等所谓的自然现象和社会现象都是自然的产物，都摆脱不了自然的规范，都应当顺应自然的要求。

孔子把道家的天人合一思想引为儒学的立足之基；汉朝的董仲舒把“天人合一说”引申为“天人感应说”；宋朝的程朱理学把它引申为“天

理说”。

在道家来看，天是自然、人是自然的一部分，天人本是合一的，由于世人制定并实行了各种不自然的典章制度、道德规范，使人丧失了原来的自然本性，变得与自然不协调。

人类修行的目的就是恢复自然：“绝圣弃智”，打碎那些强加于人的藩篱，将人性解放出来，重新归于自然，达到“万物与我为一”的共和境界。

在儒家来看，天是道德观念的本原，人心中天赋地具有道德原则，天人合一乃是一种自然的、但不自觉的合一。由于人类后天受到各种名利、欲望的蒙蔽，不能发现自己心中的道德原则。

人类修行的目的就是启发自觉：“求其放心”，达到自觉履行道德原则的境界。此即孔子所说的“七十从心所欲而不逾矩”。

儒家的共和以规矩为前提，是本末倒置、削足适履的共和，是无法落实的共和；道家的共和以自然为皈依，是原来如此、去弊兴利的共和，是不可阻挡的共和。

第四十章　守柔示弱道之用

【原文】

反[1]者道之动；弱[2]者道之用。天下万物生于有[3]，有生于无[4]。

【译文】

向对立面转化也是道运动事物的方式，以柔弱胜刚强也是道运用事物的方式。天下万物生于有形的存在，而有形的存在又生于无形的存在。

【注释】

1. 反：向对立面转化。
2. 弱：示弱、以示弱作为手段。
3. 有：人可以把握的存在、经验范畴内的存在。
4. 无：人的把握能力之外的存在、未知的东西、经验范畴之外的存在。

【解读】

本章讲谦虚之德。

人不能以不变应万变，必须有变，这个变包含大变和小变，方向之变是首要的变化，另外还有路径、速度、姿态种种变化。

方向有正反，不能老是正动，也不能老是反动，要正反两动，与时俱动，灵活运用。世人惯于自己的倾向，惯于自己的取向，这种取向对他而言，是他的正动，正动过多，就需要适当提高反动的比例。世人喜欢用强、用有，这也算是一种过度的取向，消弭这种过度，可以适当提高用弱、用无的比例。

自然正反两动、强弱两用，并不偏爱，故无偏废。因为世人偏爱了用有和用强，所以，为了矫正世人的弊病，老子以矫枉过正的力度强调用弱和用无。这种形式上的偏激恰恰体现了实质上的均衡。

“弱者道之用”，意思是说：示弱也是合乎天道的利用方式。公元前343年，魏军进攻韩国，韩国向齐国求救。

次年，齐威王以田忌为主将，孙膑为军师，再次运用“围魏救赵”的避实击虚的战法，率部直逼大梁，迫使魏军回救。

魏惠王令太子申为上将，庞涓为将军，率兵十万迎击齐军。

孙膑利用魏军轻视齐军和庞涓急切求胜的心理，故意避战示弱，退兵减灶：

第一天退兵时，驻地留下做十万人饭的灶；

第二天退兵时，驻地留下做五万人饭的灶；

第三天退兵时，驻地留下做三万人饭的灶。

庞涓尾追齐军三天，见其灶数日减，高兴地说：“我知道齐军怯弱，进入我国三天就逃亡过半。”于是他脱离大军主力，自率轻骑追击。

孙膑根据魏军的行军速度，估计在天黑以后会走到树木茂密、道狭地险的马陵，便在此设伏，并在一棵大树上刻下“庞涓死于此树之下”几个大字。

当庞涓所部追到设伏地域，齐军万弩齐发，魏军大乱，庞涓愤愧，拔剑自刎。

齐军乘胜猛攻，俘太子申，全歼魏军，取得了马陵之战的完胜。从此，魏国一蹶不振，孙膑名扬天下。

第四十一章 善贷宽贷不废贷

【原文】

上士[1]闻[2]道，勤[3]而行[4]之；中士闻道，若存[5]若亡[6]；下士闻道，大笑之。不笑不足以为道。故建言[7]有之：明[8]道若昧[9]；进道若退；夷道若颣[10]；上[11]德若谷；广德若不足；建德[12]若偷；质[13]真若渝[14]；大白[15]若辱[16]；大方无隅[17]；大器晚成；大音希[18]声[19]；大象[20]无形；道隐无名。夫唯道，善[21]贷[22]且成。

【译文】

品性上等的人听说道，就尽力去体会并践行；品性中等的人听说道，将信将疑，时有时无地践行；品性下等的人听说道，哈哈大笑，嗤之以鼻。道如果不能忍受嘲笑，那就不足以成其为道了。因此有人立言说明道的如下美德：全知天道的人在外人眼中好像有点昏聩，顺道而进步的人在外人眼中好像是在退步，平坦的道好像崎岖；高耸的德好像低谷，广博的德好像不足；德对人的感化好像小偷一样无声无息、不请自来。如果你探寻道的质地，那么它看起来似真似幻，有时像水一样由浊变清，有时又好像由清变浊。白到极致就有点像受过污染；端方到了极致就没有了角落；大的成就往往成就得较晚；声音大到极致反而杳无音信；形象大到极致反而没有形状。道更多的是以隐性的方式存在，所以道连名字也没有。只无限期放贷却从不收贷——以此缓解对方的压力；虽不催贷但也不废弃契约——以此培育贷款人的责任心，如此设身处地地助人成功，在这方面没有什么比道做得更好。

【注释】

1. 上士：品性上等的人。
2. 闻：听说。
3. 勤：做事尽力。
4. 行：实行、落实。
5. 存：存于信或行。
6. 亡：无，这里指不信或不遵行。
7. 建言：立言、写成文字。
8. 明：全知。
9. 昧：昏聩。
10. 纇：读 lèi，疙瘩、不平。
11. 上：高耸、高标。
12. 建德：建设别人的德、德化他人。
13. 质：质地。
14. 渝：由净变污。
15. 大白：白到极致的程度。

16. 辱：污辱、污染。

17. 隅：角落、棱角。

18. 希：通稀。

19. 声：音信。

20. 象：形象。

21. 善：做得好、善于。

22. 贷：放贷、比喻道无私的利他行为。

【解读】

本章讲宽容之德。

本章的要义尽在“善贷且成”四个字，对于这四个字，历来的解释基本都是隔靴搔痒，或者自说自话。

老子通过“善贷且成”为宽容设置了条件，追求着宽容的最优效果。宽容不能没有底线，它的底线就是不要妨碍对方良心发现——以此阻碍甚至剥夺对方向善的机会。

“善贷且成”，意思是说：要用善心来宽容，但这种宽容不是纵容对方的邪恶，而是帮助对方“成”——成就事业或美德。

海尔普斯说：“宽容是文明的唯一考核。”

纪伯伦说：“一个伟大的人有两颗心：一颗心流血，一颗心宽容。”

宽容的本质是荣辱与共，共就是公，公就是善。宽容之人常常全心全意地为对方着想，设身处地地为对方着想。

英国的温莎公爵曾主持过一个招待印度当地居民首领的宴会。

宴会结束时，侍者为每个客人端来了一只洗手盆。

让人意想不到的是：当印度客人看到那精巧的银质器皿里盛着亮晶

晶的水时，误以为是饮品，端起来一饮而尽。

这一举动让英国贵族目瞪口呆，不知如何是好，只愣愣地看着温莎公爵。

温莎公爵神色自若，一边继续与客人谈笑，一边也端起自己面前的洗手水，仰起头来一饮而尽。

于是大家也都纷纷端起了面前的洗手水，仿效温莎公爵，陆续喝了下去。因此，宴会在热烈而又祥和的气氛中照常进行，取得了预期的成功。

宽容不是权谋，作为权谋的宽容不是深入人心的宽容。它是工具化的宽容，不是目的性的宽容，它不是德，而是智。《宋史》记载：

有一天，太宗在御花园与两个重臣喝酒，边喝边聊。

两大臣都喝醉了，忘乎所以，竟在皇帝面前相互比起功劳来。

他们越比越来劲，干脆斗起嘴来，完全忘了在皇帝面前应有的君臣礼节。侍卫在旁边看着，觉得实在不像话，便奏请太宗，要将这两人抓起来治罪。

太宗没有同意，只草草撤了酒宴，派人把他俩送回家。

第二天他俩从沉醉中醒来，想起昨天的事，惶恐万分，连忙进宫请罪。

太宗看着他们战战兢兢的样子，轻描淡写地说："昨天我也喝醉了，记不起这件事了。"

第四十二章　自生之道生万物

【原文】

道生一[1]，一生二[2]，二生三[3]，三生万物。万物负[4]阴而抱[5]阳，冲[6]气以为和[7]。人之所恶[8]，唯孤、寡、不谷[9]，而王公[10]以为称。故物或[11]损之而益，或益之而损。人之所教，我亦教之。强梁[12]者不得其死[13]，吾将[14]以为教父[15]。

【译文】

道自生，也生了阴阳二气，阴阳二气生出更多的东西，这些东西生出万物。万物不是背负着阴而怀抱着阳，就是背负着阳而怀抱着阴，通过阴阳二气的调和而进入和谐。人们最不喜欢被人称呼的，要数孤、寡、没有生育能力，王公却用它们作为自谦之称。可见，世间万物，有的舍己为人，有的损人利己；有的从自损中得益，有的从自利中受损。这是别人的教导，这里我也做如下教导：自私残暴之人不得好死，我打算把这句话当作我的教育理念的基石。

【注释】

1. 一：道自身。

2. 二：阴阳二气。

3. 三：代指多。

4. 负：背负。

5. 抱：怀抱。

6. 冲：像冲水那样调和。

7. 和：和合、和谐。

8. 恶：厌恶。

9. 谷：谷神、生育之神，不谷：不生育、绝户、绝代。

10. 王公：泛指世俗中的高贵者。

11. 或：有的。

12. 强梁：自私残暴之人。

13. 死：自然死亡。

14. 将：将要、打算。

15. 父：比喻基础、前提、原则。

【解读】

本章讲合作之能。上一单元讲“德”，这一单元讲“能”。

《道德经》在前文说过“天地不仁，以万物为刍狗”，天道之爱，超越了人道当中有所偏私的仁义，达到了“道是无情却有情”的博爱境界和公平境界。天道不仅自己如此，还教化其下之道亦如此，比如圣人之道就是如此，“圣人不仁，以百姓为刍狗。”

自然境界中，万物和谐共处，彼此依赖，“负阴而抱阳，冲气以为和。”独立自强不如共生共荣，其实有限系统不可能孤立存在，更不可能“自强”，都处在与他者的联系之中，一损俱损，一荣俱荣，必须同舟共济，不能各自为政。

这里老子从本体论的角度说明了万物的合作性质，这是必然的关系，只不过在人类社会及其子系统中，这种公序良俗遭到了破坏。当然，这种破坏必然会被修复，只是在尚未修复以前，其中成员都难免受到伤害。

专制社会，民担辛劳，官享福利，权利与义务分道扬镳，不公平分配。身处其中，百姓痛苦是必然的，但是权贵就真的幸福吗？弄权的快感和享乐的满足就足以抵消良心的自责和末日的恐惧吗？

在不公的国度，即便有一方幸福，全民福利也不如共和国的全民福利——因为专制具有居高不下的成本，消耗大量国民福利。

这里老子以孤、寡和不谷来说明共和的丧失：孤是失妇之夫，寡是失夫之妇，这两种人都丧失了夫妇之道。夫妇是男女合作，是最直观的共和，世人都害怕成为这种“失和”之人，但他们却无知而无畏地破坏社会共和这一更为广大的共和。

男女阴阳失调，或孤或寡，便不能生育，即“不谷”。男女交合是生育的前提，自然以此细致入微地教导合作，可是人们还是执迷不悟，执私不公。维护共和，最可靠的保障是公心；破坏共和，最深刻的动因是私心。

没有共和，子女都生育不了，还谈什么可持续发展？可见，如果社会丧失共和，就会丧失创造力——好比生育后代一般的创造力。

圣人不避凶恶，把孤、寡和不谷当作自己的谦称，也许不仅仅是自谦之词，只怕也是警世之语，希望以此唤醒世人昏睡了的共和之心，惊醒专制者的假寐之心。

第四十三章 无可抵挡只因无

【原文】

天下之至柔，驰骋[1]天下之至坚。无有[2]入无间[3]，吾是以知无为之有[4]益[5]。不言之教，无为之益，天下希及之。

【译文】

天下最柔弱的东西，可以自由穿梭于最坚硬的东西当中；无形的东西可以进入没有缝隙之处，我从这里看出无私的行为方式所具有的好处。无形的力量可以穿透没有间隙的东西，我因此认识到“无为”的益处。“不言”的教导，“无为”的利他，普天下少有能赶上它的。

【注释】

1. 驰骋：策马奔腾、自由穿梭。
2. 无有：无形的东西。
3. 无间：没有缝隙。

4. 有：具有。

5. 益：好处。

【解读】

本章讲无私之能。

“无有入无间”，因为无我，所以无可抵挡。庄子是老子的得道弟子，他的《庖丁解牛》宣扬的处世的最高境界便是“无有入无间”。

有为可以入有间，无为不仅可以入有间，而且可以入无间，这就是无为的优胜之处。无为，在无有的意义上，就是无我之为，就是无私之举。

老子由至柔入至坚，生发出“无有入无间”，从无有入无间，拓展到无为胜有为，比如：无私之举胜有私之举，无言之教胜有言之教。纵横捭阖，上下沟通。

禅宗五祖弘忍年迈，心求传人，故命弟子作偈以解佛法真谛。神秀被公认为最有修行，他提笔在墙上写下一偈云：

身是菩提树，心如明镜台。时时勤拂拭，勿使惹尘埃。

五祖见了，但曰：“好则好矣，了则未了。”

扫地僧慧能在门外洒扫，听见了神秀的佛偈，随口也作了一偈，云：

菩提本无树，明镜亦非台。本来无一物，何处惹尘埃？

五祖听了，便把衣钵传授与他。六祖慧能天生慧根，道法自然，终成一代名僧。他不识文字，述而不作，信口拈来，经弟子记录，便成了禅宗宝典《六祖坛经》，此可谓“不为而成”。

神秀的境界还在有我之境，慧能却在无我之境，有无之别，高下立决。

第四十四章　多藏失时必厚亡

【原文】

名与身孰[1]亲[2]？身与货[3]孰多？得与亡孰病[4]？甚[5]爱[6]必大费[7]；多藏[8]必厚亡[9]。故知足不辱[10]，知止不殆[11]，可以长久。

【译文】

身后之名与现在的身体哪一个离你更近，哪一个更值得珍惜？身体与身外之物哪一个更多？获得与失去哪一个更可能导致灾难？过度珍惜名誉地位必然会白白耗费大量的精力；过多地占据功利必然导致更大的损失。可见，知足才不会自取其辱，懂得适可而止才不会连本带利地彻底完蛋。心愿上做到知足，行为上做到适可而止，这才是确保身家性命安全的长久之计呀。

【注释】

1. 孰：哪一个。

2. 亲：亲近、值得珍惜。

3. 货：货物、身外之物。

4. 病：身体不好、不好、导致灾难。

5. 甚：过分地。

6. 爱：珍惜。

7. 费：徒耗、耗费、浪费。

8. 藏：收藏、占有。

9. 亡：消亡、失去。

10. 辱：埋没、自取其辱。

11. 殆：尽、彻底结束、完蛋、走上绝路。

【解读】

本章讲知止之能。

自然是唯一全有的系统，人作为小小一个子系统，永远无法实现全有状态，自然自足，人无法自足，必须知足。

个人的知足问题，包括人我之足、身前与身后之足、身外和“身内”之足。人我之足，其实就是“共足”，彼此满足是个人满足的唯一正当的形式，也是唯一可行的形式。这就决定了单方面满足自我的不可行、不公道。

知足是母题，其下有两个重要的子题——身前与身后之足、身外与身内之足。知足是人的必修课，这里首先讲讲“人我之足”：人我才能构成圆满，因此，单方面的己方或者对方，都不可能自足，如果强行自足，那就是贪——把我之外的人物都当作自足的手段。

其实，这决不能做到，因此，贪心必须自制，不然必遭他制——就是外部的力量的制止。如果这个层面还制止不了的话，最终必遭天谴，即自然的制止。

清朝王永彬写的《围炉夜话》，与明朝洪应明写的《菜根谭》、陈继儒写的《小窗幽记》，并称“处世三大奇书”。《围炉夜话》云：

桃实之肉暴于外，不自吝惜，人得取而食之。食之而种其核，犹饶生气焉，此可见积善者有余庆也。

栗实之肉秘于内，深自防护，人乃破而食之。食之而弃其壳，绝无生理矣，此可知多藏者必厚亡也。

身前与身后不可偏废，要权衡，不能固执一端。《红楼梦》中有一首《好了歌》，唱的是：

世人都晓神仙好，惟有功名忘不了！古今将相在何方？荒冢一堆草没了！

世人都晓神仙好，惟有金银忘不了！终朝只恨聚无多，及到多时眼闭了！

世人都晓神仙好，惟有娇妻忘不了！君生日日说恩情，君死又随人去了！

世人都晓神仙好，惟有儿孙忘不了！痴心父母古来多，孝顺儿孙谁见了？

“甚爱必大费；多藏必厚亡”，这就是天道对私心、贪心的惩处，因此《好了歌》以“好便是了，了便是好”为主旨。见好就收，以“了”求“好”，便是知止。

私心无罪，过度才有罪，防止私心过度，自然需要适可而止，“知止不殆，可以长久”，不然就会自取其辱。

沈万三，本名沈富，字仲荣，俗称万三，元末明初巨富。他通过开展海外贸易而积累原始资本，迅速成为“资巨万万，田产遍于天下”的江南首富。

据说，朱元璋准备在南京建都，决定扩建应天城，但由于战事频繁，开支浩大，根本没钱修城。沈万三自告奋勇，自费建城以建功，负责修筑聚宝门至水西门一段，还有廊房、街道、桥梁、水关和署邸等相关工程。

他与朱元璋同时开工，暗中较劲，力争头彩。他不仅延请一流的营造匠师，还整天在工地上督促检查。尽管一些“检校”常去工地制造事端，捞取油水，沈万三依然比朱元璋提前三天完工。

朱元璋明里夸奖，暗中忌惮，秋后算账，随便找了个理由便籍没了沈万三的家产，把他发配云南。这都是沈万三贪功、贪名、贪宠之心造的孽，只怕他也许到死都还没弄明白。

朱元璋一石二鸟，既打击了豪强，又充盈了国库，此乃富可敌国者常有的下场，也是皇帝们最简便的富国手法，因此在历史上不断翻演——贪心不灭，重复不断。

关于身外与身内之足的问题，“钱财乃身外之物”“勿使物役”都说得很好。私心过度，必被物累，必然贪婪——区别只是少贪薄亡，多贪厚亡，总之必亡。

身外是什么，是他人，是公共领域。公私兼济，这才是私心的正道；取予相当，这才是私利的正道。天道好还，付出总有回报；公私相济，共赢总含私成。

公既是私的界限，更是私的途径、私的庇护。在私心方面，应该知止，在公心方面，应该知进。进止有道，公私才能平衡，平衡就不会栽跟头。

第四十五章　公心公平是公道

【原文】

大成[1]若缺[2]，其用不弊[3]。大盈[4]若冲[5]，其用不穷[6]。大直若屈，大巧若拙，大辩[7]若讷[8]。静[9]胜躁[10]，寒[11]胜热[12]。清[13]静[14]为天下正。

【译文】

最完满的东西，外表往往好似有点残缺，但它的用途是没有局限性的。最充实的东西，外表往往好像空无一物，但只要你能想到的用途，其中没有一条是它行不通的。笔直到了极致就有点像弯曲；灵巧到了极致就有点像笨拙；能言善辩到了极致就有点像木讷。安静胜过躁动，冷静胜过狂热，择取公心来处心、择取公平来处事，是天下人做人的正道。

【注释】

1. 成：圆满。

2. 缺：缺失。

3. 弊：弊端、局限性。

4. 盈：充实。

5. 冲：空。

6. 穷：走不通。

7. 辩：辩才、能言善辩。

8. 讷：木讷。

9. 静：安静。

10. 躁：躁动。

11. 寒：冷、冷静。

12. 热：狂热。

13. 清：心中没有私念。

14. 静：不为私利而动。

【解读】

本章讲适度之能。

足，即完满。绝对自足的系统才有绝对的完满。除了自然，其他系统都只能相对自足，只能实现相对的完满。它们提高自身的完满度，往往需要通过与相关系统的联合——其中，与对立面的统一是其实现完满的高级形式。

人，出小入大的方式有两种，一是静心以实现心境之大；二是和人以实现物镜之大。清净是静心的高级境界，和谐是和人的高级境界。静是无的特称，是专门对心境之无的称呼。其实，静心就是无心，就是大心。有人把道家义理总结为“清静无为”，这没有错，错就错在对“清净”和“无为”片面而浅薄的理解。

动与静，可以分别视为有为与无为，二者构成了运动的完满。《道德经》在第三十九章专门论述顺应自然时，说：“天得一以清，地得一以宁，侯王得一以为天下贞。”

为道的先进人物可谓道德意义上的侯王，他们顺应自然的方式是先天下之顺而顺应自然，顺应自然的方式是静心以去私心，公为而去私为。静心是防止用心过度的措施，公为是防止私为过度的措施。

有无互用，有为和无为互用，既可以实现效果最优化，也可以防止片面性。片面就是失度——欠度或过度。之所以强调适度，是因为它可以保证最优化。有位著名企业家作报告，听众问：

“你在事业上取得了巨大成功，请问，对你来说，最重要的是什么？”

企业家没有正面回答，他拿起粉笔在黑板上画了一个圈，只是并没有画圆满，留了一个缺口，问：“这是什么？”

“零。”“圈。”“未完成的事业。”“成功。”听众七嘴八舌。

企业家未置可否，只说：“其实，这只是一个未画完的句号。你们问我为什么会取得辉煌的业绩，道理很简单：

我不会把事情做得很圆满，就像画个句号：一定要留个缺口——让我的下属去完成它。”

留个缺口给他人，并不意味自己能力不强，实际上，这是一种智慧，是一种更高层次上带有全局性的圆满。

运动是绝对的，静止是相对的，静止可以看成是特殊的运动，是相对于特定运动的逆向操作。逆向操作具有质变的性质，是追求适度的深层措施。

万物的运动可以一分为二，曰动，曰静。静是动的对立面，二者对立而又统一，只知道动而不知道静，意味着有进无退——有进无退，必定失度。

“浪子回头金不换”，相对于进，退更需要勇气，更需要见识。常人多知进不知退，多习惯逞强而不习惯示弱，因此，道家为了弘扬实践的全面性和适当性，针对世人过度躁动和逞强，有意强调守静和示弱。这并不意味着道家否定了动和强，只意味着道家在动静和强弱上的度的意识。

哲学意义上，动静可以互相战胜，因为动静作为运动，并无实质差别，差别只是具体情况的差别。

在急功近利、躁动不安、弱肉强食的社会，强对弱的征服是扬恶除善性质的，反之，把强用于扬善除恶，就是强的正当使用。

适度联系着公平，联系着善。好动和好强的错用，错在私利性，这种私利的获得是短暂的，获取方式是有损公平的——它恶化人际关系。相反，通过静心、谦让以淡化私欲和私利之争的方式来减少和调和人际矛盾，这才是良性循环的办法，不仅共赢，而且互相感化。

封建礼教，立足阴私，是阶级剥削和压迫的工具。它扬汤止沸，恶性循环，作为软暴力，它与专制硬暴力上下其手，互相配合。

它大偏若公，大毒似亲，天道大成若缺，大爱若无。天道是自然的共和之道，是全面适度的道；王道是帝国的专制之道，是全面失度的道。专制的公道假象，徒靠愚民之术来伪装；专制的私道真相，全靠暗箱操作来掩盖。

老子看清了王国的专制本质，看清了它当作专制软暴力的仁义礼智的愚民以掠民的真实嘴脸，所以全力批判，尽情谴责。

第四十六章 知足之心不可少

【原文】

天下有道，却[1]走[2]马以粪。天下无道，戎[3]马生[4]于郊[5]。祸莫大于不知足；咎[6]莫大于欲得[7]。故知[8]足[9]之足[10]，常[11]足矣。

【译文】

天下有道的时候，战马自然会回归自然职能，从战场退出，用它的气力从事耕种，用它的粪便充当肥料。天下无道的时候，战马就只能在战场上分娩。没有比贪得无厌更大的祸患，没有比占有欲更大的罪孽之源。所以，知足的信念充足，那才是真正富足。

【注释】

1. 却：退却、回归。

2. 走：跑。走马：用于奔跑的马、用于运输的马。

3. 戎：军队。戎马：战马。

4. 生：生产、分娩。

5. 郊：城外，这里指战场上。

6. 咎：罪过。

7. 欲得：想得到、占有欲。

8. 知：信念。

9. 足：知足。

10. 足：充足。

11. 常：全面的、本质的。

【解读】

本章讲节欲之能。

“祸莫大于不知足；咎莫大于欲得。”公心是善良之本，私欲是罪恶之源。佛家有《心经》，那是成文之经；道家亦有《心道》，不过是不成文的。

道家的“心道”解决的是心的问题，具体说来，是关于私心与公心的理论。心是体之君，是行之根，道学，说白了就是公道之学，公私问题是其核心问题，心之公私问题是公私命题的首要问题。

“爱财曰贪，爱吃曰婪”，《菜根谭》说：“人生只为贪字所累。”贪婪这根毒刺，已经把许多人变成牛马鹰犬，任物鞭笞。有一则寓言，说：

吕洞宾下凡，路上遇到一个小孩哭泣不已，就问：“你为什么哭泣？”

小孩说：“因为家贫，无力奉养母亲。”

“我变个金块，你拿回去换钱奉养母亲。”洞宾被其孝心感动，随手指着路旁大石，石头就变成了金块。

他把金块拿给孩子时，竟被拒绝了。“你怎么连金块都不要?”

孩子指着洞宾的手，说：“我要点石成金的手指。”

人在贪欲妄想驱使下，千方百计地投机钻营，于是徇私舞弊、假公济私、贪赃枉法、巧取豪夺层出不穷；假冒伪劣屡禁不止；坑蒙拐骗花样翻新，私欲放纵而坠入淫、毒、赌者不计其数，无力自拔。

贪婪成病之人钻在钱眼里，钱越多越贪，病越来越重，丧失公义，丧失善心，丧失自我——甘把自己当作商品出售，有智力的出卖智力，无智力的出卖肉体。《韩非子·解老》曰：“有欲甚，则邪必胜。”

贪婪之病，病根是难填的欲壑，病症是巧取豪夺；此病的外科手术是严惩不贷，内科手术是自制私欲。

《史记·范雎蔡泽列传》曰：“欲而不知止，失其所以欲；有而不知足，失其所以有。”

“少则得，多则惑”，杜绝欲望是做不到的，也是不科学的，但一味陷进欲望之海而不知自拔、不能自救者，也终与应有的人生相去甚远。孔子说：“君子役使外物，小人被外物所使役。”

“欲不逾矩，方能得福”，《遗教经》云：“汝等比丘，若欲脱诸苦恼，当观知足。知足之法，即是富乐安隐之处。知足之人，虽卧地上，犹为安乐。不知足者，虽处天堂，亦不称意。不知足者，虽富而贫。知足之人，虽贫而富。不知足者，常为五欲所牵，为知足者之所怜悯。”

老子也说“知足不辱，知止不殆”，欲望的准则是公平，私心太重，贪心太过，伤了他人，其实也就伤了公平。人类的共和史就是基于公心的公道的历史，人类的专制史就是基于私心的诡道的历史。

私心猖獗，诡道横行，私私相争，不得安宁。私心不节，战争不停，中国专制史上少有太平，不是国际战争，就是国内的阶级战争，不是大战，就是小战，不是物理战，就是心理战，心理和平可能从未实现，高压下的物理和平也难得一见，不是东边冒火，就是西边冒烟。

社会人的私欲被无道的国家和社会不断教唆，大失自然之度，以至贪心四起，极尽非法掠夺之能事：有力的掠夺无力的；有权的掠夺无权的；有势的掠夺无势的；有智的掠夺无智的；有钱的掠夺无钱的。

男人霸占女人，强者霸占弱者，霸道横行，公道无存，私心赤膊上阵——贪得无厌，在膨胀中爆裂，不死不休。

佛家也把私欲看作一切苦难的根源，因此《般若波罗蜜多心经》曰："无苦集灭道，无智亦无得，以无所得故。"翻译成道家文字就是"咎莫大于欲得"。

佛教《心经》曰："依般若波罗蜜多故，心无挂碍。无挂碍故，无有恐怖，远离颠倒梦想，究竟涅槃。"用道家的话总结，就是"祸莫大于不知足"。

第四十七章　以斑见豹真功夫

【原文】

不出户，知[1]天下；不窥[2]牖[3]，见天道。其出[4]弥[5]远，其知弥少。是以圣人不行而知[6]，不见而明[7]，不为而成[8]。

【译文】

足不出户，就能知天下事；眼不望窗外，就能洞悉天道。在自私境界中渐行渐远，得道的可能性就越来越小。所以，圣人用不着到现场就能知情，用不着看清具体事实就能明理，用不着亲手去做就能成事。

【注释】

1. 知：推测。

2. 窥：偷看。

3. 牖：读 yòu，窗户。

4. 出：出行、付诸行动。

5. 弥：更加。

6. 知：知情。

7. 明：明理、懂得。

8. 成：成事。

【解读】

本章讲全面之知。本单元讲“知”。

道家认为肉眼所见，是小知；心眼所见，是中知；心眼的不见之见，才是大知，乃至“天知”。

知具有相对性，“耳听为虚，眼见为实”，相对于耳听，眼见更具有可信度：听别人讲的和自己看的是不同的，看到的可以是真实情况，而光听人讲则往往是虚而不实的——“言传千里，翻云覆雨。”

道听途说，只能作为线索，一般不要作为事实来相信。但眼见是不是一定就为实呢？不一定。因为事物有真象和假象之分，如果眼睛看到的是假象，把假象误认为是真相，就会把“虚”误认为“实”了。

游轮遭遇海难，有对夫妻好不容易来到救生艇前，艇上只剩一个位子，这时，男人把女人推向身后，自己跳上了救生艇。女人站在渐沉的船上，向男人喊出了一句话——

读者纷纷猜测女人会喊什么，有人猜是“我恨你”，有人猜是“我瞎了眼”……这些都不对，都是经验之谈，事实是：

轮船沉没了，男人回到家乡，独自带大女儿。多年后，男人病故，女儿整理遗物时，发现了父亲的日记，写道：

“我多想和你一起沉入海底，可我不能。为了女儿，我只能让你一个人长眠在深深的海底……”

基于公平之心的推测，往往比“以小人之心度君子之腹”来得更为真实，更不用说比肉眼所见更加真实了。这就是老子的“不见而明”之明，就是老子说“不出户，知天下”的依据之所在。推己及人，可以知人，可以知天下。

有年冬天，齐国下大雪，景公说：“下了三天雪，一点都不冷。”

晏子看景公皮袍裹得紧紧的，又在室内，直爽地说：“我听闻古之贤君，自己吃饱了要去想想还有人饿着；自己穿暖了要去想想还有人冻着；自己安逸了要去想想还有人累着。可是，你怎么只顾自己不想别人啊？在此寒天冻地之时，天下该有多少人饥寒交迫呀。”

推己及人对应的是推人及己，前者可以知人，后者可以知己，二者放在一起，就是所谓的“换位思考”。只有多一点换位思考，世界才会变得更美好。理解不同，结果就不一样，我们要学会换位思考，才能突破认知局限：每一件事用不同角度看，就会有不同的见解。

每个人活在世上，都不是单独的个体。在生活中，工作中，社会中，都免不了要与别人打交道。人与人必然的共生性决定了：不能总站在自己的角度想事情，要懂得换一下位置看问题。

心生怒气时，不宜武断，想想我亦如人；心生怨气时，不宜责怪，想想人亦如我。怒，缓一缓，以免误伤；怨，容一容，以免错怪。

做人要懂得换位：想要得到，就先付出；想要理解，就先包容；想要在乎，就先珍惜；想要尊重，就先看重。

与人相处，最难能可贵的是：懂得站在对方立场看问题。用自己的眼光看待别人，是人都有令我们不满意的地方；用自己的立场看待事情，凡事都有让我们不称心的一面。

超越自我，从对方去看，就能反观，从整体去看，就能全观，就能不断提高认识的全面性；为对方去做，就能合作，为集体去做，就能共和，就能不断提高实践的全面性。

第四十八章　为道日损方入胜

【原文】

为学[1]日益[2]，为道[3]日损[4]。损之又损，以至于[5]无为[6]。无为而无不为：取天下常[7]以无事[8]，及其[9]有事[10]，不足以[11]取天下[12]。

【译文】

做学问讲究日日进益，修道讲究日甚一日的超越小我。超越之后再超越，直到不为私利而为的境界。不为私利而为就没什么事不能办好。治理国家应当不折腾，一旦折腾起来，那就难以取得国民的拥护了。

【注释】

1. 为学：求学。

2. 益：进益。

3. 为道：修道和行道，这里侧重修道。

4. 损：清除、超越。

5. 以至于：直到。

6. 无为：非为私利而为。

7. 常：按常理、应当。

8. 无事：不惹事、不折腾。

9. 及其：一旦。

10. 有事：没事找事。

11. 不足以：难以。

12. 取天下：拥有国家政权、得到百姓拥护。

【解读】

本章讲知“道”之知。

求知，有为学和为道两种办法。修学的人，知识要逐渐增加；而修道的人，就要逐渐减少自私意识，甚至自我意识。

人有分别心和局限性，这会成为修道进程中难以摆脱的累赘。“学”是客体性认知，“道”是主体性认知，如果不削减自己的主体性就会排斥对方的主体性，所谓的修道就只能沦为修学。

自然充分共和，普遍公平，完全没有分别心，即私心，没有局限，因此拥有绝对的真理、真相和真知。人要想追求这“三真”，就必须学习自然的大公无私的精神，不断减少主观偏见、个人成见和思维陋习。

任继愈认为：“老子承认求学问，天天积累知识，越积累，知识越丰富。至于要认识宇宙变化的总规律或是认识宇宙的最后的根源，就不能靠积累知识，而要靠‘玄览’‘静观’。他注重理性思维这一点是对的，指出认识总规律和认识个别的东西的方法应有所不同，也是对的。”

光用理性思维看待道，恐怕还不行，还要用“德性思维”看待道。道，无论天道、人道，都是公道。道德的高贵在于扬弃私心而择取公心。“为道日损”，损的是鸡毛蒜皮等遮蔽真相的假象，损的是私心杂念等妨碍公心的偏心。

修学是对象化认识，是对客体以及主客体之间的关系的认识；修道是一体化体会，是对主体以及主体之间的关系的体会。学追求的是事实，道追求的是认同。道在主体间的传播方式是感化，以主体为中介；学在主体间的传播方式是传授，以传媒的中介，前者比后者困难，复杂。

“为学日益”是不断铺路搭桥以便接近事实的方法，“为道日损”是不断消解私心以便开通公心的方法——“损之又损”，以至于公心，“以至于无为”。

为道的目的，一是修心，一是修行，心为行主，修心为先，修得了公心，才可望“公行”。无为即无我之为，相对的无为是相对无我之为，包括没有过度的自我的为，即本分之为。

为道日损，减损私欲以便为公心腾出地盘，私欲损之又损，“道”便显山露水地出来了，充实了修道者的心田。

公心之为，就是无为，私心之为，就是有为；无私之为就是无为，有私之为就是有为，到底是有为还是无为，要看公私二心的比重：私多于公，就是有为；公多于私，就是无为。

公私的比重，不仅是划分“为”的标准，也是区分善恶的标准，不明白这一点就看不懂“道”，就看不懂《道德经》。

“上善若水，水善利万物而不争，居众人之所恶，故几于道”、“圣人之道，为而不争”，老子说这些话，是要世人从大处着眼，也就是从大众着眼，真诚而不是虚伪地去“善利万物”，去利他——用利他来稀释利己的比重，稀之又稀，以至于无我，那就入圣了。

利他、利众是老子的重大思想，从本体论上的无，到实践论上的无为，再到价值理论上的无我，老子哲学混溶一体，高扬“无”的旗帜，堪称“无”的哲学——即“公”的哲学。

“取天下常以无事，及其有事，不足以取天下”。无为不是什么都不做，同样，老子这里的“无事”也不是“不做事”，而是“不自私自利地做事”。“有事”与“无事”相对，就是自私自利地行事。等到人人自行其是、但求私利之时，天下就乱套了，难以收拾了，无可救药了。

可以说，修道是为了化解自己的私心，行道是为了化解他人的私心，一己一人，一外一内，全面推广公心，推行公平，推进社会的公正。

第四十九章 将心比心不私心

【原文】

圣人常无[1]心[2]，以百姓心为心。善者，吾善之；不善者，吾亦善之，德善。信者，吾信之；不信者，吾亦信之，德信。圣人在天下，歙[3]歙焉，为天下浑[4]其心[5]，百姓皆注其耳目，圣人皆孩[6]之。

【译文】

圣人通常不按照自己的心愿做事，而是以百姓的心愿作为自己的心愿。善待我的人，我善待他；不善待我的人，我也同样善待他。这就是表现在善这方面的美德。相信我的人，我信任他；不相信我的人，我也信任人。这就是表现在信这方面的美德。圣人心系天下，他洒脱自如，他用博大的公心为天下人谋福利。百姓都注目侧耳，唯他马首是瞻，圣人都以爱民如子之心善待他们。

【注释】

1. 无：不按照。

2. 心：心愿。

3. 歙：通翕，合。歙歙：无所偏执的样子。

4. 浑：兼容、公共。

5. 浑其心：使自己的心更具公心的性质、使自己的心博大、使自己的心具有兼容性。

6. 孩：孩子、儿子，这里指爱民如子。

【解读】

本章讲知心之知。

“心之官则思”，心之能则知，庄子与惠子游于濠梁之上。

庄子曰：“鯈（读 tiáo）鱼出游从容，是鱼之乐也。”

惠子曰：“子非鱼，安知鱼之乐？”

不要自以为是地揣度人，甚至不要自以为是地爱护人，因为你不是那个人，你的心不是他的心，不知道他真正需要什么，喜欢什么。因此，知人和爱人，都要设身处地，不要把所谓的知作为自欺欺人的工具，不要把所谓的爱作为强人所难的道具。

“响鼓不用重锤”，这个道理在柳宗元的《种树郭橐驼传》中得到了很好的解释。

郭橐驼，因患伛偻病而被人取名为“郭橐驼”，他是种树高手，他种树的秘诀是“能顺木之天性”。

他种的树，根舒展，培土平整并且用的是以前种过树的土，把土捣得结实。这样做了，就不再动它，不再打扰它；离开后就不再去看它——放在一边不管，像是抛弃了它们，其实是使其天性得到了保留。

这让人想到：现在有些父母对孩子“爱之太深”，“忧之太勤”，“旦视而夕抚，已去而复顾”，过度干涉，削弱了孩子发挥天性的余地。

有的孩子小时喜欢画画，父母却认为画画没有前途，逼孩子去上不喜欢的钢琴培训，认为这样就可以培养出下一个贝多芬。其实，非但培养不出贝多芬，说不定还扼杀了一个达·芬奇。

到孩子上高中面临“分科”时，父母又可能让那些喜欢文科的学生去学父母认为“有钱途”的理科，也可能让那些喜欢理科的学生去学父母认为“有仕途”的文科。如此这般，把父母的一厢情愿强加在孩子身上，使孩子的天性一天天游离，“虽曰爱之，其实害之；虽曰忧之，其实仇之。”

柳宗元在文中说“吾问养树，得养人术”，种树之人不以己心扰乱树之心，使“其天者全而其性得矣”。

与传统农业社会相比，今天社会要复杂得多，各类传媒出于商业动机，扇动种种欲望，美其名曰“多元文化”，致使“人心不古，世态炎凉”，百病丛生，物质肥胖症与精神贫血症并发。老子希望世人回头是岸——复归纯朴做孩童，而世人却顽固不化——日甚一日地异化变形为甲壳虫。

“各人自扫门前雪，莫管他人瓦上霜”，公心惨淡，私欲张狂，以一己意志为全民意志，以一方意志为双方意志，不会换位思考，不屑于换位思考，崇尚专制，无视共和，恨不能以一己之心为天下人之心，何曾想过以对方之心为自己之心？

相邻两座山，北山和南山；相似两座庙宇，北庙和南庙；两个同样老的和尚。不同的是：南庙终年香火不断，北庙冷冷清清。

北边香客宁可翻山越岭也要到南庙烧香。眼看香客越来越少，北庙老和尚坐不住了，下山、上山，到南庙去看个究竟。

两个老和尚坐在南庙外的石桌前品茶，北庙和尚道："论庙宇，北山比这儿修得要好；论诚意，我认真接待每位香客，丝毫不敢懈怠，为什么这儿香客如织，而我那边却寥寥无几呢？"

主人笑而不答，搬出签筒，说："来，抽一签。"

北庙和尚犹豫后，认真取了一支，看了，说："上签。"

主人说："再抽一签。"

对方又取一签，还是上签。

主人说："再抽。"

抽的仍是上签。

北庙和尚狐疑之后，说："怎么都是上签呢？我再抽！"一下子取了三支，仍然全是上签！

北庙和尚终于明白了，质问："全是上签！这不是愚弄香客吗？世上之事，天有阴晴，月有圆缺，事有成败，为何不按佛意如实相告呢？"

主人笑着摇头，问："香客因何求佛？"自答道："或为情所困，或为功名利禄所扰，心乱如麻，举棋不定，需要佛祖指点迷津。

一支上签，对处于灰色心境中的世人来讲，无异于一世的佛光，它带给那人的是'事能全、梦能圆'的坚定信念，求签问佛之人会因一支上签点亮心灵之灯，挣脱纷扰，轻装上阵，以足够的信心和勇气迎接生活。

心有七窍，信心作为一窍，还有什么比信心更重要呢？

世上之事本一善一恶，告诉世人摒弃恶念，一心向善，方可成全。如此而已，怎能说是愚弄呢？"

第五十章　顺道者昌逆道亡

【原文】

出生[1]入死[2]。生之徒[3]，十有三；死之徒，十有三；人之生[4]，动之于死地，亦十有三。夫何故，以其生之厚[5]。盖[6]闻善摄[7]生者，路行不遇兕[8]虎，入军不被[9]甲兵；兕无所投其角，虎无所用其爪，兵无所容其刃。夫何故，以其无死地。

【译文】

万物都在有利和不利两种环境中运动和进出。进入有利的环境的可能性大约是十分之三；误入不利的环境的可能性大约是十分之三；在人生的路途上，从不利环境中动身而转入有利环境，这种可能性也有十分之三。为什么有的人能够变不利为有利呢？是因为他顺应自然从而拥有更旺盛的生命力。你大概也听说过善于吸收生气的人，他走在路上不会遇到犀牛、老虎等猛兽，进入军阵不会遭受兵器的伤害。犀牛的角在他身上找不到攻击的地方，老虎的爪子在他身上找不到用武之地，兵器在他身上找不到可以容得下刀刃的地方。这是为什么呢？因为他身上没有可以被人利用的破绽。

【注释】

1. 生：有利、有利的环境。

2. 死：不利、不利的环境。

3. 徒：步行、运动、途径。

4. 生：生气、生命力、生存能力。

5. 厚：厚重、多、更多。

6. 盖：大概。

7. 摄：摄入、利用。

8. 兕：读 sì，犀牛。

9. 被：读 pī，遭受。

【解读】

本章讲知命之知。

任继愈说："老子认为这个世界到处埋伏着危险，生命随时受到威胁。他主张处处小心，不要进入危险范围，只有无所作为才最安全，最能保全性命。"

老子说"出生入死"，任继愈把它理解为"明哲保身"，无话可说。

老子讲过"视死如归"，那是对待必然之死的态度，这里老子主张不要轻易找死，尽量求生，这是人生路途上的生死观，权且称之为"视死如废"——不当之死属于浪费生命。

老子的生死观是自然主义的生死观：天要人死人不得不死，那就坦然接受，视死如归，回到造物主那里去；“上天有好生之德”，天要人活人不应不活，那就认真地活、公平地活、有价值地活。

李白是个道家思想深入骨髓和笔墨的自然人，他说：“夫天地者，万物之逆旅也；光阴者，百代之过客，浮生若梦，为欢几何?”他与苏轼都悟到了“人生如寄，人死如归”的真谛，因此他们活得更加从容，更加博爱，绝不是更加消极。

人有生有死，生是生气主导的运动。死是“死气”主导的运动，生气占优，整体上就表现为生产；“死气”占优，整体上就表现为衰亡。要延长、丰富生命，就需要从自然中摄取生机，避免找死，这叫“摄生”。

近代从西方翻译过来一个词，叫“卫生”，意思是保卫生命，跟老子的“摄生”差不离。只是摄生境界很高，视野很大，卫生就小多了，矮多了，大体是心理卫生和生理卫生，局限于个人，环境方面涉及的少，落实的更少。

保卫生命，消极了一点，重在防御，重在事后，重在个人。道家的“养生”就宏大多了，而且道家在养生之外，还开辟了摄生，如能把握好“摄”字，这就不止养生了。摄生体现了共生的意味——在狭义上讲，是摄入生机；在广义上讲，是与外人外物互利共生——相互依存，彼此引为生存的援手。

善于摄生者，善于趋利避害。因此，“陆行不遇兕虎，入军不被甲兵。兕无所投其角，虎无所措其爪，兵无所容其刃。”

《庄子·养生主》开篇就说：“吾生也有涯，而知也无涯。以有涯随无涯，殆已。已而为知者，殆而已矣。为善无近名，为恶无近刑，缘督以为经，可以保身，可以全生，可以养亲，可以尽年。”

晋郭象注“缘督以为经”：“顺中以为常。”督，中。庄子主张顺应自然而生。它的“养生主”三个字的意思是：养生的关键。庄子的养生之道分布在他的《养生主》《达生》《外物》《让王》《山木》《刻意》《天道》《至乐》等等篇章之中，包括两方面内容：一是“养形”，即通过摄取外在的物质来调理身体；二是“养神”，即通过内在的修养来涵养精神。

《庄子·达生》曰：“养形必先之以物，物有余而形不养者，有之矣；有生必先无离形，形不离而生亡者，有之矣。生之来不能却，其去不能止。”

养神包括“养志”，《庄子·让王》曰：“故养志者忘形，养形者忘利，致道者忘心矣。”

养形是养生的低级阶段，养神是高级阶段。庄子认为养神重于养形，精神的自由重于物质的充沛。他说：沼泽中的野鸡走十步才能吃到一口食物，走百步才能喝到一口饮水，但它并不希望被人蓄养在笼子里——虽然有吃有喝，精力旺盛，但失去了自由。

庄子的养生之道，整体来说就是顺应自然，具体来说：

一是舍私以处公，《庄子·刻意》曰：“若夫不刻意而高，无仁义而修，无功名而治，无江海而闲，不导引而寿，无不忘也，无不有也。澹然无极，而众美从之，此天地之道，圣人之德也。”

二是清静以无为，《庄子·达生》曰：“有甚忧两陷而无所逃，螴蜳不得成，心若悬于天地之间，慰昏沉屯，利害相摩，生火甚多，众人焚和，月故不胜火，于是乎有僓然而道尽。”

三是虚己以游世，《庄子·山木》曰：“人能虚己以游世，其孰能害之?”

第五十一章 道生还以德育之

【原文】

道生[1]之，德畜[2]之，物[3]形[4]之，势[5]成之。是以万物莫不[6]尊[7]道而贵[8]德。道之尊，德之贵，夫[9]莫之命[10]而常[11]自[12]然[13]。故道生之，德畜之；长[14]之育之；成[15]之熟[16]之；养之覆[17]之。生而不有[18]，为而不恃[19]，长而不宰[20]。是谓玄德[21]。

【译文】

道生成万物，德养育万物；万事万物具有自身的形态，所处环境造就它们的发展变化。因此，万事万物都遵从道而且重视德。世人对道的至尊地位的认可，对德的高贵地位的认可，并没有谁命令他们这么做，他们却普遍而自然地这么做。他们的这种自觉就来自道和德，所以——道生成他们，德养育他们：掌管并教育他们，成全并考验他们，滋养并守护他们。生成但不占有，提供过服务但不倚仗这些付出而索取私利；

掌管但不主宰，这就是完美的美德。道之所以被尊崇，德之所以被珍贵，就在于道生长万物而不加以干涉，德培育万物而不加以主宰，顺其自然。因而，道生长万物，德养育万物，使万物生长发展，成熟结果，使其受到抚养、保护。生长万物而不据为己有，抚育万物而不自恃有功，导引万物而不主宰，这就是奥妙玄远的自然之德。

【注释】

1. 生：生产、生成。
2. 畜：养育。
3. 物：事物。
4. 形：形态、形成自身的形态。
5. 势：形势、环境。
6. 莫不：都。
7. 尊：尊崇、遵从、至尊地位。
8. 贵：重视、高贵地位。
9. 夫：语气助词，无实意。
10. 莫之命：没有谁下达号令。
11. 常：普遍。
12. 自：自然。
13. 然：这样。
14. 长：掌管、管理。
15. 成：成全。
16. 熟：成熟、通过锻炼或考验使之成熟。
17. 覆：覆盖、卵翼、守护。
18. 有：占有。

19. 恃：仰仗。

20. 宰：主宰、越俎代庖。

21. 玄德：完美的美德。

【解读】

本章讲道德之育，本单元讲“育”。

德，心境之道是也。天之德，天心之道；人之德，人心之道。道德二者本是同一个东西，只因其所在之境而被人分别也。

道德二者皆随境界之大而大，随境界之高而高。德，随心灵之深而深：在天之德深且大于在人之德，在人性之德深且大于在人心之德，在人心之德深且大于在人的行为中所展现的德。

德之先后，德之保真度，二者也大概依照天、性、心、行，等而下之。

天有好生之德，人有好杀之心，朋友把他的亲身经历告诉我，说：

我路过一家没有招牌的鸟店，看到三只白面鹡鸰被关在笼里待售。老板看出我有买意，过来搭讪：“不容易呀！我爬到两千公尺的深山布网，守候一整天才抓到的！”

我斜视他一眼，说：“抓它们干吗！叫声不好听，长相也不奇，知道是什么鸟吗？”

“我卖鸟、抓鸟少说也有十年了，怎会不知？是白面鹡鸰！”

“既然知道是野生白面鹡鸰，也没有观赏价值，你一只要卖多少？”

“三千！”

“三只三千？”我有点不相信自己的耳朵。

老板急眼了，“一只三千！”

“一只三千？简直是敲竹杠！谁会买这种鸟，你卖得掉？”

“卖得掉！因为有你们这种爱放生的人。”

既然天有好生之德，就不会对愚人和恶人的好杀之心坐视不理，天网恢恢，天道好还：一是以其人之道还治其人之身；二是通过“反者道之动”的形式——比如好生之人对好杀之人的纠正。这种纠正可以通过纠正其人的方式，也可以通过纠正其行的方式，后者包括制止恶人的恶行，也包括利用善人的善举。

《小狗待售》的故事就体现了善人之善行冥冥之中对恶人的恶行的补救：

宠物店挂了张“小狗出售”的牌子，有个小男孩走进店里询问：“要多少钱才能买到小狗？”

老板回答：“从 30 到 50 元不等。”

小男孩伸手掏口袋，掏出的只是些零钱，说：“我只有二块三毛七，我能看看小狗吗？”

老板吹了声口哨，走道那端跑来一只狗妈妈，后面跟了 5 只毛茸茸的小狗；前面 4 只跑起来像是会滚动的球，但最后一只却一跛一跛的。小男孩一眼就看上那条跛行的小狗，指着问：“这只小狗怎么啦？”

老板解释，这只小狗后脚残缺，这辈子注定要当跛脚狗。小男孩听后兴奋异常：“我就要买这只。”

老板开口了：“这只不必买，你若真想要，送你好了。”

这话却让小男孩十分不悦，他直视老板，说：“我不要你送，这只小狗和其他小狗一样值钱，我会付足价钱买下。我现在只能给你二块三毛七，但以后每个月我会给你五毛，直到把钱付清。”

老板摆摆手：“你何必买这只小狗呢？它又不能像其他小狗一样陪

你跳，陪你玩。”

小男孩弯下腰，拉起左边裤管，露出严重扭曲畸形的左腿，抬头看看老板，轻声说：“我自己也跑不快，这只小狗正好有个同病相怜的主人。”

第五十二章　透过现象看本质

【原文】

天下有始，以为天下母。既[1]得[2]其母，以知[3]其子，复守其母，没身不殆[4]。塞[5]其兑，闭[6]其门，终身不勤[7]。开其兑[8]，济[9]其事，终身不救[10]。见小[11]曰明[12]，守[13]柔曰强。用其光，复归其明，无遗[14]身殃[15]；是为袭[16]常[17]。

【译文】

天下万物都有始作俑者，这个始作俑者充当着万物之母。已经找到了万物之母，就可以从这个层面来理解万物。万物如能回归并恪守其存在于母系统中的统一性，就终身都不会有危险。堵塞私欲的出口，关闭私心的大门，终身都不用担忧。反之，洞开私欲的出口，专门把心力放在促成自己的私事上，那就一生都会处于无可挽救的境地。能看清细微之处才称得上明，能恪守柔弱终胜刚强之道才真正称得上强。承接天道的光辉，沿着天道的光线，以此为导向，这样，即便一时偏离了正道，也能重新回到道的光明之中。这样，就不会自己给自己留下灾祸。以上所说，说的就是由浅入深、透过现象求本质的过程和方法；说的就是由小入大、克服片面性实现全面性的办法。

【注释】

1. 既：既然、已经。
2. 得：找到。
3. 知：理解。
4. 殆：危险、困局。
5. 塞：堵塞。
6. 闭：封闭、关闭。
7. 勤：担忧。
8. 兑：口。
9. 济：成就、促成、追求。
10. 救：挽救。
11. 小：细微。
12. 明：深刻的认识、本质的认识、现象与本质的统一。
13. 守：恪守。
14. 遗：遗留、留下。
15. 殃：灾殃。
16. 袭：承袭、抓住、透过现象求本质、超越片面求全面。
17. 常：全面、全面性。

【解读】

本章讲共济之育。

上一章讲最大的母系统对其中成员的保育，这一章是讲一般母系统对其成员的保育。

互助互爱是人类各级系统共同的保育方式，共同体对成员的保育说到底还是通过成员之间的互相保育来实现。保育有所谓的自保、互保和共保三种形式，归根结底只是一种形式，就是互保。

所谓自保，形式上是单方面的自我保育，实质上是单方面的自我保育的互换，它是互保的分解形式，是互保的一个环节。

如果没有双方的自保的交换，单纯的自保就必然陷入各自为战和时刻作战的困境，就难以应付集合力量的入侵或持久的入侵。互保是自保的必然发展，是双方的必然选择。

互保是共保的简单形式，共保是共同体对其成员的保育，母系对子系的保育就属于共保，天对人的保育是共保的至大境界。

社会人要么拼命去竞争，要么认命过一生，也许这都不是共赢模式，而是独赢模式。与不公平竞争一样，自甘堕落式的认命也有损公平，团结合作，通过成员间以及公私之间的公平来实现公平，是高效而靠谱的公平。

如果没有公心，互助就不能实现，共同体也会异化为压迫工具。建立互助的人际关系，建立共和的共同体，是人类最大的庇护之所在。

爱情是爱人的同盟，家庭是家人的同盟，友情是友人的同盟，国家是国人的同盟，这些同盟应有的功能是保育成员，倡导互助，反对互害。

如果没有合作，只有人人自保，那么只能人人自危，把自由、精力消耗在狭小的自我上面，而且往往还力不从心。专制的历史是集体公心异化为集体私心的历史，专制的国家是保育机制异化为掠夺机制的国家。

人类的潜能既在个人当中，又在人与人之间，人类的大敌是：彼此之间缺乏信任和帮助，沦为一盘散沙，容易各个击破。社会黑恶最大的用武之地是社会冷漠，爱的反义词也许不是恨，而是冷漠，冷漠分化了团结，助长了黑恶。如今教育的失败，败在不讲共和只讲“动物主义”的“适者生存，优胜劣汰”，败在乱讲“存在的就是合理的”。

单纯利他的人是圣人，社会不全由圣人组成，更多的是常人，因此，良性的社会不依赖圣人，依靠的是合作共赢——既利人又利己的方式，即“公”的方式，或者说共和的方式。

共同体是共和的一个环节，一个要素。人人为我，我为人人，这就是对共和最为直观和通俗的解释。人不能不生活在群体之中，问题是，群体必须具备共和性质——就像不能没有法治，问题是，法治必须具备民主性质。

民主就是全民做主，就是让尽可能多的人做主，因为尽可能多的人的合意就是最大的公意。民主的本质是：让最大的公心做主，以最大的公道作为准则。

优良的社会规则应当就是共和以及对共和的细化，这种立足于公的规则，正大光明，无须遮掩，没有隐性成本，是最靠谱，也是最便宜的规则。

明规则异化为潜规则的社会，扭捏人性，剥夺自由，限制创造，破坏公平，是恶的得逞，是善的愤懑，是一刻也不必存在的规则和社会。

潜规则是阴暗的，它处于阴暗的心理，用于阴暗的角落，玩弄它的人，貌似强大、幸福，实际上诚惶诚恐，备受良心的煎熬，备受公道的威慑。

共同体是人类的保育园，建立在公心的基础上，互助互爱既是人际互保的正道，也是共同体的凝聚力的唯一来源。唯我独尊者，失道寡助；爱人如己者，得道多助。“助”就是人类各个层次、各种方式的保育的精髓。

第五十三章　世人多喜走捷径

【原文】

使我介[1]然有知，行于大道[2]，唯[3]施[4]是畏[5]。大道甚夷[6]，而人好[7]径[8]。朝甚[9]除[10]，田甚芜[11]，仓甚虚。服[12]文[13]采[14]，带利[15]剑，厌[16]饮[17]食[18]，财[19]货[20]有余，是为盗夸[21]。非道也哉。

【译文】

让我拥有大知的原因，是因为我不在大道之外行走，是因为我特别畏惧罪孽。大道非常平坦好走，但是有些人偏偏喜欢走所谓的捷径。朝廷授予了过多的官职，因此田野里的庄稼地大片大片地荒芜，农家的粮仓因此普遍空虚。穿着修饰着华彩的衣服，佩戴着锋利的宝剑，吃的喝的都很挑剔，财宝和货物用不完，这种人其实是强盗头子。这太不符合道了呀！

【注释】

1. 介：大。

2. 大道：大境界中的道、天道。

3. 唯：唯独、特别。

4. 施：被判有罪。

5. 畏：畏惧。

6. 夷：平坦。

7. 好：偏好。

8. 径：捷径。

9. 甚：过度。

10. 除：拜授官职。

11. 芜：荒芜。

12. 服：穿衣。

13. 文：修饰。

14. 采：彩绘。

15. 利：锋利。

16. 厌：嫌弃、挑剔。

17. 饮：喝的。

18. 食：吃的。

19. 财：财富。

20. 货：货物。

21. 盗夸：强盗头子。

【解读】

本章讲人为之育。

上一章立足相互性讲“育”，这一章立足个体性讲“育”；上上一章基于有德讲“育”，这一章基于“失德”讲“育”。

前些年一段时间失德现象比较严重：人与人之间，缺乏诚信，少有信仰，甚至没有底线，强权、特权、霸权，权权交易、权钱交易、权色交易，时有发生。

道德沦丧就像滑了坡的泥石流，以惊人的速度崩溃、下滑，究其原因，主要有三：

一是物欲泛滥成灾。一味地强调经济建设，容易导致精神文明失重；一味地强调让一部分人先富起来，容易导致社会的不公；提倡黑猫白猫论，也容易导致一些人不择手段，沦落在欲望的世界欲罢不能。

“干得好不如嫁得好”，女生大学毕业不找工作，先找老公；找老公不看年龄，只看金钱——“宁在宝马车里哭，不在自行车上笑。”

二是不公扭曲信仰。竞争机会及其成功率受制于社会背景、社会关系，而不是付出的勤奋和智慧；权利分配失衡，社会竞争不在同一起点，不在同一跑道，不用同一规则。取缔竞争和制造不公平竞争，把社会竞争逼入了恶性竞争的死胡同，极大地破坏了国人对公平的信仰。

三是教化苍白无力。现实是最大的课堂，生活是生动的教材，当人们看到大量的国家财富被以“改革”的名义装入个人腰包时；看到大量违法犯罪能用金钱摆平时，难免不去追随。

好在以习近平同志为核心的党中央敢于啃硬骨头，敢于涉险滩，敢于动“奶酪”，敢于打攻坚战。以壮士断腕的勇气、凤凰涅槃的决心，敢于向积存多年的顽瘴固疾开刀。

主流媒体务必起到高尚价值观的倡导作用，不能有意无意地灌输“金钱至上”。当那些急功近利、蓄意炒作、投机钻营等行为缺乏正面、有效、强力的反驳和谴责时，就会有恃无恐，败坏世风。

道德重建要着眼心灵，着眼公平，首先是立法公平，其次是执法公允，第三是有恶必除，第四是人人喊打，最后是信仰公道。

维护公平是道德建设的外在手段，信仰公平是道德建设的内在手段。公心是道德的根系，公利是道德躯干，奉公的言行是道德的枝叶。让投机取巧者血本无归，这是道德建设最简单易行的切入点，司法体系应为先行者，以此带动和支持民间的自主评选，让公平无孔不入。

西奥多是英国一家百货公司的人事主管，一次招聘业务员，杰克和约翰入选。

因为只能招一人，如何取舍，西奥多想了个办法，说："从现在起，我每天会给你们10位客户的资料，你们分别去向其中5人推销产品，看最后谁的业绩好。"

西奥多准备好客户名单，两人随机拿走5份离开了。

几天后情况有了变化：杰克总是提前5分钟来挑走5份。

半个月后，杰克再来找西奥多领资料时，却被告知："我已录用约翰了。"

杰克很意外，问："我的业绩比约翰多好几倍，为什么不留下我？"

西奥多说："我给你们的资料都是精心准备的，有一半客户就在公司附近的写字楼上班，这些人薪水高，购买力强，而另一半多在郊区，收入较低。你很聪明，每天挑出购买力强的客户，而把难题留给约翰。"

杰克听完，只好悻悻离开。

第五十四章 心体力行能推广

【原文】

善建[1]者不拔[2]，善抱者不脱[3]，子孙以祭祀[4]不辍[5]。修之于身[6]，其德乃真[7]；修之于家，其德乃余[8]；修之于乡，其德乃长[9]；修之于邦，其德乃丰[10]；修之于天下，其德乃普[11]。故以身观身，以家观家，以乡观乡，以邦观邦，以天下观天下。吾何以知天下然[12]哉？以此。

【译文】

善于建树的人无须拆迁；善于抱持的人不会脱手；子孙万代的人都应牢记天人合一的理念并践行不止。身体力行地修道，对道的体验才真切。修道并德化整个家族，美德就不局限于自身，就能由此及彼。修道并德化整个家乡，美德就能传到远处。修道并德化整个国家，美德就能盛行。修道并德化整个天下，美德就能遍行于世。所以，通过一个人的德行可以感知他的德性，通过一个家族的德行可以感知它的德性，通过一个乡里的德行可以感知它的德性，通过一个国家的德行可以感知它的德性，通过全天下的德行可以感知它的德性。我是凭什么知道全天下的情况的呢？就是用这种由行到心、由小到大的方法呀。

【注释】

1. 建：建树。
2. 拔：拔出、拆迁。
3. 脱：脱手。
4. 祭祀：祭祀天地，比喻天人合一。
5. 不辍：不断、不忘。
6. 身：亲自。
7. 真：真切。
8. 余：不局限于……就……来说是有所多余的。
9. 长：长远、远处。
10. 丰：丰盛、盛行。
11. 普：普遍。
12. 然：样子、情况。

【解读】

本章讲德者之行。本单元讲“行”。

天下有形之物，建在外面，很容易被拔掉；抱在手中，很容易脱落，但道德是无形的，建立在人们心中，难以拔掉或脱落。所以，善于建设的人，把道德建设作为一切建设的基础，总是从道德的高度去建设，以合乎道德的方式去建设，如此，立业、立功和立言，就有了深入人心的正当性和号召力，就有泽被后世、功在当代的持续性和公平性。

修德于心，行德于行，修心之利，利在一人，修行之利，利及他人，德化之利，利在众人。德化范围越广，得益之人就越多，因此，老子说："修之于身，其德乃真；修之于家，其德乃余；修之于乡，其德乃长；修之于邦，其德乃丰；修之于天下，其德乃普。"

儒家经典《大学》的"八目"是格物、致知、诚意、正心、修身、齐家、治国、平天下，也是沿着从心到行，从一己之身到天下的路径来推广的。道家与儒家在修身问题上不尽相同，但都认为"立身处世"的根基是"修身"。

老子的修身，是为充实自我，扩大自由，顺应自然，求得个人与他人、与社会、与自然的和谐，关键在"和"；而儒家的修身，是为克制自我，加强约束，脱离自然，求得个人与他人、与社会、与国家之间的秩序，关键在"序"。

第五十五章　可拿赤子打比方

【原文】

含德之厚，比于赤子[1]。毒虫[2]不螫，猛兽不据[3]，攫[4]鸟不搏，骨弱筋柔而握固。未知牝[5]牡[6]之合而峻[7]作，精之至[8]也。终日号而不嗄[9]，和之至也。知和[10]曰常[11]，知常曰明。益生曰祥，心使气曰强。物壮则老，谓之不道[12]，不道早[13]已[14]。

【译文】

道中所含的德，它的丰厚，可以用刚出生的婴儿来比喻：害虫不螫他，猛兽不抓捕他，掠食的猛禽不搏击他。他的筋骨柔弱，但拳头却握得很牢固。他虽然尚不知男女交合之事，但他的小生殖器却高高勃起，这是因为精气非常充沛的缘故。他整天啼哭，但嗓子却不沙哑，这是因为和气非常淳厚的缘故。懂得对立双方的统一叫作“常”，懂得全面性叫作“明”；有利于生存叫作“祥”，心气由心主使叫作“强”。事物越接近强壮就越接近衰老，我们把过快的这种接近叫作背道而驰，背道而驰就会提早灭亡。

【注释】

1. 赤子：刚出生的婴儿。
2. 毒虫：有毒的害虫。
3. 据：抓捕。
4. 攫：攫取、掠食。
5. 牝：读 pìn，雌性生殖器。
6. 牡：雄性生殖器。
7. 峻：高大。
8. 至：很。
9. 嗄：读 shā，声音嘶哑。
10. 和：对立面的统一。
11. 常：全面性。
12. 不道：背道而驰。
13. 早：提早。
14. 已：终结、死亡。

【解读】

本章讲“弱者”之行。

《孟子·离娄》曰：“大人者，不失其赤子之心者也。”

老子偏爱赤子，《道德经》八十一章中多次渲染赤子，以其作为纯、真、朴、净的象征，作为元气的化身，作为返璞归真的原型，作为亲近自然的样板。

第十章问："专气致柔，能如婴儿乎?"

第二十五章说："我独泊兮，其未兆，如婴儿之未孩。"

第二十八章曰："为天下谿，常德不离，复归于婴儿。"

第四十九章说："百姓皆注其耳目，圣人皆孩之。"

第五十五章说："含德之厚，比于赤子。"

基于削弱逞强和自大的需要，老子推崇"柔""弱"，因此表扬水和婴儿，它们是柔弱的典范。

老子在第二十五章说"人法地，地法天，天法道，道法自然"，"道"效法自然的什么呢？老子的回答是——"含德之厚，比于赤子。"

赤子柔弱，所以别的东西也不和他斗，因此有"蜂虿虺蛇不螫，猛兽不据，攫鸟不搏"之说。

赤子"专气致柔"，柔到了最柔弱之人的程度。赤子就是刚出生的婴儿，全身是红彤彤的血色，所以叫"赤子"。

守柔示弱就是让，让是让利于人，是利人的一个方面，另一个方面是主动的利人。主动利人是有为的利人，是小利；让人是无为的利人，是大利。

做人需要摆平利己和利人的关系，需要主动利人，更需让人。婴儿没有自我意识，没有人我之分，甚至没有是非、善恶的观念。坏人好人逗他，他一样都笑。

婴儿与自然融为一体，没有人己之分，所以外物也不大伤害它。现实之中就有蚊虫不叮、虎狼不吃的例子，由这些特例，老子看出了纯真的自然的类似德能。从赤子推知天道之德能，以赤子说明天道之德能，是老子的一条思维路线。

老子的语意重心不在“虎狼到底会不会吃赤子”，而在于说明天道与赤子一脉相承的德能，意在为世人修行提供路径。关于为道，老子提供的宏观路径是：天人合一，具体一点是以公制私，再具体一点是守柔示弱，再具体一点就是共赢和利他。网上有一篇《老子的利他精神》，是这样说的：

勇于退，是爱人；安于分，是公正。

人生一世，把人做好才是关键。人人都做好了人，“人和”的境界就不请自来了。

万事让一分，不吃亏，退一步，没坏处。

真正的德者，在半醉和半醒之间，在退让所让之侧，在宽容所容之中，把退让看成一种善举，把宽容当成一种修行。

生活中，什么人都有，能让一步就让一步，能退一步就退一步，退一步就是一次升华，让一步就是一次扩大。古人说得好，“处世让一步为高，待人宽一分是福”，勇于让步，是让对方免蹈凶险，是为自己深耕福田。

争与斗，有时是难免的，可免的是过度。人都有欲望，当两个人的欲望发生碰撞的时候，难免争来争去，甚至头破血流，此时真正出来和解的，是让步。单方让步，分出智愚，双方让步，形成共和。

退与让，都是另一种进步。颜回是孔子最好的学生，《论语》中称赞他“犯而不校”，受到别人的冒犯也不计较。

心宽一尺，路宽一丈，敞开心胸善待外人，你的人生道路会更加宽广和顺畅。老子曰：“水善利万物而不争”，“唯其不争，故天下莫能与之争。”

勇者之勇，在乎示弱隐强，主动退让，让出地盘，让出机会，甚至让出到手的利益，帮助他人达成目标。

高人之高，不是争来的，是让来的，是利他精神修成的正果；正人之正，不是自封的，是公认的，是共赢精神修成的正果。

去搀扶别人吧，其实别人也搀扶着你，两个人就像是两个人的共同体的两条腿，两条腿走路，可以走得更稳，更远。

第五十六章　明人不用费口舌

【原文】

知[1]者不言，言者不知。挫[2]其锐[3]，解[4]其纷[5]。和[6]其光[7]，同[8]其尘[9]，是谓玄同[10]。故不可得[11]而亲[12]，不可得而疏[13]；不可得而利[14]，不可得而害[15]；不可得而贵[16]，不可得而贱[17]。故为[18]天下贵。

【译文】

明白人不多说，说废话的人不明智。天道在其所经之处，用自己的锋芒消磨那里的锋芒，用自己的缤纷和解那里的缤纷，用自己的光线柔和那里的光线，用自己的飞尘协同那里的飞尘……这就叫无所不可同之同。可见：不能因为一己利益而偏爱，不能因为一己利益而刻意疏远；不能因一己考虑而偏袒，不能因一己考虑而损害无辜；不能因一己好恶而奉承，不能因一己好恶而鄙薄。可见，如能克服一己私心的种种表现，就能被全天下人尊重。

【注释】

1. 知：明白、明智。

2. 挫：摧折。

3. 锐：锐利、锋芒。

3. 解：解决、和解。

4. 纷：纷乱、缤纷。

5. 和：调和。

6. 光：光线、光芒。

7. 同：协同。

8. 尘：飞尘。

9. 玄：玄妙。

10. 玄同：无所不同之同、无不可同之同。

11. 得：自得、自利。

12. 亲：亲近、偏爱。

13. 疏：疏远。

14. 利：偏袒。

15. 害：损害。

16. 贵：奉承。

17. 贱：鄙弃。

18. 为：被。

【解读】

本章讲知者之行。

知私是小知，知公是大知。大知者方可谓知者，知者之行，在乎共赢。

共赢精神源于道家，流传于中华文明的历史，在专制时代蒙尘，在共和时代大放光芒。

共赢是自私最好的反义词，是深入思考、深入研究和深入实践得出的科学理论，它敬畏自然、顺应自然，承载梦想、成就大我、造福人类。

专制的历史就是独赢的历史，它是一部苦难史：人类苦难的根源是人的自私和贪婪，只有人人崇尚共赢，才能把自己和他人从苦难中解放出来。

自我共赢，就是身心俱赢；人际共赢，就是人我共赢；公私共赢，就是个体与集体共赢；家国共赢，就是小集体与大集体共赢；社会共赢，就是社会公正；国际共赢，就是国际共和；历史共赢，就是统筹过去、现在和将来。且看《蜥蜴和蝎子的共赢之道》：

南非的沙漠里，干旱缺水，酷热无比，动物们各逞其能，躲避毒日的炙烤。

蜥蜴的办法是挖洞，它们并不盲目地蛮干，把洞挖得又深又长，而是只比自身稍长一点，以阳光照不到为止。不过，进洞后就是死穴，一旦有人来捉，将手伸入洞口，轻易就能得手，想跑都跑不掉。

黑蝎子没有蜥蜴打洞的本事，不过，它也有躲避烈日的办法：它爬进蜥蜴的洞，就栖息在蜥蜴头部——洞口附近。

蝎子侵犯了自己的领地，蜥蜴却不驱逐，也不吃掉，因为，自从蝎子来到之后，洞口就有了个荷枪实弹的哨兵，再也没人敢来捉蜥蜴了。

剧毒的黑蝎子，对趴在身下的美味也不冒犯，它知道：如果蜇死了蜥蜴，谁来给自己挖洞呢？

第五十七章　顺天和人不多事

【原文】

以正[1]治国，以奇[2]用兵，以无事[3]取天下。吾何以知其[4]然[5]哉？以此：天下多忌[6]讳[7]，而民弥[8]贫；人多利器[9]，国家滋[10]昏[11]；人多伎[12]巧[13]，奇物[14]滋起；法令滋彰[15]，盗贼多有。故圣人云："我无为[16]，而民自化[17]；我好静[18]，而民自正[19]；我无事[20]，而民自富；我无欲[21]，而民自朴[22]。"

【译文】

用公道治国；以奇谋用兵；以天下为公的信条去做事，最终就能赢得天下人的心。我是从哪里明白这些话中的道理的呢？是从以下事实：天下的禁令和禁忌越多，百姓的生路就越窄，所以就越穷；国人拥有的才能或武器越多，国家就越有可能滋生思想上的混乱或社会上的动荡；人们越是有技巧或伎俩，怪异的事物就越有可能发生；法令越向显性层面发展，盗贼就越有可能规避法令，从而盗窃行为的发生几率反而就越大。因此圣人说："因为我不从自身出发去教导国民，国民反而能够自我教育；因为我不乱动，国民反而能够自我改正；因为我不去替人们做他们的分内之事，国民反而能够自己富足起来；因为我不去放纵私欲，所以国民自然就纯朴。"

【注释】

1. 正：正道、公道。
2. 奇：奇谋。
3. 无事：不从一己之需去做事、用天下为公的理念去做事。
4. 其：这些话。
5. 然：原因、道理。
6. 忌：禁。
7. 讳：避、禁忌。
8. 弥：更加。
9. 利器：锋利的武器、才能。
10. 滋：滋生、发展。
11. 昏：惑乱、混乱。
12. 伎：伎俩。
13. 巧：技巧。
14. 奇物：怪异的事物。
15. 彰：明显、显性。
16. 无为：不为或不为自己而为。
17. 化：教化、教育。

18. 好静：不喜欢乱动、克制胡作非为的冲动。

19. 正：改正。

20. 无事：不越俎代庖地做事。

21. 欲：私欲。

22. 朴：纯朴。

【解读】

本章讲无为之政，本单元讲“政”。

道家“无为而治”思想作为治国之策，对后世影响很大：

田齐的黄老之学和汉初的黄老政治都是官学、显学，用来治理国家，并成就了齐国霸业和文景盛世；

唐初把道教定为国教，垂拱而治，出现了“贞观之治”；

明初力推“休养生息”政策，出现了“仁宣之治”；

清初推行轻税减赋政策，成就了“康乾盛世”。

历史上的五大太平盛世，都是直接或间接在道家理论指导下取得的，魏徵在《谏太宗十思疏》中说：

“文武并用，垂拱而治，何必劳神苦思，代百司之职役哉？”

垂拱而治与黄老政治一脉相承，都提倡“君无为而臣有为”。唐太宗曾谈及治国体会，说：

“夫安人宁国，惟在于君。君无为则人乐，君多欲则人苦。”

唐玄宗在其亲撰的《御注道德真经》中写道：

“顺天之时，顺地之性，因人之心，是则群臣辐辏，贤与不肖各尽其用，君得所以制臣，臣得所以事君，此理国无为之道也。”

他把《道德经》列入科举考试，亲注并推广《道德经》。李唐一朝，“内用黄老，外示儒术”，唐明皇从而继承“贞观之治”的太平治世，开创“开元盛世”的太平盛世。

王莽治国是无为而治的反面典型，他尽管是一个狂热的儒家原教旨主义者，但带给百姓的痛苦丝毫不逊常见的暴君，他以瞎折腾治国。仅货币政策，他就让人忍无可忍，先后四次改革币制，掠夺民财，扰乱市场。

第一次在他即位前，下令在五铢钱之外增铸大钱、契刀、错刀。

新朝开国当年，王莽再次改变币制，废除五铢钱及刀币，另发金、银、龟、贝、铜等28种货币。币种太多，换算、流通十分不便，时人仍暗地里使用五铢钱。

为强推新币，王莽严禁私铸钱币，民间凡藏有铜、炭者，都被指为私铸货币；一家盗铸，五家连坐。

即便如此，仍无法使新币顺利流通，一年后，王莽被迫废除刚刚施行的28种货币，只留大钱、小钱两种继续使用。这算第三次币改。

第四次是在公元14年，废大、小钱，另作货布、货泉两种。

货泉重五铢，货布重25铢，货币价值的比例十分不合理。这次改革，非但没有理顺币制，反加剧混乱。

王莽频繁币改，导致物价飞涨、市场混乱、经济衰退，百姓深受其害，每一次易钱，多有人痛哭于市。

“天下多忌讳，而民弥贫”，大而言之，“天下多忌讳”就是在政治上有太多的禁忌，这也不能干，那也不能做；不让说话，不敢说话，导致物质贫困，精神更贫困。《孟子》说：

齐宣王盖了个方圆二十里的花园，百姓都抱怨太大。齐宣王便问孟子，以前文王的花园七十里，老百姓还认为太小，而现在我的花园小得多，百姓却抱怨太大，为什么？

孟子回答：文王的花园人人都可以进去游玩，而你的花园如果有人不小心伤害了一只小鹿，也要依杀人罪严惩，这样多的禁忌，等于在你的园内设下了陷阱，陷民于罪，百姓怎能不抱怨呢？

“民多利器，国家滋昏”，可用于谋取私利的工具越多，社会就越混乱；“人多伎巧，奇物滋起”，实现享乐的技巧越多，奇闻怪事就越多。这里，老子没有彻底反对物质文明的意思，他反对的是物质文明与精神文明的失衡，反对的是物质文明对精神文明的副作用。

“法令滋彰，盗贼多有”，每当一个朝代到了末世，到了乱世，法令就越来越多，越严。汉高祖入关，法律只有三条，“约法三章”，简洁明快。《史记·高祖本纪》记载：“与父老约法三章耳，杀人者死，伤人及盗抵罪。”

第五十八章　祸福相依道理深

【原文】

其[1]政闷闷[2]，其民淳淳[3]；其政察察[4]，其民缺缺[5]。祸兮福之所倚[6]，福兮祸之所伏。孰知其极？其无正[7]也。正复[8]为奇[9]，善复为妖[10]。人之迷[11]，其[12]日[13]固[14]久[15]。是以圣人方[16]而不割[17]，廉[18]而不刿[19]，直[20]而不肆[21]，光[22]而不耀[23]。

【译文】

政治清明，人民就淳朴；政治老是与国民过不去，公民就会缺失公平之心。祸是福赖以存在的根本依据，福是祸深深的潜藏之地。如果谁只知道对立面的一个方面，他就看不见事物的统一性。如果不重视统一性，统一性就可能会转身向对立性转化，善良就可能会转身向邪恶转化。人们偏执对立的一方，而且执迷不悟，这种思维习惯日复一日地强化，变得牢不可破，会长久存在。因此，圣人方正但不自命清高，所以并不与人格格不入；锐利但不伤人；直率但不放肆；光明正大但不特立独行。

【注释】

1. 其：统治者的。
2. 闷闷：无声无息、不闹腾、不折腾。
3. 淳淳：淳朴的样子。
4. 察：摩擦、冲突。
5. 缺：缺少。
6. 倚：倚仗、赖以。
7. 正：公平、统一性。
8. 复：转身、掉头。
9. 奇：对立的一方、对立性。
10. 妖：邪恶。
11. 迷：执迷不悟。
12. 其：偏执的思维惯性。
13. 日：日复一日。
14. 固：牢固。
15. 久：长久。
16. 方：正直。
17. 割：切割、划开、脱离。
18. 廉：锐利。
19. 刿：读 guì，切开。
20. 直：直率。
21. 肆：放肆。

22. 光：光明正大。

23. 耀：刺眼、特立独行。

【解读】

本章讲无私之政。

无为之治，不仅是公道之治，而且是大道之治。上一章可以视为在高大境界上讲公道治国，这一章可以视为是在相对低下的境界上讲公道治国。

《汉书》说，陈平六出奇计，助汉高祖取得了天下。建国叙功，张良、陈平、萧何力拔头等，陈平力拔头筹。萧何死后，陈平当宰相，封侯爵。《史记》记载：

陈平自言："吾多阴谋，是道家之所禁，吾世即发，亦已矣，终不复起，以吾多阴谋也。"

阴谋是阴私之谋，形式上是"阴"的，不可示人的，内容上是私的，非为公利的。陈平心知：他的阴谋不属正道，不属公道，其中不但有见不得人的勾当，而且深具自私性质——其功是一己之私功，其国乃一人之私国。

有道德、有学问、有能力，而又无心践国者，他的道德修养，反为天下所知，所敬，所托。尧、舜、禹乃至周朝的文王父子，尤其是文王，都是顺乎民心，顺乎公心而得天下的。

公心以水到渠成、自然而然的方式做事，私心以一意孤行、你死我活的方式做事——因此，无论如何都不那么服众，不那么顺利。文王三分天下有其二，仍安于臣子之分，不越轨。后来他儿子推翻商朝，也算顺势而为，替天行道。

历史上始终盛赞文王安分守常之德，他三分天下有其二，是天下归心的结果，他儿子顺利地以周代商，也是天下归心的结果，不是个人或集团的“伟光正”的结果。

“祸兮，福之所倚；福兮，祸之所伏”，冯友兰析之曰：“老子哲学中的辩证法思想是春秋战国时期社会的剧烈的变革在人们思想中的反映。在中国哲学史中，从《周易》以降，即有辩证法的思想，但用一般的规律的形式把它表达出来，这还是老子的贡献。”

无私则恩无所求，有私则功有所期；多公则多种福报，多私则多埋祸端，公心治国，不市恩义，而施恩于大治，施治于大公。此谓德治，德治者，“其政闷闷，其民淳淳”；人治者，“其政察察，其民缺缺。”

人治当中，被治者，人也；治人者，吏也。司马迁的《史记》把官吏分作两类：一曰“循吏”，一曰“酷吏”，循吏有章可循，酷吏唯酷是举。人治越细化，法网就越密织，酷吏就越多见，社会就越混乱，国家就越难治理。这一点，专制者执私而不悟，“人之迷，其日固久。”

公心之治可以跨越片面性，私心之治往往具有极端性，因此容易弄巧成拙，导致“正复为奇，善复为妖”的结局。

孙知微是北宋有名的画家，有一次，成都寿宁寺请他画一幅《九曜图》。他画好草图后，因事外出，就把弟子找来，说：“这幅画我已画得差不多了，剩下着色的工作，你们接着干吧。”

他走后，弟子忙着上色，忽然发现菩萨的童子手中拿的水晶瓶是空的，说：“老师平时画瓶，总要画一束插花，这次可能匆忙当中忘了画，我们给画上吧。”于是就在瓶上画了一枝莲花。

次日孙知微回来，看到瓶中莲花，急得跺脚，说：“《道经》说水星菩萨的水晶瓶不是插花的，是镇妖伏水的宝贝，根本没有花草。添上花，它就不是神物而是普通花瓶了，你们这是弄巧成拙啊！”

“是以圣人方而不割，廉而不刿，直而不肆，光而不耀。”圣人秉持公道，不动私心，所以不走极端。他因为为公而为中，为中在宏观上表现为为主流服务，在微观上表现为为彼此服务。他的立足点总在彼此之间，总在众人之中，有何极端可走？

第五十九章　长久之计唯积德

【原文】

治人事[1]天[2]，莫若[3]啬[4]。夫唯啬，是谓早服；早服谓之重[5]积德；重积德则无不克；无不克则莫[6]知[7]其[8]极[9]；莫知其极，可以有国[10]；有国之母[11]，可以长久。是谓深根固柢[12]，长生[13]久视[14]之道[15]。

【译文】

治理民众和顺应天道，没有比把它比作收割庄稼更合适的比喻了。正因为想有所收获，所以早作准备。早作准备就可谓是不断地积德；不断积德就没有什么不能克服的困境；没有什么不能克服就意味着他的潜能无人可以估量；具备无人可以估量的道德和能力，就可以用它去治理国家。治国者具备治理国家的前提条件，才可以用它来让国家长治久安。这就叫：拥有深埋的树根，树的基础才能牢固。以时时顺应自然的方式来延年益寿，这才是长远之计。

【注释】

1. 事：事奉、对待、顺应。

2. 天：天道、天意。

3. 莫若：没有……比。

4. 啬：读 qiáng，通穑，收割庄稼。

5. 重：重复、不断。

6. 莫：没有人。

7. 知：估量。

8. 其：潜能、能力。

9. 极：极限、限度。

10. 有国：拥有国家、治理国家。

11. 母：前提条件。

12. 柢：读 dǐ，树木的根部。

13. 长生：延年益寿。

14. 视：看情况、顺应自然。

15. 道：方式、计策。

【解读】

本章讲无害之政。

无为之政，不仅要无私，而且要无害；无为之政，不仅要合乎公道，而且要追求公益。

本章强调治国要勤勉，这里的勤，不是做事之勤，而是积德之勤。积德务勤，对应弃恶务尽，修善弃恶是德的一体两面，不可或缺。

积德虽无人见，行善自有天知。人为善，福虽未至，祸已远离；人为恶，祸虽未至，福已远离。行善之人，如春园之草，不见其长，日有所增；作恶之人，如磨刀之石，不见其损，日有所亏。

福祸无门总在心：作恶之可怕，不在被人发现，在于自己知道；行善之可嘉，不在别人夸赞，在于自心安详。

“莫因恶小而为之，莫因善小而不为”，积善要趁早，要勤，除恶要及时，要勇。

和尚上山砍柴，下山路上发现一少年捕了一只蝴蝶捂在手中。

少年说：“和尚，咱俩打个赌怎么样?”

和尚问怎么赌，少年说：“你猜我手心的蝴蝶是死还是活？猜错了，你那担柴就归我了。”

和尚同意，猜道：“蝴蝶是死的。”

少年大笑，说：“你猜错了。”把手张开，蝴蝶从中飞走了。

和尚说：“好！这柴归你。”说完，开心地走了。

少年回家，父亲问起柴的由来，他如实说了。

父亲叹道：“你好糊涂，你真以为自己赢了吗？我看你是输还不知怎么输的啊!”于是领着儿子，将柴送回寺院。

和尚点头，微笑，不语。

回家路上，父亲说：“大师说蝴蝶死了，你才放了蝴蝶，赢得一担柴；若说蝴蝶活着，你便捏死蝴蝶，也能赢得一担柴。你以为师傅不知你的算盘吗？大师输的是一担柴，而你输的是慈悲啊。”

“上天有眼，助人者天助”，无论在什么情况下，为人都不能放弃哪怕是一次微不足道的行善的机会。

上文所说的“勿以恶小而为之，勿以善小而不为”，是刘备临终前给其子刘禅的遗诏中的话，人之将死，其言也善，他真诚劝勉刘阿斗进德修业，有所作为。

凡事都要从小事做起，积少成多，也可成大；坏事也要从端倪开始防范，否则积小成大，也会坏了大事。老子说：“重积德则无不克，无不克则莫知其极，莫知其极，可以有国。”

第六十章 想捣乱都捣不了

【原文】

治大国，若烹小鲜[1]。以道莅[2]天下，其[3]鬼[4]不神[5]；非[6]其鬼不神[7]，其神不伤[8]人[9]；非其神不伤人，圣人亦不伤人。夫两不相[10]伤，故德[11]交[12]归[13]焉[14]。

【译文】

治理大国，不能瞎折腾，这就好比煎小鱼，如果乱翻乱动，那就一团糟。用大道治理天下，就连妖魔鬼怪都神气不起来；其实不是鬼魅和小人神气不起来，而是他们神气半天也没用，也败坏不了自在人心的公道。不止鬼怪的神气妨碍不了人心向道，圣人的神气也妨碍不了人与天道之间自自然然的联系。小人们和圣人们都神气不起来，都伤不了人，所以，自然之道就畅行无阻地深入人心了。

【注释】

1. 小鲜：小鱼。

2. 莅：莅临、君临、治理。

3. 其：全天下。

4. 鬼：妖魔鬼怪、流氓地痞、小人。

5. 神：神气、神通。

6. 非：不是、不仅。

7. 不神：神气不起来、丧失神通。

8. 伤：伤害、败坏、妨碍。

9. 人：人心、人心中的道德。

10. 相：二者都。

11. 德：天道、天意。

12. 交：交通、路路畅通。

13. 归：、回到、抵达。

14. 焉：这里、人心、世道。

【解读】

本章讲无邪之政。

无为之政，不仅要无私，而且要无害、无邪。无私就是不要专政，无害就是不要掠民，无邪就是不要愚民。

掠民乃害民之物，愚民乃害民之心，掠民和愚民是专政的两大手段，即专政的软硬暴力，二者是对专政的分解。

无邪之政有两重意思：一是治国者不要用邪道来瞎折腾，二是治国者不要让邪道来折腾国家社会。

《韩非子·解老》曰：“事大众而数摇之，则少成功；藏大器而数徙之，则多败伤；烹小鲜而数挠之，则贼其泽；治大国而数变法，则民苦之。是以有道之君贵静，不重变法。故曰：‘治大国者若烹小鲜。’”

以诡道治国，其道必多变。诡道阴私，无法公明正大地运用，只能暗箱操作，必须打造许许多多的暗箱，进行许许多多的操作。私心乱动，其“箱”其“作”难以通用，须因欲、因地、因时、因人而异。诡道的法律是阴谋的集中使用，其法因私而制，因私而废，朝令夕改，反复折腾。

玄学家王弼曰：“治大国若烹小鲜，不挠也，躁而多害，静则全真。故其国弥大，而其主弥静，然后乃能广得众心矣。”

相对而言，汉唐多用无为治国，明清多用有为治国，且多用诡道治国，这就是明清不逮汉唐气象的深层原因。

明朝重用诡道，史所罕见，它实行的厂卫制度，阴毒无比。当年明太祖废除宰相制就是对分权机制寥寥无几的封建专制进一步强化，君权无限膨胀的朱元璋让皇权的触角无孔不入，御前亲军变成了锦衣卫，后宫太监成了执掌锦衣卫的厂公。

厂卫清除异己，监控群僚，造成上下阿谀、彼此欺瞒、官官回护、口是心非的逆淘汰的生态；小人得志，君子退散，士风销黯，正道凌夷。待其恶性循环至极，便有崇祯敲钟呼救，却无一人再来效命，此即“诡道日久，正道荒凉”。

诡道治国，唯民国可免，帝国绝难幸免——在乎帝国之基于私也。所谓的圣君唐太宗亦用之。史书记载：

上患吏多受贿，密使左右试赂之。有司门令史受绢一匹，上欲杀之，民部尚书裴矩谏曰：“为吏受赂，罪诚当死；但陛下使人遗之而受，乃陷人于法也，恐非所谓‘道之以德，齐之以礼’。”

上悦，召文武五品以上告之曰：“裴矩能当官力争，不为面从。倘每事皆然，何忧不治！”

唐太宗选择性的钓鱼式执法，就是将兵法中的“诱之以利”用于治国，这是典型的诡道治国。

汉文帝重以道学治国，为消除国家积弊，畅通言路，果断下令废除妖言诽谤罪，《汉书》记载：

五月，诏曰：“古之治天下，朝有进善之旌、诽谤之木，所以通治道而来谏者也，今法有诽谤、妖言之罪，是使众臣不敢尽情，而上无由闻过失也。将何以来远方之贤良？其除之。”

治国者不仅要自废诡道，还要严打诡诈之人、诡诈之术。老子本章所说的鬼，其实就是社会上的害人精们，与鬼对应的是所谓的圣人，华而不实的“圣人”也是扰乱社会、惑乱人心的大害——其害更大，“流氓不可怕，就怕流氓有文化。”

第六十一章　甘拜下风才自然

【原文】

大邦者下流[1]，天下之交[2]，天下之牝[3]。牝常以静胜牡[4]，以静[5]为下。故大邦以下小邦，则取小邦；小邦以下大邦，则取大邦。故或[6]下以[7]取[8]，或下而[9]取。大邦不过欲兼[10]畜人，小邦不过欲入[11]事[12]人[13]。夫两者各得[14]所欲，大者宜[15]为下。

【译文】

国际关系中，大国应甘拜下风，不能恃强凌弱；天下事物在处理与他者的关系时，都应主动择取示弱、守柔之道。常见守柔的雌性通过以静制动的办法战胜逞强的雄性，她通过自我消解逞强之心作为践行甘拜下风之风范的首要环节。因此，如果大国对小国甘拜下风，就能成全小国的自主；小国对大国甘拜下风，就能取得大国的包容。可见：处下之策有时候是强者为了利他而刻意择取的，有时候是弱者为了自保而顺势而为的。无论用不用互相谦让的方式处理国际关系，说到底：大国想要的不过是要额外养育百姓；小国想要的不过是立足国家独立，在国家自主的基础上与外国相互服务。要想在二者的关系中各偿所愿，所谓的强大的一方应先行采取弱势地位，因为你现有的超强地位的取得也许本来就不合乎自然之道，因此你示弱的过程就是回归自然的过程。

【注释】

1. 下流：甘拜下风。

2. 交：交往、相互关系。

3. 牝：读 pìn，雌性、雌性生殖器；雌性比喻弱势的或被动的地位，雌性生殖器比喻好静守柔之器或之道。

4. 牡：雄性、雄性生殖器；雄性比喻强势的或主动的地位，雄性生殖器比喻好动逞强之器或之道。

5. 静：消解私心杂念、相对于有为的无为、相对于进击的退避、相对于所谓的动的逆向思维和逆向运动。

6. 或：有时候、有些。

7. 以：因为……、通过……

8. 取：取得、择取。

9. 而：顺势而为。

10. 兼：同时、额外。

11. 入：在国内、在国家独立和自主的基础上。

12. 事：事奉、服务。

13. 人：外国人、外国君主、外国、其他国家。

14. 得：实现。

15. 宜：适宜、应当。

【解读】

本章讲无欺之政。

本章讲的是国际政治，本单元前面几章讲的是国内政治，老子主张在国际上不仅不要称霸，而且大国要主动处下，以便形成睦邻友好的国际关系。

《道德经》的思想体系建立在“道”的形而上学基础上，由宇宙论伸展到政治论，再由政治论伸展到人生论，通过“道”把形上世界与经验世界统一起来。

本章专门讲国际关系，讲谦逊治国。如此明确地论述国际关系，在古代文献中，还是第一次。

作为大国，应像江河甘居低下之地一样，主动选择雌柔的位置。雌柔之性，静而不求，物自归之，故常以静胜动，以弱胜强——原因就在于能保持虚静而又处下的品质。

大国若能以谦下的态度对待小国，就能取得小国的依赖和支持；同样，小国若能以谦下的态度对待大国，就能得到大国的包容和保护。无论是大国得到小国的依附，还是小国得到大国的包容，最根本的条件都是谦下。虽然都要谦下，但大国由于客观上已经处于强势地位，所以应该先行谦下。

老子对国际关系的看法，一方面是基于现实：春秋末期诸侯争霸、战争频发、田园荒芜、民生凋敝，必须发出国与国之间和平相处、避免战争的呼吁；另一方面是基于“道常无为而无不为”的自然哲学，推演出“侯王若能守之，万物将自化”的政治哲学——其中最重要的价值理念，一是虚静柔弱，一是谦下包容。

老子认为：人伦关系、社会关系乃至国际关系，凡有关系者，都要遵循天道。“上善若水，水善利万物而不争，处众人之所恶，故几于道”，水是最接近天道的，水的柔弱、居下、不争、利物等特质理应为人道所吸收。

大国要像江海甘居低洼一样，自居卑下，隐忍不争，如此才能汇集天下的无限生机和力量。“大邦者下流”体现的是大国的风范，如此，大国方能使“天下乐推而不厌”。然而，现实中的一些大国却盛气凌人、称王称霸，在老子看来，这样的大国不仅不能领导世界，反而必将衰亡。

老子的谦下不争并非无所作为或自我放弃，更不是无原则的调和或逃避现实，恰恰是针对国与国、家与家、人与人之间无休止的利益争端和暴力冲突的治本之策，目的是要消弭人类由欲望膨胀和冲动而引发的矛盾、冲突乃至战争。

老子的国际关系思想，本质是公道主义。公道是老子哲学的全部内容，国际公道不过是老子的公道的一个环节，一个境遇。

1954年，中国和印度、缅甸共同倡导了“和平共处五项原则”，开创了国家无论大小、强弱、贫富，一律平等参与国际事务的新理念，成为处理国际关系的基本准则。内容是：互相尊重主权和领土完整、互不侵犯、互不干涉内政、平等互利、和平共处。

“五项原则”不仅成为中国奉行独立自主和平外交政策的基础，也被世界上绝大多数国家接受，成为规范国际关系的普遍原则。它之所以能为多国接受，就在于它抛弃了霸权思维，具备老子所说的“大者宜为下”的宽容之德。

第六十二章 顺道是个无价宝

【原文】

道者万物之奥[1]。善人之宝[2]，不善人之所保[3]。美言[4]可以市尊[5]，美行[6]可以加[7]人。人之不[8]善[9]，何弃[10]之有？故立天子，置三公，虽有拱璧[11]以先[12]驷马[13]，不如坐[14]进此道。古之所以贵此道者何？不曰：求[15]以得[16]，有罪以免[17]邪[18]。故为天下贵[19]。

【译文】

道是荫庇万物之所，它是好人的护身符，是防范坏人以保护好人的设施。好听的空话只能用来讨好卖乖，美好的德行才能完善自己和他人。人如果连良心都没有了，还能有什么好东西给别人呢？所以，在天子即位、三公授权时，常有手捧宝玉的人导引着四匹马拉的豪车来向他们献礼，进献这种繁琐又空洞的礼仪，还不如就地取材，把道进献给他们。自古以来人们都珍视道，原因何在？原因不在于：通过求道来追求私利；犯了罪才向道忏悔以求豁免罪孽。因此，修道、得道和行道之人才被天下人普遍尊重。

【注释】

1. 奥：房屋、庇护所。
2. 宝：护身符、保护所。
3. 保：保护设施。
4. 美言：好听的话、好听的空话。
5. 市尊：讨好卖乖。
6. 美行：美好的行为。
7. 加：增加、促进、完善。
8. 不：没有。
9. 善：善心、良心。
10. 弃：舍弃、付出、给予。
11. 拱璧：双手捧着宝玉。
12. 先：导引。
13. 驷马：四匹马拉的豪车。
14. 坐：就地、就地取材。
15. 求：追求。
16. 得：所得、私利。
17. 免：免除、豁免。
18. 邪：罪孽。
19. 贵：尊重、推重、仰仗。

【解读】

本章讲顺道而为，本单元讲“顺”。

《德经》主讲人道，包括三个层次的内容：一是人之为道之道，二是人之治国之道，三是人之为人之道。

上一单元就集中于治国层面，这一单元就集中于为人层面。

俗话说“放下屠刀，立地成佛”，佛教认为：人皆有佛性，作恶之人弃恶从善，即可成佛。有一则关于“德之有无，结果殊异”的佛教典故，说：

从前有个寺院，里面有个水塘，塘里有只青蛙。

青蛙每天天刚蒙蒙亮就大声鸣叫，它一叫，老和尚就把小和尚赶起来念经。日复一日，小和尚们就渐渐恨起这只青蛙来。终于有一天晚上，一个小和尚将青蛙捉住，用开水把它烫死了。

第二天，老和尚查明此事，为惩罚“杀生”的小和尚，命他自己找个山崖自行了断。

小和尚一路哭着来到山崖，正准备往下跳，赶巧有个屠夫打此路过，问：“你为什么哭得这么伤心？”

小和尚告诉屠夫，自己杀了一只青蛙，犯了不可饶恕的罪过，师父让他来这里自行了断。

屠夫心想：“小和尚只杀了一只青蛙，就不可饶恕，而我杀死的猪、羊、马、牛成千上万，那罪孽不是更加不可饶恕吗?”他猛然醒悟，对小和尚说：“小师父，你不要哭了。我的罪孽比你多得多，就让我替你去死吧!”说罢，将屠刀往地下一放，就纵身跳下悬崖。

屠夫落到半山崖，突然从天上窜下一只仙鹤，将他衔走了。屠夫由此修炼成佛，升入天堂。

小和尚见此情景，也想成佛，便照样也从崖上跳了下去。他左等右等，也没有仙鹤出来救他，就那样重重地摔死了。那山崖也被后人称为舍身崖。

佛在你心里，屠刀也是，当你举起屠刀，你只看见自己的欲望；当你放下屠刀，你才看见了自己的佛性。

小和尚看见的是功德，所以跳下去就摔死了；屠夫看见的是罪过，所以跳下去就解脱了！

第六十三章 顺势而为大有为

【原文】

为无为[1]，事无事，味无味。图[2]难于其易，为大于其细；天下难事，必作[3]于易，天下大事，必作于细[4]。是以圣人终[5]不为大，故能成其大。夫轻诺必寡[6]信，多易[7]必多难。是以圣人犹[8]难之，故终[9]无难矣。

【译文】

以不局限于自利的方式去作为，以不局限于具体事物的方式去做事，以不局限于具体味道的方式去体味。促成难事要从它相对容易的环节入手，做成大事要从它的细节入手。天下的所谓难事，它的始作俑者通常是相对容易的事情。天下的所谓大事，它的始作俑者往往只是小事。因此，圣人不会等到事情已经复杂化了的时候才做，所以能够成就大事。可见：轻易地许诺，其中一定少有诚信；凡事都掉以轻心，最终必然难以处理。所以圣人辩证地看待和处理困难，因此，从根本上说，就没有什么能难倒他了。

【注释】

1. 无为：以不局限于自利的方式作为。
2. 图：促成。
3. 作：形成。
4. 细：小。
5. 终：事物已经复杂化的时候。
6. 寡：少、少有。
7. 易：掉以轻心、藐视、轻视、盲目乐观。
8. 犹：还、全面地、辩证地。
9. 终：终究、从根本上。

【解读】

本章讲顺势而为。

不要逆势而为，这是顺势而为显而易见的含义；深层含义是：有势必顺，而且要及时顺应。

事物的发展，必有一个量变到质变的过程，“一口吃不成个胖子，饭要一口一口地吃”，凡事要循序渐进，不能急躁冒进。顺势而为之“势”，就是当为则为之“当”，形势所迫，必当为之，不可拖延。不要让形势所迫之“迫”过大，这才是对“顺势而为”最到位的理解。

“图难于易，为大于细”这两个成语是老子的首创，司马迁援引它来评价留侯张良，并作为《留侯世家》这篇文章的主线。

鸿门之宴，张良利用项伯化解了一次全军覆灭的危机，可谓“图难于易”；“明修栈道，暗度陈仓”，转移项羽注意力，使刘邦得以在巴蜀养其羽翼，为逐鹿中原奠定了坚实的基础，可谓“为大于细”。

“图难于易，为大于细”是顺势而为的积极姿态和及时动作，具有广泛的借鉴意义。

楚汉相争而建立起来的西汉政权，面对的是民生凋敝、民心不安，为巩固政权，萧何实行“休养生息”之策，体现了成熟的政治家的顺势而为，及其对把握时机的灵敏度。

有位根雕高手，人们问他：“你雕什么像什么，每件作品都栩栩如生，你是怎样做到的？”

“恰恰相反，我不是雕什么像什么，而是像什么就雕什么。”大师纠正说，“原料像猴，我就把它雕成猴；原料像虎，我就把它雕成虎，我只是做了一些顺势而为的事罢了。如果不顾原料的原形和原貌，刻意而为，那么雕出来的必定是次品、残品和废品。”

“大处着眼，小处着手”，不要眼高手低，好高骛远。

从前有只不安分的猴子，非常羡慕飞在天上的鸟，总想自己也能在蓝天上飞翔。一天，猴子在树上遇到老鹰，苦苦哀求：“鹰大哥，求求您教我飞行的本领吧。”

“太荒唐了。”老鹰劝道，“你们猴子本来就该在地上生活，没有翅膀是不能飞的。”

“可我最大的心愿就是飞上天，哪怕一次也行！”

老鹰只好用爪子抓住猴子，把它带到天上。猴子梦想成真，得意忘形，大声嘲笑不会飞的同伴。

这让老鹰十分恼火，恼怒当中，无意就松了爪子，猴子就跌落在岩石上，摔了个粉身碎骨。

第六十四章　未雨绸缪上上策

【原文】

其[1]安易[2]持[3]，其未[4]兆[5]易谋，其脆易泮[6]，其微易散。为之于未有，治之于未乱。合抱之木，生[7]于毫[8]末[9]；九层之台，起于累[10]土[11]；千里之行，始于足下。民[12]之从事，常[13]于几成而败之。慎终如始，则无败事。

【译文】

安定的局面其实并不难维持，变局的细小征兆刚刚出现时是不难谋划对策的。事物脆弱时容易消解；事物细微时容易散失；做事情要在它尚未发生以前就预防或预备；维持太平世界要在叛乱还没有发生的时候就着手应对。合抱的大树，是从细小的锯末一点点生长起来的；九层高的高台，是用尘土一层层累积起来的；千里的远行，是从脚下的第一步开始走出来的。常人做事，其中的失败当中，不乏是在快要成功时却功亏一篑的例子。如果事情快要完成时，也还能够像开始时那样慎重，就没有办不成的事。

【注释】

1. 其：代指局面。
2. 易：易于、不难。
3. 持：维持。
4. 未：细小的。
5. 兆：征兆。
6. 泮：读 pàn，消解。
7. 生：生长。
8. 毫：细小的。
9. 末：粉末、锯末。
10. 累：层层累积的。
11. 土：尘土。
12. 民：普通人。
13. 常：经常、屡见不鲜、不乏。

【解读】

本章讲顺序而为。

顺序，浅层含义是：按照合理的顺序进行；深层含义是：以善始善终作为完整序列。

善始善终向来是备受推崇的君子之德，善始即不忘初心，“不忘初心，方得始终。”儒家说：“人心惟危，道心惟微，惟精惟一，允执厥中。”

宋代理学家朱熹“问渠哪得清如许，为有源头活水来”的诗句，说的是传世儒学之所以能够峰回路转、屡开新境，根本在于不忘经典、薪火相传、牢记使命、止于至善的决心。

明代王阳明提出“发明本心”，主张“致良知”，归根到底也在于“初心”二字。

可见初心在我们为人做事、格物致知过程中的重要地位，万不能半途而废，半途而变。《诗经》说：“靡不有初，鲜克有终。”

司马光曾评价唐玄宗：“明皇之始欲为治，能自刻厉节俭如此。晚节犹以奢败。”

毛泽东也曾说：“李自成胜利了就忘记了人民，不然他是不会失败的。”

正所谓“以史为鉴，可以知兴替”，信道不笃，焉得善终？

善终指的是为人做事的目标，需以恒心与毅力，以及信念来达成。《左传》云：“慎始而敬终，终以不困。”魏徵的《谏太宗十思疏》说：“忧懈怠则思慎始而敬终。”

“作始也简，将毕也钜”，要做到“善终”往往不易，但我们要本着“行百里者半九十”的一贯坚持，面对困难局面“绳锯木断，水滴石穿”，方能“锲而不舍，金石可镂”。

孔子曰：“譬如为山，未成一篑，止，吾止也。譬如平地，虽覆一篑，进，吾往也。”故张孝祥云：“立志欲坚不欲锐，成功在久不在速。”

善作善成，是说为人做事以好的方式、途径来取得好的成果。《易经》中的“积善之家，必有余庆”和古诗《长歌行》中的“少壮不努力，老大徒伤悲”都揭示了“善作”是“善成”的前提。

孔子说：“一以贯之”，“力行近乎仁。”清代阮元说：“壹以贯之，犹言壹事皆以行事为教也。”

荀子也曾多次强调“善作”的重要性，其《修身》曰：“道虽迩，不行不至；事虽小，不为不成。”《劝学》曰：“不登高山，不知天之高也；不临深溪，不知地之厚也。”

不积跬步无以至千里，不积小流无以成江海，善始更要善终，善作才能善成。

一个老人在高速行驶的火车上，不小心把刚买的新鞋从窗口掉了一只下去。周围人都替他惋惜，不料老人却立即把第二只鞋也扔了下去。

这一举动让人吃惊，百思不得其解，只听老人说：“这一只鞋无论多么昂贵，对我而言，已经没用了，如果有谁能捡到一双鞋，说不定他还能穿呢！”

第六十五章　靠智治国实国贼

【原文】

古之善为道[1]者，非以明民，将[2]以愚[3]之。民之难治，以其智[4]多。故以智治国，国之贼；不以智治国，国之福[5]。知此两者亦[6]稽[7]式。常[8]知[9]稽式，是谓"玄[10]德"。"玄德"深[11]矣，远[12]矣，与[13]物反[14]矣，然[15]后[16]乃至大顺。

【译文】

上古善于修道的人，治理民众靠的不是开启民智，而是让民众返璞归真。国民之所以难于治理，是因为他们心机太重。所以，如果你全靠智谋来治理国家，那你实际上是国贼；如果不靠权谋治理国家，那才是国家的造福者。这两句话都是治国之道的辩证内容。全面领会辩证的双方，这也是德的辩证性内涵。德的辩证性内涵是很深刻的，适用性是很广阔的。面对事物的时候，只有从事物的一个方面看到其对立面，这样，然后才能到达全面的境界。

【注释】

1. 为道：修道、行道。

2. 将：拿出、用的是。

3. 愚：淳朴、返璞归真。

4. 智：智力、心机。

5. 福：福音、造福者。

6. 亦：也、都。

7. 稽：计较、反复计较、辩证地分析，稽式：辩证法、辩证的思维模式。

8. 常：全面。

9. 知：领会。

10. 玄：深刻的、辩证的，玄德：德的辩证性内涵。

11. 深：深刻。

12. 远：广。

13. 与：面对。

14. 反：通返，从一面走向其对立面。

15. 然：这样、如此。

16. 后：然后。

【解读】

本章讲顺心而为。

顺心而为之心，是指心智和心意。治国者不要违背老百姓的心意，也不要违背老百姓的心智。

不违心智是不违心意的重要内容，不要利用老百姓心智的局限去违背其心意——以名为顺应民意实为违背民意的方式，否则，就是国贼，就是以“官意”来偷换民意的窃国大盗。

本文中的智是小智，愚是大智，不是愚昧。智愚之间的关系，可以用大愚若智和大智若愚从两方面来解释。

才智很高而不露锋芒，表面上好像愚笨，此谓“大智若愚”，语出老子，老子还说“大音希声，大象无形”，说的都是内容与形式之间的辩证关系。

大智者，愚之极也；大愚者，智之反也。外智而内愚，实愚也；外愚而内智，实智也。外智者，内藏私心，外饰公益，工于技巧，锱铢必较，吃不得半点亏。内智者，内守公心，外事公益，私事糊涂，公事明白，顺乎民意，跟随大流，舍私利而成公利。

苏轼在《贺欧阳少师致仕启》中说：“大勇若怯，大智如愚，至贵无轩冕而荣，至仁不导引而寿。”

有家小杂货店，夫妇共同经营。店面不大，但百货副食品样样都有，加上夫妇对人友善，生意不错。

近期赊账的人越来越多，不是好友就是街坊，碍于情面，也不好直接开口催讨。随着数目愈来愈大，压力倍增，老板决定在门张贴公告，请赊账者尽快还款。

几个星期过去，还是没人还款。最后，店主想出一招：把拖欠者姓名通通公布在墙上，附注：如再不还款将登门拜访，然后按银行利率计息。

结果不到几天工夫，欠账如数归还。

原来，老板为了不得罪人，公布的姓名都是假的。邻居们大概也知道他们这一带没有这些人，知道老板这样做是为了顾及他们的颜面，也就不好意思再拖了。

大智若愚的反面是大愚若智，物欲横流、急功近利的现实中，这种人随处可见。

一位大爷到菜市场买菜，挑了三个西红柿放到秤盘，摊主秤了下，说：“一斤半，三块七。”

大爷说：“做汤不用那么多。”边说边去掉了最大的西红柿。

摊主再秤，说：“一斤二两，三块。”

正当身边人想提醒大爷注意秤时，大爷从容地掏出七毛钱，拿起刚刚去掉的那个最大的西红柿，乐呵呵地走了。

《庄子·应帝王》说：

啮缺先生爱辩论，极好刨根究底，咬得别人招架不住，所以绰号“啮缺”。

啮缺追问老师王倪四个问题，王倪四次摇头表示不知。

啮缺退而自省，忽有所悟，自言自语：“噢，懂了懂了，王老师用摇头批评我了。”

意识到自己的过失，他高兴地跑去告诉王老师的老师蒲衣先生，说：“老老师，我晓得自己的错误啦！”

蒲衣说：“说说错在哪里吧。”

啮缺说：“错在多知，多智。”

蒲衣说：“你现在才晓得吗？从远古的酋长到上古的五帝，为什么一代不如一代？就因为心智愈演愈繁，所以天下愈搞愈乱。”

第六十六章 甘为人梯品自高

【原文】

江海之所以能为百谷[1]王者，以其善下之，故能为百谷王。是以圣人欲[2]上[3]民，必以言[4]下之；欲先[5]民，必以身[6]后[7]之。是以圣人处[8]上而民不重[9]，处前而民不害[10]。是以天下乐推而不厌[11]。以其不争，故天下莫能与之争。

【译文】

江海之所以能够成为百川所汇之处，是因为善于处在低下之地，所以能成为百川之王。因此，圣人要想统治人民，必须用言行举止对他们表示谦虚；要想领导人民，必须把自己的利益放在国人利益之后。所以，圣人虽然位居人民之上，却并不压迫人民；位居人民之前，却并不剥削人民。因此，全天下的人都乐意推举而不打压他，因为他不争私利，所以全天下都没人能和他争什么。

【注释】

1. 谷：河谷。

2. 欲：如果想要。

3. 上：成为……的长官、统治。

4. 言：言行、言行举止。

5. 先：在……前面、领导。

6. 身：自身、个人利益。

7. 后：放在后面。

8. 处：处于、位居。

9. 重：压迫、压力。

10. 害：损害、剥削。

11. 厌：通压，打压。

【解读】

本章讲顺民而为。

甘为人梯，所以处下；甘于处下，所以包容，“江海所以能为百谷王者，以其善下之。”有容乃大，无欲则公，下、容、大、公这些美德的根本生长点就是——无私。

顺民之顺，在乎顺乎民心，在乎顺乎民利。上一章着重讲的就是顺乎民心，这一章着重讲的就是顺乎民利，一心一物，条理分明。

一滴墨汁落在一杯清水里，这杯水立即变色，不能喝了；一滴墨汁融在大海里，大海依然蔚蓝清澈，此可谓“有容乃大”，“有容乃清”；山脉托举山峰，以成山峰之高，此可谓“甘为人梯”。

“是以圣人欲上民，必以言下之”，圣人以民为上，方可牧天下；与民自化，方可为君王牧。

圣人要成为天下之王，应多行不言之教。道不言，德不信，以言为信，则德不足。不足则寡信，寡信则败之。所以，局限于以言传教，以力做事，以利为善者，不足以为天下王。

圣人以无为用天下，而民以有为而为天下用。唯上无为，下方能有为；唯下有为，圣人才可以用天下。治国者以民之为为本，以己之为为末，“欲先民，必以身后之。”

上不教而民自化，民自牧而天下自治——于是，“百姓皆谓：我自然”。无私而治，百姓就无从感受统治者的压力——百姓利益就是他的利益，并无私利压迫公益，“故太上，不知有之”，“是以圣人处上而民不重，处前而民不害。”

牧之用之，育之成之，圣人为顺民之道，则下有大顺。上无为而用天下，百姓自为自成而为天下用，国人各司其职，各负其责，虽有成败，亦无责归于上，“是以天下乐推而不厌。”

牧之以公，用之以公，育之以公，上有公正之心，则下有安身之所，于是天下太平，治之至矣。如此太平之世，百姓自为自成，自足自富，自得自乐，故万民莫不拥戴。

达摩祖师漂洋过海，辗转来到嵩山少林寺。其间，梁武帝邀他到宫中弘法，因问：“朕建寺养僧，有何功德?”

梁武帝与历朝皇上一样，都想听歌功颂德的话，尤其是异邦人士的赞美，以便录入史记，千古流芳，达摩偏偏不睬那一套，直截了当：“并无功德。”

你皇帝老儿建寺修庙是为自己祈福保平安，花的却是百姓的血钱，何功之有？何德之有？藏富于民，那是顺民而为，藏富于官，则不管拿不拿出残羹来市恩，都属民贼和国贼。

第六十七章　大为甘居小为后

【原文】

天下皆谓我道[1]大，似不肖[2]。夫唯大，故似不肖；若肖，久矣其细[3]也夫。我有三宝，持[4]而保[5]之。一曰慈，二曰俭[6]，三曰不敢为天下先[7]。慈故能勇；俭故能广；不敢为天下先，故能成器[8]长[9]。今舍慈且勇；舍俭且广；舍后[10]且先，死矣。夫慈以战则胜，以守则固。天将救[11]之，以慈卫[12]之。

【译文】

天下人都说我叫作“大”，有时他们又觉得我不像他们经验中的“大”。正因为我太大，所以好像不怎么像任何有限的大。如果像什么有限的大，久而久之，一旦有了更大的东西相比，也就会显出渺小了呀。我有三件法宝，支持并保持我的大。第一个叫慈爱，第二个叫俭朴，第三个叫不敢为天下先。因为慈爱所以能勇于奉献，因为俭朴所以能广布祥和，因为不敢先入为主地替天下万物做主，所以我的作用能够长盛不衰。现在如果我从幕后走上前台，我就必死无疑了。慈爱用于战争就能取胜，用于防御就牢不可破。老天爷如果打算救护什么人，其实直接就用那人自己的慈爱之心来保卫他。

【注释】

1. 道：叫作。

2. 肖：像。

3. 细：细小、渺小。

4. 持：支持。

5. 保：保持。

6. 俭：俭朴。

7. 先：先锋、先入为主。

8. 成器：成才、成为有用的东西。

9. 长：长久、永远。

10. 后：在……之后、不先入为主，这里指道在万物自主之后，若有差错，才替其做主。

11. 救：救且护。

12. 卫：保护。

【解读】

本章讲“吉祥三宝”，本单元讲“宝”。

前文老子说：为人处世不应依仗自恋、奢侈和自以为是，这些东西不靠谱，靠谱的是“吉祥三宝”——慈、俭、不敢为天下先。这一章老子正面提出了为人处世可以而且应当依仗的东西，那就是道家的“吉祥三宝”。

“不敢为天下先”就是不以自我为中心，克制自我，借以奉公，它是为人的总原则，是对慈和俭的总述。

慈是自我的心理方面，内在方面，是爱人之心，是私心走向公心的途径，可谓公心之源；俭是自我的物理方面，外在方面，是节己之行，是私利走向公利的途径，可谓公益之源。

“吉祥三宝”首先是人必须具有的德性，然后才是利人的德行。慈是爱人之心，俭是克己之行，一心一行，一己一人，一内一外，左膀右臂。

俭以慈为本，善人之前必须善己，求人之前必须求己。苏东坡与佛印禅师是好友，一次，二人同游杭州灵隐寺。

东坡见大殿上的观世音菩萨手中挂着念珠，觉得奇怪，问：“人人都念观世音菩萨的名号，以求得她的护佑，为何她自己手上也和我们一样，挂着一串念珠？她念谁的名号呢？”

佛印回答：“念观世音菩萨。”

东坡更奇怪了，问：“她为何也念观世音菩萨？”

佛印道：“她比我们更清楚，求人不如求己。”

人生在世，每个人都会遇到困难，很多人总寄希望于别人。有贵人帮助固然幸运，但在贵人到来之前，唯一能帮你的只有你自己，此时，要尽到自己应尽的责任——自救、自我完善。

求人的地方越少，利人的地方也许就可以越多，因此，孔子说：“君子求诸己，小人求诸人。”《文子》也说：“怨人不如自怨，求诸人不如求之己。”

由于慈和俭这两件法宝接下来的两章另有专论，所以这里只侧重讲一讲“不敢为天下先”——即不要局限于自我。

“不敢为天下先”不是处处退缩，只是说：在利益面前不要以己为先，但在利人方面，却不能落后。利人方面的落后本质上还是以一己私利为先，还是利己主义。在自救和利人方面，不但不能甘居人后，相反，还要挺身而出，“敢为天下先。”

《周易》曰：“天行健，君子以自强不息。”自我完善，自我救赎，不能消极，不能老指望别人来帮忙，指望老天帮忙。“同于道者，道亦乐得之”——与天道契合，天道就会接近你，帮助你，而自助恰恰是天助的首要环节，是天助的最直接的形式。

小村下了一场非常大的雨，洪水开始淹没村庄。

一位神父在教堂祈祷，眼看洪水已淹到他跪着的膝盖了。救生员驾着舢板来跟神父说：“赶快上来吧！不然洪水会把你淹死的！”

神父说：“不！我深信上帝会来救我的，你先去救别人好了。”

不久洪水已淹过神父的胸口了，神父只好站到祭坛上。这时又有警察开着快艇过来，说：“神父，快上来，不然你真的会被淹死的！”

神父说：“不，我要守住我的教堂，我相信上帝一定会来救我的。你还是先救别人好了。”

又过了一会，洪水把整个教堂淹没了，神父只好紧紧抓住教堂顶端的十字架。一架直升机飞来，飞行员丢下绳梯，大叫：“神父，快上来，这是最后的机会了，我们可不愿见到你被洪水淹死！”

神父还是意志坚定地说：“不，我要守住我的教堂！上帝一定会来救我，上帝会与我共在！”

洪水滚滚而来，固执的神父终于被淹死了。他上了天堂，见到上帝，质问：“主啊，我终生奉献自己，战战兢兢地侍奉您，为什么你不肯救我！”

上帝说：“第一次，我派了舢板去救你，你不要，我以为你担心舢板危险；

第二次，我派快艇去，你还是不要；

第三次，我以国宾的礼仪对待你，派直升机去救你，结果你还是不愿意接受。所以，我以为你急着想要回到我身边来好好陪我。”

第六十八章　公道处事便是俭

【原文】

善为士[1]者，不武[2]；善战者，不怒；善胜敌者，不与[3]；善用人者，为之下[4]。是谓不争之德，是谓用人之力[5]，是谓配[6]天古[7]之极[8]。

【译文】

善于做将帅的人，不逞匹夫之勇；善于打仗的人，不轻易发怒；善于克敌制胜的人，不给敌人正面交锋的机会；善于用人的人，礼贤下士，甘为人梯。这就是不与人争夺私利的品德，这才真正叫力求用人效果的最大化，这就叫极力以德顺应贯穿今古的至善之道。

【注释】

1. 士：将士、将帅。

2. 武：武力。

3. 与：给予。

4. 为之下：把自己放在下风、礼贤下士、甘为人梯。

5. 力：力求。

6. 配：匹配、顺应。

7. 古：贯穿古今。

8. 极：极限，这里指至善之道。

【解读】

本章讲“吉祥三宝”中的二宝——俭，大宝下一章讲。

俭即公心之行，它是内在的公心所主导的外在的行为。如果说“慈”是老子主张的处人原则，那么“俭”就是处事原则。

《荀子·修身篇》曰：“君子贫穷而志广，富贵而体恭，安燕而血气不惰，劳倦而容貌不枯，怒不过夺，喜不过予。”

后两句的意思是：“即使生气发怒也不过分惩罚别人，即使高兴也不过度奖赏。”

俭就是克制私欲，过度奖惩别人并非公道之举，而是偏爱使然，公道必然合度，失度必然不公，不道。

“一念之欲不制，而祸流于滔天”，哲人说过，“人的一生是为欲望而生的一生，也是与欲望抗争的一生。要甘于放弃非分之想，如此，才能拥有一个自由清白、健康向上的人生。”

不致心于公心，不致力于公利，公道无从修起，拘于私心者不识公心真面目，苏轼说：

横看成岭侧成峰，远近高低各不同。不识庐山真面目，只缘身在此山中。

“庐山真面目”就是人与人之间的共生性，出离私心进入公心境界，才能“豁然开朗，屋舍俨然”。

“知足不辱”，知公不殆，立足公心的高大境界去看，去做，往往就能别开生面：以天下为己任者，天下都是他的舞台，天下人物都是合作者；拔一毛而利天下而不为者，全民公敌，无可作为。

老子在前文说过，做人做事要“去甚，去奢，去泰”，说的是“不吉三害”，是“吉祥三宝”的对立面：“泰”是“慈”的对立面，“奢”是“俭”的对立面，“甚”是“不敢为天下先”的对立面。

“甚”就是过分，包括危害别人方面的过分和偏爱自己方面的过分。“欺人太甚”说的就是前者，“唯我独尊”说的就是后者。

日本有位从事临终关怀的护士大津秀一，他在亲睹亲闻1000例患者的临终遗憾后，写下了《临终前会后悔的25件事》，其中有：

被利己主义价值观绑架；

做过对不起良心的事；

爱没有表达出去；

没有尽力去帮别人；

妄自尊大；

没有信仰；

没有看清生活的意义；

没能回故乡看看。

第六十九章 公心处人方为慈

【原文】

用[1]兵有[2]言："吾不敢为主[3]，而为客[4]；不敢进寸，而退尺。"是谓行无[5]行[6]；攘[7]无臂；扔[8]无敌；执无兵。祸莫大于轻敌，轻敌几丧吾宝。故抗兵相若[9]，哀[10]者胜矣。

【译文】

善于用兵的人说过这样的话："我不敢主观武断，只敢顺势而为；盲目冒进，我是连一寸也不敢的，但必要时，退一尺也是可以的。"这就叫：用超越前进的方式前进；用超越手臂的方式抵挡；打击敌人无形的力量；手握无形的兵器。战场上的灾难没有什么比轻敌还大，如果轻敌，就会差点让我丧失慈、俭和不敢为天下先这三大克敌制胜的法宝。所以，处于对抗中的军队，如果实力旗鼓相当，那么有悲天怜人的自然情怀的一方就肯定能取胜。

【注释】

1. 用：善用。

2. 有：说过。

3. 主：主观武断、主观武断者。

4. 客：因地制宜、因地制宜者。

5. 无：超越。

6. 行：行进。

7. 攘：推、抵挡。

8. 扔：投掷、打击。

9. 相若：相当。

10. 哀：悲痛、悲天悯人。

【解读】

本章讲“吉祥三宝”中的大宝，即慈。

狭义的慈，是慈爱，是长辈对晚辈的亲情，广义的慈，是博爱，本质意义上的慈就是——爱人如己。

老子的哲学，就是公道，他要用天道的无私来启发和教育世人，节制私欲，把私欲规范在公平的限度之内。慈、俭和不敢为天下先的精神实质都是兼爱——公平之爱。

“兼爱”是对墨家思想的高度总结，兼爱之中，含有非攻、节用、非乐等主张。老子说的慈就相当于墨家的兼爱，老子说的俭就相当于墨家的非攻，可见墨家对道家具有相当程度的继承。

兼爱和非攻的精神实质也是公道，公道一体两面：待人如己，待己如人，这就是儒家的“忠恕之道”：

忠，是中人之心，把别人当作中心，把自己当作外围。

恕，是如人之心，像对待自己一样对待别人的私利；像对待自己一样对待别人的过失。

以公道规范私心，古今皆然，中外皆然，基督教在这方面就同道家如出一辙，《圣经·玛窦福音》中，耶稣说：“所以无论何事，你们愿意怎样待你们，你们也要怎样待人；因为这就是律法和先知的总纲。”

人道就是人际关系的准则，天道就是万物之间关系的准则，所谓人道，就是人与人相处之道。基督教是人道主义的宗教，它的教义非常生活化，富有人情味。

“你们愿意怎样待你们，你们也要怎样待人”，这是爱人如己的应用，做人做事，要将心比心，顾及对方感受，不要动不动就指责，就干涉，做到“严以律己，宽以待人”。

“予人玫瑰，手有余香”，“来而不往非礼也”，希望别人对自己好，就先去对别人好，这才是君子所为。我以笑容迎人，人也必以笑脸相报，自然而然，其实人性之善，难以泯灭，公道自在人心，不必常以小人之心度人，“害人之心不可有”，爱人之心不可无。《孟子·告子》曰：

“恻隐之心，人皆有之；羞恶之心，人皆有之；恭敬之心，人皆有之；是非之心，人皆有之。恻隐之心，仁也；羞恶之心，义也；恭敬之心，礼也；是非之心，智也。仁义礼智非由外铄我也，我固有之也。”

人既皆有此心，便可以用此心换此心，这就是心的共和——共和就是等价交换，专制就是不等价交换。

“哀兵必胜”，骄兵必败。历史上骄兵必败的故事很多：

陈友谅跟朱元璋的鄱阳湖水战，大汉皇帝陈友谅自恃兵多将广，却不知自己无德无才，结果惨败，身死国灭，为他人作嫁衣裳。

曹操的赤壁之战、苻坚的淝水之战、袁绍的官渡之战无不如此，只知兵力对比，不知人心对比，危矣！

骄兵之骄，首在心中无人，其次才是目中无人。心中无人，即没有奉公之心，其战不义，孔子说："春秋无义战。"

"一时强弱在于力，千秋胜负在于理"，理即公理，公理即公道，公道在公共境界，超越私人境界，其境在上，其能在强，虽力败而德胜，故无败。

在力的层面上，正义的一方可以因为力弱而一时不胜，但义之所在，力必汇焉，终必胜焉。德是力的决定者，因此也是力的分配者，正义的一方，终究必定是德力俱强的一方。

农民起义，正义在握，如果一直顺乎民意，必然一直顺乎天意，故必胜，但有些农民起义，中途堕落，沦为纯粹的夺权战，这就丧失了天意民心，成了狗咬狗的战争，成了纯粹的力的械斗。

太平天国把清军江南江北大营打掉以后，就开始享乐了，把百姓丢在一边，给了清军反击之机。李自成也是一例。

无力不可怕，怕就怕无德，刘备当初卖草鞋，后来贩卖仁义，笼络将相之才，从无到有，由弱变强，终于三分天下有其一。

为何只有其一，而不是天下一统？因为刘备的仁义不那么真诚，不那么一贯，时人多有不信者。"心不真，仁不信"，刘备一会儿首鼠两端地盘踞荆州，一会儿以借代偷地强占荆州；一会子真假难辨地助理益州，一会子软硬兼施地谋取益州，本家刘表的地盘被他弄没了，本家刘璋的基业被他弄没了，如此吃相，很难服众。

关羽大意失荆州、马谡大意失街亭，失去土地在后，失去人心在前。

“哀兵必胜”，这是至深至大的道理，俗人难以懂得它的精髓，毛泽东一代伟人，世所罕见，慧眼识珠，把“哀兵必胜”当作制胜的法宝之一，贯穿在其军事和政治谋略之中，大有其成。

1922年9月13日夜，工人俱乐部发出罢工命令。李立三、刘少奇等罢工领导人按照毛泽东的指示：“这是安源的第一次罢工，我们事先必须周密地研究形势，估计各方面的条件。没有把握，就不发动；一旦发动，务必要能得到社会的同情，才能取得工人阶级自己的胜利！……必须运‘哀兵必胜’的道理，提出哀而动人的罢工口号。”

于是，哀而动人的标语贴满安源的大街小巷，“我从前是牛马，现在要做人!”如此之类，家喻户晓。

“攘无臂，扔无敌，执无兵”，无攘之攘，非力之攘，用心之攘也；无扔之扔，非力之扔，用情之扔也；无执之执，非力之执，用德之执也。上兵伐心，中兵伐谋，下兵伐兵，其次攻城，心力为上，智力为中，体力为下，物力为最下。

只见树木不见森林，只见可见之力，而不见道德仁义等等无形的大力，那就是自废武功，败于自败。

“祸莫大于轻敌，轻敌几丧吾宝”，轻敌是致败的总因，其中，轻视敌方的物力是次因，轻视敌方的心力是主因。重视对方心力，即心理的力量，就可以大打心理战，弱其心和争其心是两大战术。

争心为主，弱心为辅，争心则不但可以削弱对方，而且可以加强己方。令人丧失“吉祥三宝”的轻敌，是轻视敌方的心。公道自在人心，敌方之人，也有是非、恻隐、敬畏诸心，只要你真的站在正义的一方，就可据此以策反。

第七十章　天道拳拳的告白

【原文】

吾言甚易知，甚易行。天下莫能知，莫能行。言有宗[1]，事有君[2]。夫唯无知，是以不我知[3]。知我者希[4]，则[5]我者贵[6]。是以圣人被[7]褐[8]而怀[9]玉。

【译文】

我的话很容易理解，也很容易践行，然而，天下竟没有谁能理解，没有谁能实行。我说的话是以天道为宗旨的，我做的事是以天道为依据的。正因为你们还没有理解这个宗旨和依据，所以还不了解我。真正了解我的人很少，但是，如果你一旦理解并效法我，你就会拥有难能可贵的内在品质。因此，圣人通常都身穿粗布衣服而心怀宝玉一般的品格啊。

【注释】

1. 宗：以……为宗旨。
2. 君：君主、决定者、依据。
3. 知：理解、了解、懂得。
4. 稀：少。
5. 则：法则、效法。
6. 贵：难能可贵的东西，这里指难能可贵的内在品质。
7. 被：通披，穿着。
8. 褐：粗布衣服。
9. 怀：心怀。

【解读】

本章讲知“道”之明，本单元讲“明”。

知物不易，知人更难，难上加难的是知“道”。之所以难，还是一个“私”字在作怪，私利如山，私心如渊。

春秋时期，楚国有个雕玉能手，叫卞和，他在荆山发现了一块璞玉。

所谓璞玉，就像眼下文化市场上赌的石头，也就是玉矿原石。外表就是石头，可内里价值连城还是一文不值，那要靠眼力，所以叫“赌石”。

按当时人的想法，美玉只能献给国君才能体现自己的能力和忠诚，于是卞和就把玉石献给了厉王。

厉王找来玉匠，认为这是普通石头。因欺君之罪卞和被砍掉左脚。

武王继位，卞和为了表明自己的清白和忠诚，又把玉石献给武王。

武王找人鉴别，也说是石头，于是卞和右脚也被砍了。

文王继位，卞和本想再到国都，献给文王，可因为年老体衰，双脚遗失，行动不便，悲痛万分，抱着那块璞玉在荆山脚下终日痛哭，眼泪哭干，流出血泪。

文王听说，派人去问，说："天下被砍脚的，不止你一个，怎么唯独你这么悲伤？"

卞和说："我不是因为失去双脚悲伤，是因为这明明就是一块稀世美玉，却偏偏被认为是石头；我明明是忠贞之士，却被判欺君之罪，我是为这个而哭。"

文王找来玉匠，说："你不用鉴别，你把璞玉打开，我看看。"

打开后，果然晶莹剔透，温润纯净，是玉中极品。为纪念卞和，把这玉就叫和氏璧，并把它做成了国玺。

"同于道，道亦乐得之。"以心向道，道便也与你相向而动，主动帮助你得道，因此，老子说"吾道甚易知，甚易行"，"天下莫能知，莫能行"，何也？

从私心向公心的一个转身就能合乎道，从公心向私心的一个转背就会背道而驰。

以心弃道而"同于失，失亦乐得之"，你投身假丑恶，假丑恶便也迎合你，拥抱你，怂恿你，陷害你，叫你自取灭亡。

假丑恶是自然的局部，翻不了如来佛的手掌心。孙悟空在如来佛的手心中为所欲为，终究被佛祖降服，天道亦然如此，甚至更加高明：它直接用假丑恶的自取灭亡的行径作为纠正它们的手段。

世人一言一行都应当以公道为宗旨，为正途，不要盲动，更不要胡作非为——"多行不义必自毙"，不仅自毙，还可能会在自毙之前就被

“他毙”——被除恶者清除。

自然的正义深入人心，深入万物之心，自然的正义之举，可以假借任何层级的任何系统。

虽然天道终不可背弃，也不可隔绝，但是那些极端个人主义者，在一时一地的阴暗角落，可以暂时地、相对地乖离公道，此时，此人私欲熏心，无视公道，“夫唯无知，是以不我知。”

“知我者希，则我者贵”，“顺我者昌，逆我者亡”，圣人外节私利，内节私心，“是以圣人被褐而怀玉”，表里如一——内圣外朴。

第七十一章　圣人高在知不知

【原文】

知不知，尚[1]矣；不知知，病[2]也。圣人[3]不病[4]，以其病[5]病。夫唯病病，是以不病。

【译文】

知道自己还有所不知，这是值得尊崇的品质。不知道却误以为知道或装作知道，这是病态呀。圣人之所以不犯毛病，是因为他克服毛病。正因为不断克服毛病，所以几乎没有毛病。

【注释】

1. 尚：崇尚、尊崇。
2. 病：毛病、病态。
3. 圣人：得道而在自然之人。

4. 病：犯毛病。

5. 病：克服毛病、克服。

【解读】

本章讲知人之明。

老子讲“明”的时候，遵循这样的思路：从道到人，从人到国。上一章讲知道之明，这一章讲知人之明，下一章讲知民之明。

“知人者智，自知者明”，“人贵有自知之明”，有些人喜欢自以为是，不懂装懂，“不知知，病也。”

这些人是病人，得治，否则，误人误己，危害社会。因此，在《论语·为政》中，孔子曰：“知之为知之，不知为不知，是知也。”

有些人以“鹅毛当令箭”，刚刚接触到一点皮毛，就以为掌握了终极真理，好为人师，误人子弟；有些人没什么知识，凭借权力地位，招摇过市，摆出一副智者的架势，拿大话、假话欺人、蒙人。

“人非圣贤，孰能无过？”“知错能改，善莫大焉。”“圣人不病，以其病病”，圣人不是不犯错，而是知错能改，自己当自己的医生，“吾日三省吾身”，自我诊断，自我治疗。

古希腊智者苏格拉底说：“我之所以聪明，是因为我对这个世界一无所知。”

在老子看来，真正领会“道”之精髓的人，在行的方面不会胡乱作为，在知的方面不会妄下定论，即使对所谓的已知事物，也留有余地，等待发展，绝不人为地割断已知与未知之间的必然联系。在这个意义上，我们说“真理只能无限接近，难以完全到达”。

真理就是全知，全知只在自然之心。个人妄图全知的野心是令人发笑的，西方就有一句古老的谚语："人类一思考，上帝就发笑！"《韩非子》曰：

楚庄王欲伐越，庄子谏曰："王之伐越何也?"

曰："政乱兵弱。"

庄子曰："臣患智之如目也，能见百步之外而不能自见其睫。王之兵自败于秦、晋，丧地数百里，此兵之弱也。楚蹻为盗于境内，而吏不能禁，此政之乱也。王之弱乱非越王之下也，而欲伐越，此智之如目也。"

王乃止。

第七十二章　自爱但不能自大

【原文】

民不畏威[1]，则大[2]威[3]至。无狎[4]其所居，无厌其所生。夫唯不厌[5]，是以不厌。是以圣人自知不自见[6]；自爱不自贵[7]。故去彼取此。

【译文】

当国民不敬畏权威，不惧怕淫威的时候，抱团造反的气魄就即将到来了。统治者不要无视百姓的居住条件，不要阻塞百姓的谋生之路。正因为统治者不堵塞百姓的生路，所以百姓不厌弃他。因此圣人了解自己但不显摆自己；自爱但不自高自大。所以，常人也要向圣人学习，择取自知和自爱，抛弃自吹自擂和自高自大。

【注释】

1. 威：权威、淫威。

2. 大：集体性的、抱团的。

3. 威：气魄，大威：大气魄、集体的气魄，这里指百姓集体造反的气势和魄力。

4. 狎：轻视、不重视。

5. 厌：读 yà，抑制、堵塞。

6. 见：通现，显摆。

7. 自贵：自高自大。

【解读】

本章讲知世之明。

上一章讲为人处世要有知人之明，包括自知之明；这一章讲统治者为君治世要有自知之明，包括知民之明，两章从民到君，从个体到集体。

统治者基于个人私欲或集团私欲，急功近利，惯用强权思维，常用高压政策，私欲最大化，虐民无极限。这完全背离了公道，可以依靠的仅存暴力——包括软暴力和硬暴力，前者是无道之智，后者是无道之力。

道德根基深重，扎根在人性当中，直接与天心接壤，而扎根在人心的恶意和邪慧就等而下之，与人性接壤——直接出自人性当中的恶性。

"公道自在人性"，公道根据其所在的环境，分为天道和人道，前者在天，在自然，后者在人，在人类。

天道具有无可挑剔的正当性，人道之中，道德具有超越智力的正当性，智力的正当性需要道德来说明，人道的正当性需要天道来说明，可见以德治国优于以力治国。

威力之威，是力的产物，权威之威，是权力的产物，狐假虎威，威风假借的是力量，威权政治的实质就是力治，以暴力和智力来专制。

专制是偏私的政治，绝无服众的可能，只能迎合权贵的私心，只能激起民众的公愤。风水轮流转，“民不畏威”之时，就是民众以其人之道还治其人之身的时候，此时，专制者的大麻烦、大威胁就到了——“大威至。”

公心是公道的生物钟，私欲是邪道的掘墓人，专制的历史自古就是：在乱自下作之前，总有“上作”——统治者自作孽。

《水浒传》中，各路英豪大都是被官逼而反的，官军连续出动精兵强将，但在“草寇们”视死如归的迎头痛击之下，一败再败，军事手段根本无法平乱，原因在于：民心在专制高压下联合，具有压倒性优势，具有自然的合法性。

为尊者讳，为强者讳，强权政治改称“威权统治”，其实都是力治。力治的统治力是外在的，更要命的是，往往是害民的。德化政治简称“德治”，它的统治力是内在的，是自觉认同的。德治基于“认”，力治基于“怕”。认，可以有不认的时候，怕，可以有不怕的时候，不被百姓认同的“德治”是无德的德治，不被百姓害怕的力治是无力的力治——是垂死的政治。

德治的靠山是天道，天道不败，德治不败；力治的后盾是人为之力，而且仅仅是统治阶级的一己之力，相对于自然之力，它是脆弱的，相对于民力的合力，它是非主流的，无论如何，力治必败。

当德治取代力治时，阶级专制被全民共治取代，他治被自治取代。这时，民心自觉，自觉致公，自觉维公——自觉抵制自己私心膨胀，同时自觉抵制他人私欲膨胀。寓富于民是富国的最佳方式，寓治于民是治国的最佳方式。

“无狎其所居，无厌其所生”，不要剥削民生，不要压迫民权，不要玩弄民力，不要愚弄民意，否则，最终结果只有一个——害人害己。真正高明的政治只有一个，那就是共和政治，它出自公心，达乎公利，“因其无私，故无败。”专制“玩人丧德，玩物丧志”，“不得其死”。

公元178年，皇宫里一只母鸡鸡冠越长越高，有一天忽然打起鸣来。

母鸡变公鸡，本是生理变态，并不奇怪，可古人却把它看成不祥之兆。

汉灵帝慌了，问大臣怎样才能消灾。议郎蔡邕就上了个密奏，说国家的祸害就在朝廷，皇上应重用君子，远离小人。他还把谁是君子，谁是小人，都写在奏章上。

灵帝看了奏章，着实叹息了一番，未防曹节趁他更衣时，偷看了密奏，蔡邕说了什么，宦官全知道了。

原来那上面都是冲着太监来的，中常侍程璜立刻派人告发蔡邕，说他诽谤朝廷，谋害大臣，又亲自在灵帝面前加枝添叶，志在弄死蔡邕。

灵帝耳根子软，素无定见，抵挡不住宦官的耳旁风，便把蔡邕下了狱，定了死罪。

经过几代外戚和宦官折腾，到了灵帝这儿，国库里的钱早就花得差不多了，民心同样也流失得差不多了。灵帝只知吃、喝、玩、乐，可钱从哪儿来呢？宦官就出了个馊主意：内廷开个特别的铺子——卖官爵。

明码标价，有钱拿钱，没钱可以打白条——先当官虐民，后交钱还账。本来就连年灾荒，这么一来，百姓更无活路，各地就不约而同地造反了。

第七十三章　天网恢恢却不漏

【原文】

勇于敢[1]则杀[2]，勇于不敢[3]则活。此两者或利或害。天之所恶，孰知其故？是以圣人犹难之。天之道：不争而善胜，不言而善应，不召而自来，绰[4]然而善[5]谋。天网恢[6]恢，疏[7]而不失[8]。

【译文】

勇于逞强就会加速走向死亡，勇于示弱却能更好地活下去。逞强和示弱这二者都同时包含着利和害，逞强是损人利己，示弱是克己利他。假设老天爷有所延误，谁能明白其中的原因吗？这个原因不大容易搞清，所以圣人搞清它也颇费周折。自然之道是：无须争斗就善于取胜；无须言语就善于回应；无须召唤就能让对方自行前来，万物自动皈依道。道像宽松的丝带一样轻松勾勒，就能完备地为万物筹划。可见：如果把天道比作一张大网，那么它的网眼虽然并不密集，却疏朗而不遗漏。

【注释】

1. 敢：逞强、自我放纵。

2. 杀：被杀、死亡。

3. 不敢：自我克制、示弱。

4. 繟：读 chǎn，宽松的丝带。

5. 善：完善地、完备地。

6. 恢：弘大、大。

7. 疏：不密、疏朗。

8. 失：遗失、遗漏。

【解读】

本章讲“勇”。

勇气有两种：一是掠人之勇；一是克己之勇。“自知者智，自胜者强”，真正的勇气，或者说正面的勇气，是“不敢”之勇，是克制自己的不当欲望的勇气。

“知耻近乎勇”，正不正当、应不应该，决定了勇气的正义性，决定了“敢”的结果。敢与不敢，在这里都可以理解为勇气催生的行为：敢，是外向的侵犯行为；不敢是敢的反面，是内向的自制行为。因为自制，可以继续活下去，因为外侵，可能害人害己，杀人偿命。前文所说的桐城六尺巷的故事，就体现了大学士张英的“不敢”之勇。

“自知者智”暗含了自知之难，“自胜者强”暗含了自胜之难。自然倾向于柔弱不争，社会倾向于私欲相攻，钩心斗角，刀光剑影，一不留神，就可能被流弹击中，用网络话语来说，就是“躺枪”。

敢也可以解释为蛮干，不敢因此也可以解释为谨慎。粗暴不是勇敢，勇敢需要道德基础，不是单纯的心理行为或物理行为，如果没有公道做宗旨，没有理智做判断，不管三七二十一，干了再说，那就是蛮干。其实许多胆大包天之徒，许多激情凶杀之犯，面对正义的严惩，立刻就软蛋了，痛哭流涕，乞求法外开恩。

“知止不殆”，有时止步转身比一往无前更需要勇气，知错能改比一意孤行更需要勇气，经受生活的磨炼比一时之勇更需要勇气。

“勇于不敢”有时会被人骂作懦弱，若怕被骂，“勇于不敢”的勇气就泄了。

“天之道，不争而善胜”，天不与万物争，万物却在它手心里翻不过去，老子一路说来，字字句句都叫人效法自然，效法其“不争而善胜”的共和之道。

“不言而善应”，天道无形，无声，《中庸》说：“上天之宰无声无臭。”照佛法来讲，天虽无言，但“不言而善应”，是有感应的。孔子在《易经系传》上就讲：“寂然不动，感而遂通。”

“不召而自来”，道家的《太上感应篇》中有一句很重要的话，“祸福无门，惟人自召。”

“绰然而善谋”，天道如网，善于筹划，佛道相通，《华严经》也说“帝网重重”。天道无所不在，无所不能——即“善谋”。道家讲天网恢恢，佛家讲报应不爽，有这样一则关于“报应”的故事，其事可疑，其情可信：

佛在世时，一贾因事入城，刚至城门，迎面来一狂牛，无故被牛抵死。

是时牛主，眼见撞下大祸，心生怖畏，于是廉价速将牛卖出。

买主得牛，于欣喜之下，牵牛往河边饮水，不料牛自后面，复抵杀之。

死者家属，哀伤异常，遂将牛屠宰，零售其肉以泄怨恨。

有一农夫，买其头去，途中歇脚树下，将牛头暂挂树上。须臾绳断头落，农夫亦被其角刺而亡。

一牛抵杀三人，以为奇闻。传至国王，王亦以为奇，即以此问佛。

佛言："往昔有贾客三人，合租老妪房舍，言明租价，每月若干。而三人以老妪孤独无能，伺其外出，不辞而潜去。"

老妪发觉，随即追之，以取租金。三人见其可欺，反大骂曰："我等租钱已付，云何追来复索？"

妪自知不敌，无可如何，咒恨彻骨，发誓："愿我后世相值，定当杀之。"尔时老妪者，今狂牛是也；三贾客者，被杀之三人是也。

第七十四章　高压政策不可取

【原文】

民不畏死，奈何以死惧之？若使民常[1]畏死，而为奇[2]者，吾得执而杀之，孰敢?! 常[3]有司[4]杀者杀。夫代司杀者[5]杀，是谓代大匠[6]斲[7]，夫代大匠斲者，希有不伤其手矣。

【译文】

其实国民并不都畏惧死亡，总有无畏死亡之时，到那时，若还只知道拿死来吓唬他们，还有什么用呢？暴君一叶障目地认为国民都是怕死鬼，对付那些不合其意的人，他的想法简单粗暴："我把不顺眼的人都抓来杀掉，看谁还敢与我作对?!"自然本来就有自清洁机制在清理那些违背自然的事物，如果不知道顺应自然，却还要越俎代庖地强行代理自然的清理机制，这种不明智的做法就如同代替高明的木匠去砍木头，越俎代庖者基本不可能把握好分寸而不砍伤自己的手。

【注释】

1. 常：常态、普遍。

2. 奇：奇怪、出格、不合我意。

3. 常：本来。

4. 司：掌管、运行。

5. 司杀者：自然的自清洁机制。

6. 大匠：自然、自然的自清洁机制的制定者。

7. 斲：读 zhuó，通斫，砍。

【解读】

本章讲“畏”。

古话说，“赔本的买卖没人干，杀头的生意有人抢”，利之所在，胆必生焉，关键是利够不够大，害够不够大。如果朝廷唯我独尊，为非作歹，涸泽而渔，搞得老百姓生不如死，那就一定能大面积催生死士——拼死一搏之士。

专制主义的本质是恐怖主义，历来依靠死亡威胁来治国：通过愚民政策杀死民心，通过恐怖政策胁迫民众，都是“死办法”。

这是极私的做法，也是无知的做法：古往今来，极权国家生死变换，杀人如麻，皇帝杀了那么平民，平民杀了那么多皇帝，皇帝怕了吗，百姓怕了吗？

都没有，皇帝宝座照样拼命抢，官逼民反照样拼命反。利有大于生者，害有大于死者，生死皆可抛。死于当皇帝的私欲是作死，死于恢复公道的造反是正死。

盗亦有道，杀人更应当有道，恶人犯法，应由司法机关去公平、公开、公正地审判，该杀头杀头，该流放流放。如果专制者滥杀无辜，就是与天意民心作对，就是作死。

国人上街游行，反饥饿，反内战，你调集军队，坦克大炮一起上，这就是倒行逆施，穷凶极恶，是要受历史审判的。

历史上的暴君，自取灭者这比比，苻生，前秦开国君主苻健之子，这位皇帝暴虐无朋：

他会见大臣时，要预备好弓箭、刀斧、锤锯等，看谁不顺眼当场杀死。

拍他马屁的，他认为是献媚，杀掉；

向他劝谏的，他认为是诽谤，也杀掉。

他天生残疾，是个独眼龙，因此忌讳别人提到不足、不全、独、少、偏、残、缺、双等字眼，凡犯忌者全部处死。他的残暴已经到了变态的地步：

他时常让宫女和男子在殿前赤裸裸地发生关系，供自己观看。

路上遇到亲兄妹，他也要二人交媾，一旦拒绝，便遭杀害。

他堂弟苻坚见其逆天，发动政变，杀死人神共愤的堂哥，让他品尝了被杀的滋味。

把国家寄托在百姓怕死上，寄托在杀人上，太荒唐，太低级，《孟子》曰："不嗜杀人者能一之。"

"天网恢恢，疏而不失"，天生万物，同时也杀万物；奖励万物，同时也惩创万物，否则人口就会膨胀，资源就会枯竭，自然系统就不能循环。

冬天万物必定凋零，这是为了明年的草木生长得更茂盛。不经过这一杀，就没有下一次的生，生杀、利害之间的关系，也是遵从公平原则的。

生死是大事，要以敬畏之心对之，以公平之心对之，自然之杀，基于天道；人间之杀，要合人道。生杀予夺之权，应严格控制在“大匠”之手，不准“代大匠斫”。

具备好生之德、公平之心，是大匠的必备条件。西蜀屠夫张献忠好杀人，杀人不再是战争的必要，纯粹是寻乐泄愤的必要，他的“七杀碑”说：“天生万物以养人，人无一德以报天，杀杀杀杀杀杀杀”，一连七个“杀”，杀气腾腾，丧心病狂。

张献忠指责别人无一德报天，那么他自己呢？只怕不但无德，而且恶贯满盈吧。

天道之杀，方法有二：一是借助自然死亡，一是借助除恶者之手。后者若合乎天意，便是自然之杀，否则就是逆天之杀。自然死亡是自然系统的自我更新手段，也是自我净化手段。人生在世，孰人无过？罪不至死，皆当存其改过自新的机会。

春秋时，郑武公死，长子庄公继位。

其弟共叔段图谋篡位，在封地内欺压百姓，横征暴敛，招兵买马，修整军备。

大夫祭仲深表不安，谏庄公早除之，以绝后患。

庄公曰：“‘多行不义必自毙’，汝可拭目以待。”

不久，果如其言，共叔段狂妄自大，为非作歹，蚕食边邑，欲攻郑都。庄公审时度势，出兵大败之，逐其出郑国。

《红楼梦》中的孙绍祖，人面兽心，是权力场上的暴发户，生性淫荡，加上权力春药的刺激，一发视女子为工具，视人命为草芥。他喜新厌旧，三天兴头过后，就把新娶来的贾迎春往死里糟践。曹雪芹作诗云：

子系中山狼，得志便猖狂。金闺玉柳质，一载赴黄粱。

第七十五章　善心无心最养人

【原文】

民之饥，以其上食[1]税之多，是以饥。民之难治，以其上之有为[2]，是以难治。民之轻死[3]，以其上求生之厚[4]，是以轻死。夫唯无以生为者，是贤[5]于[6]贵[7]生。

【译文】

人民之所以遭受饥荒，是因为他们上面的统治者消耗的赋税太多，所以人民才陷于饥饿。人民之所以难以统治，是因为他们上面的统治者自私自利乱作为，所以人民才难以治理。人民之所以轻生，是因为统治者养生过度，搞得人民活不下去，所以觉得不如死了好。唯有把养生置之度外，才是最高明的养生方式——这种无忧无虑的养心比养尊处优的保养身体，不知高明多少倍。

【注释】

1. 食：食用、消耗。

2. 有为：为私利而为、用有形的方式作为。

3. 轻死：轻视死亡、不怕死、不在乎生死。

4. 厚：过多。

5. 贤：不缺德的能人。

6. 贤于：优于、比……高明。

7. 贵：珍惜、重视。

【解读】

本章讲生态，本单元讲“生”。

《德经》部分，老子常讲个体生活和集体生态，这也是《道德经》的一大构架。本章属于后者，特别之处在于：作者把官民直接对比来写。

“无以生为者”，不可“求生之厚”，在国民丰衣足食之前，国君没有资格享乐。

管仲说“仓廪实而知礼节，衣食足而知荣辱”，吃不饱，活不起，这就太过分了，在这种极端条件下要求百姓懂礼节，守法律，那是不人道的，也是不现实的。

圣人之治重视“实其腹”，以此作为“虚其心”的必备前提，吃不饱穿不暖，讲荣辱，没条件，没人听。“虚其心”是指虚其物欲之心，正当的物质需求尚未满足，“虚其心”也就没有必要。

硬说有必要，那只能是保护特权者的私有财产的必要，是不正当的需要，为此而强行推行“虚其心”的教化，可能适得其反。

《管子》以礼义廉耻作为人伦的“四维”，作为维系国家社会的精神支柱，“四维不张，国乃死亡。”话没错，问题是这“四维”必须符合公意，符合公道。

儒家维护等级，但也不得不承认“国以民为本，民以食为天”。“上天有好生之德”，天有此德，治国者可以没有么？自然人可以没有么？美国作家欧·亨利在他的小说《最后一片叶子》里讲了这么一个故事：

病房里，一个生命垂危的人看见窗外的树，在秋风中一片片地掉下落叶。

病人望着萧萧的落叶，身体一天不如一天，她说：“当树叶全部掉光，我也就要死了。”

有位画家得知后，用彩笔画了一片叶脉青翠的树叶挂在树枝上。于是，最后一片叶子始终没掉下来。

只因为生命中的这片绿，病人竟奇迹般地活了下来。

本章揭示人类社会不平等的根源——统治者“求生之厚”。春秋战国几百年，战乱到了极点，老子没有看到战国时代，只看到春秋初期。庄子曾经预言，贪心膨胀若不加规束，后世必有人吃人的状况，其实，历史上人吃人的情况大量存在，只是不为正史所录。

老子当时已看到社会的不公、百姓的饥饿，各国诸侯只有富国强兵的野心，毫不顾及国民的死活，饿殍遍野，民无生机。老子以超越自为的公为作为无为的精神实质，以无为而治作为救治私欲泛滥的乱世的良药，这是对症之方、根治之药。

南怀瑾说：中国文化，儒、释、道三家，打比方——

孔子开的是粮店，打倒了粮店，就吃不饱，吃不好，要患肠胃病。

老子开的是药店，不病就不需要药店，一旦生病则非要去药店不可。老子开的无为之治这味药很重要，碰到集体病和心病，非用它不可。

佛家开的是夜店，吃饱又没病，精神空虚，有空去逛逛夜店，没空就不去。

三家店都是民生工程，都不能打，打倒就麻烦了。

第七十六章 人生路上要守柔

【原文】

人之生也柔弱，其死也坚强；草木之生也柔脆，其死也枯槁[1]。故坚强者死之徒[2]，柔弱者生之徒。是以兵强则灭，木强则折[3]。强大处下，柔弱处上。

【译文】

人刚刚出生的时候，身体是最柔软和弱小的；死时身体就变僵，变硬。草木生长时是柔软、脆弱的；死后就干枯了。所以：处世如果过度强硬就会加速走向死亡；相比较于逞强，守柔更能保持生命力。因此，用兵者如果只知道逞强，就很容易被消灭，这就好比树大招风，容易遭到人为的砍伐或自然的摧折。凡是逞强或者自大的，最终都处于下风；凡是甘拜下风，或者善用以柔克刚的，最终总能处于上风。

【注释】

1. 槁：干枯。

2. 徒：步行、走向、处于……的过程。

3. 折：摧折、砍伐。

【解读】

本章讲生机。

老子告诫自以为是的现代人，人生是柔弱的，正如哲学家帕斯卡尔在《思想录》中所写：

“人不过是一根脆弱的芦苇而已。可是，这是一根会思考的芦苇。”

柔弱是人的局限，也是人的生机，在老子的思想中，守柔就是守护生机，生机对应的是杀机。杀机是导致死亡的因素，生机是导致生长的因素。逞强意味着加速走向死亡，守柔和示弱意味着减慢走向死亡的速度，延长生命的历程。因此，老子认为“柔弱处上”。

老子说“道大、天大、地大、人亦大”，人是宝贵的，人生是值得珍惜的，不要暴殄天物，不要无辜以身犯险。

生命诚可贵，爱情价更高。若为自由故，二者皆可抛。

这是匈牙利诗人为民主运动写的战斗檄文，即便是在鼓动献身的檄文中，诗人也为生命的捐献设定了“自由”的前提。自由是心灵的生命，有理由高于肉体的生命，所以才值得为之一死。

人不必贪生怕死，也不必轻视生命。基督教的教义就不许教徒自杀，视自杀者为违背基本人道者，上帝也不原谅。

老子用常见的草木的死状和生状，直观地说明“坚强促死，柔弱延生”的道理，直观浅白，易于理解。

老子说视死如归，那是必然之死，老子说不要作死，那是不当之死。死有当与不当之分，这一点作为有头脑的人，是可以分清的。帕斯卡尔认识到人的思想之重要性，所以把人比喻为“一根会思考的芦苇”。思想确实是人类的尊严之所在，笛卡尔因此说：“我思故我在。”

面对正死，我们可以慷慨赴死，甚至可以优雅地赴死。其时，胸怀侠义心肠的少年汪精卫，为民请命，勇刺摄政王，被俘身陷囹圄，料无生理，墙上赋诗曰：

慷慨歌燕市，从容作楚囚。引刀成一快，不负少年头。

少年英侠汪精卫与晚年汉奸汪精卫判若两人，因此，有人把上面的诗句略加改动，送给卖国求荣、贪生怕死的汪精卫，曰：

曾经慷慨歌燕市，当年从容作楚囚。恨未引刀成一快，终惭不负少年头。

电影《泰坦尼克号》最让人感动的镜头是：当船快要沉没时，乐队的小提琴手在甲板上从容演奏。这个镜头可谓老子的“人亦大”的明证。

第七十七章 损有余而补不足

【原文】

天之道，其犹[1]张弓欤[2]？高者抑[3]之，下[4]者举[5]之；有余[6]者损之，不足者补之。天之道，损有余而补不足；人之道，则不然[7]：损不足以奉[8]有余。孰能有余以奉天下，唯有道者。是以圣人为而不恃[9]，功成而不处[10]，其不欲见[11]贤[12]。

【译文】

自然之道，在发挥作用时，不是很像张弓射箭吗？弦拉高了就把它压低一些，低了就把它举高一些，拉得过满就把它放松一些，拉得不足就把它补充一些。自然之道，是减少有所多余者周济有所不足者；人类社会的法则却不是这样，刚好相反：减损本来就有所不足者来倒贴本来就有所多余者。谁拥有的多余能多到可以补贴全天下人的不足呢？只有有道的人才可以做到。因此，圣人这才在无为的同时为有所作为之事，但不利用它来谋私，有所成就但不据为己有。他压根就不愿显摆自己的贤能。

【注释】

1. 犹：犹如。
2. 欤：吗。
3. 抑：抑制、降低。
4. 下：低下、低。
5. 举：提高。
6. 余：多余。
7. 不然：不是这样、恰恰相反。
8. 奉：进奉、献给、补贴。
9. 恃：倚仗、利用。
10. 处：占有。
11. 见：通现，展现、显摆。
12. 贤：德能兼备、贤能。

【解读】

本章讲天下为公，本单元讲“公”。

天道至公，它的爱像普降的甘露，博爱而不偏爱。天道唯公，人道有私，人道常有逆天之举，“损不足而补有余”，实现私利最大化；而天道“损有余而补不足”，实现公益最大化。

“损有余而补不足”是天道致公的手法，“有余者损之，不足者补之”，这就是天道致公的左右两手，并行不悖。天道不仅致公，而且一如既往地致公；天道不仅善人，而且体贴入微地善人——“高者抑之，下者举之。”

能量守恒定律、分子结构的对称性，以及洋流、水流、风、气温等，都由高处向低处运动，最终达到平衡，自然的公平可见之于这些平衡或动态平衡，或许老子就是受了这等自然现象的启发，从而体会到了自然的公平，再从自然的公平体会到了自然的公心。

人类社会在误入专制的藩篱之后，悖逆天道，弱肉强食，“损不足以奉有余”。

如今社会，贫富两极分化，悬殊十分严重，贫穷未绝，富贵已骄。以公谋私，以权谋钱，“人民公仆”成为新生贵族，“干群矛盾”恶化，“群体事件”迭出。公平与效率这两大主题，必须以公平为本，用公平来解放创造力，用公平来分配创造成果。

如今社会，锦上添花者众，雪中送炭者寡，更有损人利己、假公济私者大行霸道和诡道，人道不公，亟待纠正。

历史到了大变革时代，就是大道纠正小道、天道纠正人道的时候。读二十五史就知道，历史循环，报应不爽。

清朝满洲人，孤儿寡妇带了数万人入关，历经两百多年，统治了四万万人，最后还是孤儿寡妇坐火车回去了。

曹丕逼迫汉献帝禅让，假模假式，掩人耳目，曹家欢笑刘家哭；司马炎逼迫魏元帝禅位，模式一样，手法雷同，不同的是：魏家痛失晋家赢。

报应不爽，绝不庸俗，绝不虚无，它立足在事物的普遍联系和“天道好还”两大定律之上，坚如磐石，不可更改。

“孰能有余以奉天下？唯有道者。”学道的人有一个原则，佛家叫“菩萨道”，“有余以奉天下”，把有余的都拿出来，布施给别人。

人们常说“上帝为你关闭一扇门，必定为你打开一扇窗”：

三个伙伴外出旅游，同住一家旅店。天气不大好，出门时，一人带了伞，一人拿了拐杖，还有一人却什么都忘记带。

出门不久，便下起瓢泼大雨，直到傍晚才停。

带伞的被淋得满身湿透，带拐杖的摔了满身泥巴，什么都忘带的反倒既没摔着也没淋着。

带伞的说：“因为有伞，所以我放心地在雨里走，结果衣服被淋湿了；因为没拐杖，每走一步我都十分小心，所以没摔着。”

带拐杖的说：“因为没伞，所以我专挑能躲雨的地方走，所以没淋着；因为有拐杖，我没注意脚下，所以摔跤了。”

什么都没带的说：“我专拣能躲雨的地方走，也注意脚下，所以既没淋着也没摔着。”

天意公平，“不为尧存，不为桀亡”，汉武帝、秦始皇，同样贪多嚼不烂，既要当皇帝，又想成仙，什么好处都想要，结果“偷鸡不成蚀把米”——长生不老之药让其早死。

西方人常说“上帝要他灭亡，必先让他疯狂”，中国人则常说“天将降大祸于斯人，必先乱其心智”，“是以圣人为而不恃，功成而不处”。

“人的本质在于其与他人的关系”，在于公，风雨同舟，休戚与共，这是人应有的生存姿态，应有的精神风貌。

第七十八章　柔弱最终胜刚强

【原文】

天下莫柔弱于水，而攻坚强者莫之能胜，以其无以易[1]之。弱之胜强，柔之胜刚，天下莫不知，莫能行。是以圣人云："受国之垢[2]，是[3]谓社稷[4]主；受国不祥[5]，是为天下王。"正言若反。

【译文】

普天之下再也没有什么东西比水更柔弱了，然而水攻坚克强的能力却没有什么东西能胜过它。原因在于：水的柔弱本性没有什么东西能够换得去。弱可以胜过强，柔可以胜过刚，这个道理其实天下人没有不知道的，但就是没人能实行。因此圣人说："勇于承担对于国家治理的诟病和指责，才可以称得上名副其实的国君或者是国家的无冕之王；勇于承担国家的灾难，才可以成为天下共主。"一些大的道理，它正面的含义好像往往需要从反面来说明。

【注释】

1. 易：交换、换去。

2. 诟：诟病、指责。

3. 是：肯定的回答、可以。

4. 社稷：象征国家政权。

5. 不祥：不吉利的东西、灾祸。

【解读】

本章讲国家为公。

本章围绕“能力”来继续说“天道损有余而补不足”的话题，圣人通过损私补公，公心日大，最终可以获得治国的品质和资质。

壁立千仞，有万夫莫开之能，水没有这种能力，但却有了水滴石穿的独门绝技。

人各有志，人各有能，李白说“天生我材必有用”。阴阳五行，金木水火土，相生相克，各自的生机和克制力便是各自的突出能力。唯天全有，余者皆不可成为全有者，只能各有所有——各有所得，各有所失。

水滴石穿，让老子看见了柔能克刚，看见了刚之不足，看见了“有一利必有一弊”。老子常拿水打比方，他喜欢打比方，喜欢用水打比方，因为水的特点显而易见，众所周知，适合打比方。

水随物赋形，不拘自我，甘为人梯，柔弱胜刚强，契合了道家的许多道理，比如无我、守柔、处下、示弱等。诸葛亮在《师范》中说：

“善将者，其刚不可折，其柔不可卷，故以弱制强，以柔制强。”

“弱之胜强，柔之胜刚”，这个道理“天下莫不知，莫能行”，常人居于自我，从于痼习，偏偏喜欢自以为是，以自我为中心画地为牢，好强，好走捷径，喜欢抱起石头砸自己的脚。

付出才有回报，付出定有回报，不是不报，时候未到。“受国之垢，是谓社稷主；受国不祥，是谓天下王”，人主大位，小人不可担当，可堪大任者，必须是“大人”——有大功和大德的德才兼备的人。

做一个成功的人，要担负人生的苦痛；做一个成功的领导，要担负下面人的苦痛，为部下挑起全部的领导责任，这才能做一个合格的领导人。因此《孟子》说：

“天将降大任于斯人也，必先苦其心志，劳其筋骨，饿其体肤，空乏其身，行拂乱其所为，所以动心忍性，曾益其所不能。”

第七十九章　责任意识不可无

【原文】

和大怨[1]，必有余怨；报[2]怨以德，安[3]可[4]以[5]为善[6]？是以圣人执[7]左[8]契[9]，而不责[10]于人。有德司[11]契，无德司彻[12]。天道无亲[13]，常[14]与善人。

【译文】

深仇大恨即使用和解的方式来处理，必然还会或多或少留有余怨。如果无原则地用德来报答不当之怨，那把对方应有的良心发现的机会置于何地？所以，圣人保存自己这方面的契约，但并不以此苛求对方。因此，有德之人即便处理债权时，也只无限期地宽限对方，而不会废除契约；无德之人，处理应付的债务时，却单方面撕毁契约。天道没有私亲和偏爱，总是设身处地地付出，并最大化地利他。

【注释】

1. 大怨：深仇大恨。
2. 报：报销。
3. 安：怎么。
4. 可：能够。
5. 以：凭借。
6. 为善：行善，这里指良心发现。
7. 执：把握、保留。
8. 左：左边、半边、单方。
9. 左契：一方手里的契约、债主手里的债权。
10. 责：苛责、苛求。
11. 司：处理。
12. 彻：撤除。
13. 亲：私亲、偏爱。
14. 常：总是、纯粹、一直。

【解读】

本章讲“恕”。

天道至公，天道“维公”的手法是“损有余而补不足”，这是大手笔，本章继续阐述这一问题。

天道在万物之间无形地签订了公平的契约，双方各执一份。这一契约的根本保证是双方的自觉的互利之心。

局限于怨恨的层面去和解怨恨，也许并没有实现双方致公之心的自觉，“面和心不和”，没有从心解决问题，“必有余怨”。

单方面地以德报怨，也不是化解仇恨的根本出路，它不一定能够感化对方，不一定能让对方意识到自己的过失。

揽功于己，诿过于人，也许是常人的痼习，难以自制，甚至难以自知。现实中，常见人多欢喜抱怨，用抱怨做挡箭牌，推卸自己的责任。

许多天生的批评家整天牢骚满腹，这也看不惯，那也看不惯，可是，如果叫他提提建设性意见，他却一条也提不出来。

俗人囿于私欲，私欲不满足，就抱怨。大概私欲有多少种，他的抱怨也就有多少种。“花落水流红，闲愁万种，无语怨东风”——一个人无事可怨时，还怨东风呢！

圣人立足公平，以德报怨，“损有余而补不足”——因为小人过度蚕食了集体的公平、社会的公平和自然的公平，必须有人来补充，否则系统就失衡。但是，公平不能仅仅指望圣人的克己奉公，维护公平的更广泛的势力是人人对公心的自觉，把爱护公平深深种植在每一个人的心田。

老子在前文说“弱其志，强其骨”，就是要削弱私欲的志向，奠定公义的担当意识。权利和义务，一体两面，不可或缺：权利不可滥用，义务不可推卸。“强其骨”，就是加强做人的骨气，不要轻言放弃，特别是放弃自己应尽的义务。

人无担当，何以为人？不过是人形的寄生虫罢了。如今的啃老族、傍大款者，都是自降人格之徒。

因此，圣人宽限欠贷之人，但绝不豁免对方的义务，否则，不但混淆是非，而且可能会剥夺对方良心发现的机会。良心的谴责是履行公平之约的最后保障，这一底线，圣人是不会突破的，否则，他的善就真的过度了。

以德报怨还不是治本之策，在老子看来，真正的治本之策，是启发自觉，特别是启发责任意识。美国南北战争中有一个故事，也许能够帮助我们理解人类应有的责任意识。

战斗中，北军上尉龙德与两名敌军士兵短兵相接，经过生死搏斗，终于以少胜多，解决了两个对手。

就在他包扎好伤口准备离开时，一个他认为刚刚被打死的士兵开口了：

“不要走……请等等！”

龙德猛地转过身，死死盯着垂死的士兵，准备投入新的搏斗。

嘴角滴血的士兵说：“你当然不知道，你要杀死的两个人是兄弟俩。他是我哥哥罗杰，我想他恐怕是不行了。”

他看了看哥哥，喘喘气接着说：“本来我们远日无怨，近日无仇，是战争把我们变成了你死我活的仇敌……我不恨你，何况是二对一。不过，你的确不该把我们兄弟两个一起送进地狱！看在上帝的分上，帮帮我们！”

“你要我做什么？”龙德问。

“我叫厄尔。萨莉·布罗克曼是我哥哥的妻子，他们结婚快两年了。不久前罗杰错怪了萨莉，她一气之下跑回了父亲的农庄。对此，罗杰后悔不已，但一直未得到萨莉的谅解。哥哥心里很难过，就在半小时前，我们还在谈论萨莉，罗杰刚为她雕了一个……一个小像……”厄尔还未说完，便昏了过去。

“喂喂……”龙德上前扶起厄尔，喊道。

厄尔吃力地抬起眼睑，有气无力地说：“告诉萨莉，罗杰爱她，我也爱……”说着，又昏了过去。

龙德找人把厄尔送进了战地医院抢救，收拾了罗杰的遗物：一张士兵卡、一块金表、一个雕刻的小像——上面有一行小字："我爱你！——罗杰。"

战争结束了，厄尔退役后见到了嫂嫂萨莉，两人热泪盈眶。

萨莉说："当时罗杰牺牲了，你受伤被俘，我也不想活了，是个叫龙德的人救了我。

他说是受你的嘱托，带来了罗杰为我雕的小像和所有遗物，带来了你们的爱。

他整天不离我左右，待我恢复了活下去的信心，便默默地走了。走时留下这张字条：

'上帝知道我是无罪的，但我决心死后接受炼狱的烈火。'"

后来，厄尔和萨莉从没放弃打听龙德消息的机会。苍天不负苦心人，五年后，他们终于找到了龙德，并一起创办了一个救助残疾人的慈善协会。

风吹过，大树依然存在；浪埋过，礁石依然存在；乌云遮蔽过，光明依然存在；私欲迷惑过，良心依然存在。

良心是每个人心中的一盏明灯，良心发现就是灵魂的伟岸，发现的就是公平。它是公平的起点，是歧途的转折点。《荀子·荣辱》曰：

自知者不怨人，知命者不怨天；怨人者穷，怨天者无志。

失之己，反之人，岂不迂乎哉？……故君子道其常，而小人道其怪。

"无怨亦无恨"的境界属于圣人，属于佛，常人难以企及，"和怨"是世间的常事、人生的常事。

和怨因为结怨，预防结怨是消除怨恨的根本。人不要做井底之蛙，境界促狭，不要一旦有势就仗势欺人，要知道"风水轮流转"，人无常势。

“大邦者下流”，大国强国已经占据优势地位，就不要再抢上风了，否则，小国愈发不安，愈发不平，这种不平也是对自然公平的破坏。

作为强势一方的统治者，要亲民，要有甘居民下的智慧和胸怀，不要高高在上，贪得无厌，结怨于民，积怨于民。公道自在民心，民愤的火山迟早要爆发，爆发的烈度就与专制的程度成正比。

“滴水之恩，涌泉相报；君子报仇，十年不晚”，冤冤相报是人心的恶性循环，恩恩相报是人心的良性循环，致公之心，致公之行，从我做起，付出终有回报。

天有三宝，其中一宝是“不敢为天下先”，私利面前，甘居人后是美德，公益面前，甘居人先是美德。

春秋时，晋平公问祁黄羊：“南阳县缺个县长，你认为，派谁去比较合适？”

祁黄羊毫不迟疑，回答：“叫解狐去，最合适了。他一定能胜任！”

平公惊问：“解狐不是你的仇人吗？你为什么还要推荐他？”

祁黄羊说：“你只问我什么人能胜任，谁最合适，并没问解狐是不是我的仇人呀！”

于是平公就派解狐到南阳县上任了。解狐到任后，替那里人办了不少好事，大家都称颂他。

过了些日子，平公又问祁黄羊：“现在朝廷缺一个法官，你认为，谁能胜任？”

祁黄羊说：“祁午能胜任。”

平公奇怪，问：“祁午不是你儿子吗？你怎么推荐你儿子，不怕别人讲闲话？”

祁黄羊说：“你只问我谁可以胜任，并没有问祁午是不是我儿子呀!”

平公就派了祁午去做法官。祁午当上法官，替人们办了许多好事，很受人们爱戴。

孔子赞叹:“像祁黄羊这样的人，才称得上大公无私啊!”

第八十章 尚古原为尚自然

【原文】

小[1]国寡[2]民。使[3]有什[4]伯[5]之器[6]而不用；使[7]民重[8]死[9]而不远徙[10]。虽有舟舆[11]，无所乘之，虽有甲[12]兵[13]，无所陈[14]之。使民复结绳[15]而用之。甘其食，美其服，安其居，乐其俗。邻国相望，鸡犬之声相闻，民至老死，不相往来[16]。

【译文】

破解国家强大就忍不住要称霸之怪圈，让国家变得弱小一些是根治之策；破解人心物化且执迷不悟的困局，让人清心寡欲是根治之策。做到：即使有各种各样讨巧的器物也不去利用。使人敬畏死亡，不忍结束别人的生命，从而不愿充当远征的士兵去充当刽子手或替死鬼。虽有船和车，因为不想投机取巧、贪图享乐，所以觉得没有乘用它的必要。虽有武器装备，因为没有掠夺别人、征服他国的想法，所以没地方去披挂和布阵。使人民重回远古结绳记事的自然状态：简单的食物也吃得津津有味；简单的衣服也觉得好看；简单的居所也觉得舒适；置身淳朴的风俗习惯之中其乐融融。相邻的国家之间，彼此国民相互可以看得见，鸡犬的叫声彼此也都能听得到，但国民从小到大，从生到死，都不会你来我往地轮番征伐。

【注释】

1. 小：使变小。
2. 寡：少、使变少。
3. 使：即使。
4. 什：通十。
5. 伯：通百，什伯：几十上百、很多。
6. 器：（对人有潜移默化的负面影响的）取巧的器物。
7. 使：让。
8. 重：看重、敬畏。
9. 死：被别人杀死或杀死别人、结束生命。
10. 徙：迁移、远走，这里指从军为国打仗。
11. 舆：车。
12. 甲：战甲。
13. 兵：武器。
14. 陈：陈列，比喻布阵打仗。
15. 结绳：结绳记事。
16. 往来：你争我夺、相互攻伐。

【解读】

本章讲“归”，讲回归自然。

《道德经》五千言，讲了“天道”，讲了自然主义：讲了自然的没有起始的起源，讲了自然的有无相生的生成，这是老子的本体论；讲了自然一视同仁的善心、天下为公的善心，这是老子的价值论；讲了柔弱胜刚强、无为胜有为的处事之道，这是老子的实践论；讲了“常有以观其徼，常无以观其妙”的认识论。

《道德经》在讲了天道哲学之后，转入人道对天道的继承、天道在人世的应用，这部分内容，有人称之为《德经》。道在天曰道，在人曰德，道德同出而异名。《道德经》大致可以分为《道经》和《德经》两部分，一般认为，第三十七章以后可谓《德经》，前面的部分可谓《道经》。

《德经》把天道落实在人道，再把人道落实在人生和社会的各个方面。这一章是《德经》的尾声，作者对人类社会的发展前景，给出了先知般的预言。

老子借用好于其时的上古时代，勾画理想中的国家蓝图，那是一幅充满自然、自由、自在的共和图。共和是自然、自由和自在的舞台，共和是道家理想国的本质，小国寡民只是它的表象；共和是道家理想国的内涵，小国寡民只是外延。

小国寡民的内涵是：不因逞强而刻意追求国家之大、国民之多、国力之强，而应让利于民，让权于民，让力于民。

“邻国相望，鸡犬之声相闻，老死不相往来”，强调的是没有私心攻伐，没有冤冤相报，真意在此，而非故步自封，隔绝互动。

老子在理想国中主张自给自足，以此根除不劳而获的剥削思想，反对的是人吃人，并没有反对人间互助——否定的只是“互害”，“虽有甲兵，无所陈之。”

“便有什伯之器而不用”，老子这样说，意在杜绝投机取巧之心，而非便于行事之物，同时鼓励人们安于俭朴生活，不慕奢华，不过度追求享乐。

东晋诗人陶渊明，道家底蕴深厚，他的《桃花源记》，堪称道家理想国的设计图：

“土地平旷，屋舍俨然，有良田美池桑竹之属；阡陌交通，鸡犬相闻。其中往来种作，男女衣着，悉如外人；黄发垂髫，并怡然自乐。”

东方的老子为世人建立了一个理想国，立国于公心；西方的柏拉图也为世人建立了一个理想国，立国于公道。公是共和的精髓和全部内容，理想国实乃共和国，不理想的国家实际上就是专制国，就是私心之国——帝国是一帝的个人私心之国，是统治阶级的集体私心之国。

柏拉图的《理想国》开启了西方世界描摹理想之国的先河，书中，作者以公平为核心，论述个人正义和集体正义——即作者口中的“城邦正义”。柏拉图用克私致公的思维，沿着个体正义到集体正义的路径，构建理想之国的图景。

老子的“小国寡民”和孔子的“大同社会”、柏拉图的“理想国”、《圣经》中的“伊甸园”，都是田园牧歌式的欢乐祥和的社会。《庄子·大宗师》上有个“相濡以沫”的动人故事，就表现了现实的不堪和重回自然的渴望。

天大旱，水涸源，江断流。

老鱼悲，小鱼愁，雌鱼哭，雄鱼忧，挤在无水荒滩头；

腮靠腮，口对口，你吐给我湿涎，我吻给你唾沫，互相抢救。

大难临头成好友，死前结婚成佳偶。

啊，说什么情深谊厚，还不如从前水有道，你在五湖玩耍，我要蜀江悠游，你不友我，我不爱你，水各一方永远不碰头。

社会有道，何必提倡友爱精神，何必表扬家庭样板？

与其歌颂圣主，批判暴君，宣传仁啦义啦，不如忘掉一切君主，忘掉他们的是非好坏、仁义道德，回归大道。

第八十一章　好话中听不中信

【原文】

信[1]言不美[2]，美言不信。善者不辩[3]，辩者不善。知者不博[4]，博者不知。圣人不积[5]，既[6]以为人己愈有，既以与人己愈多。天之道，利而不害；圣人之道，为而不争。

【译文】

可信的话可能不漂亮，漂亮的话可能不大可信。心地善良的人不大为自己辩白，强词夺理的人大多居心不良。有真知灼见的人并非无所不知，无所不知的人常常并无真知灼见。圣人不囤积居奇，因为：为别人服务之后，自己反而更富有；把自己的东西给予别人之后，自己反而拥有更多。毫不利己专门利人，专门利人而不害人，这是自然的大道。为别人服务且不为自己争利，这是圣人之道。

【注释】

1. 信：可信。

2. 美：好看。

3. 辨：辩驳。

4. 博：广泛。

5. 积：囤积居奇。

6. 既：已经、在……之后。

【解读】

本章讲“言”。

本章是《道德经》的最后一章，是全书的结束语。开篇第一章，老子从言开始，由浅入深，逐步向深层论题转进。深入到最深处，便逐步浅出，仍旧回到言这个表层，把“语言”置之“语意”之外，通篇前后照应，《道德经》的理论体系在此完成了圆满——以言为接头的一个圆。这种基于内容的圆通的形式上的圆满，也许也是老子昭示天道圆满的“大言”之一。

本章采用了与第九、十、十五、二十、三十三、四十五、六十四、七十六章相类似的“互文”形式来追求表达的全面性。所谓互文，就是从正反两方面下言和立言，通过文意的对峙，突出二者之间的关系，通过这个关系来避免“独白”的偏失之弊。“独白”，这里是相对“互文”而造的一个概念。

互文式的语言是老子普遍的反语式语言的全面形式，老子大量运用矫枉过正的思维，运用“正言若反”的语言来突破思维和言语对道的局限。作者开篇就讲“道可道，非常道”，为了消解语言的障碍，老子在用语上煞费苦心：用反语超越正语，用大语超越小语，用比喻、拟人等等“婉言”超越“直言”。

信言，在言者是真言，在听者是可信之言。言之可信，是听者的真理性追求，言之美，是听者的价值性追求。真善美在根本上是统一的，至真则至善，至善则至美，这是终极意义上的，但在局部的有限系统中，比如人世间，因为真善美三者都有可能丧失充分性，所以之间可能发生冲突，造成“信言不美，美言不信；善者不辩，辩者不善；知者不博，博者不知”的矛盾。

孔子也说：“巧言，令色，鲜矣仁。”巧言令色，首先动机就不纯，希望以此博得对方额外的欢心，以便实现自己额外的私利。

但凡有损公心的东西都属放纵私欲，私欲是恶的原型，假丑恶是私心这个局域的产物。

《道德经》的要义，一个字，就是——公；两个字，就是——共赢；三个字，就是——真善美；四个字，就是——天下为公；六个字，就是——无为而无不为；十六个字，就是——己所不欲勿施于人，己所欲者务施于人。

再多的字，归根结底还是一个字——公。公行出自公心，公人基于公心，公心泯灭，是为心贼，继而为种种贼：出乎情，则为情贼；出乎家，则为家贼；出乎国，则为国贼。

道学乃自然之学，即公心之学。天性就是共性，天心就是公心，天即自然，自然至大，自然的公心乃“为天下浑其心”之心，即“以万物之心为心”。

名不正，言不顺；心不正，意不通。言者其心若私，美言也不真实；听者其心若私，真言也不可信。老子在这里并没有把言之信与美对立起来，因为问题根本不在这里，而主要在于传受双方的私心未公。其实信言也可以是美的，逆耳忠言，在求谏若渴者听来，可以像佛语梵音一样美好，一样动听。

本章一开头就提出了三对范畴：信与美；善与辩；知与博，涵盖了真假、美丑、善恶，包含丰富的辩证法思想。

人际关系应当从自己做起，以“信言”“善行”“真知”来自律，做到真、善、美在自身的和谐，重归于“朴”，回到没有受到伪诈、智巧、争斗等世俗污染之本性。

世界上的事物多种多样，社会现象也很繁杂，现象和本质之间有一定距离，未必人人都能及时透过现象看本质，如果单单认定信言都是不美的，美言都是不信的；善者都是不辩的，辩者都是不善的；知者都是不博的，博者都是不知的，那就片面了，机械了。事物之间既有对立，也有统一，不能用对立否定统一，也不能用统一否定对立，流于字面，偏执一端，那就辜负了老子苦口婆心说在前文的话语了。

读者常有补充文意的义务，那些不言自明的话，高明和高效的作者是不说的，日常生活中不也如此吗？人们常说“良药苦口”，听者难道都要多此一举地问一下，“难道良药都是苦口的吗?”

老子用语的全面性，不言而喻，它在语义的内在逻辑当中，那些声称老子说话绝对、片面的人，不是没有通读老子的话，就是故意哗众取宠。

本章前三句讲善己，后两句讲善人，善己之道在于待己如人，善人之道在于待人如己。不存人己的分别心是处人处事的法宝。

老子身心出尘，超越世俗之见，参透自然之心，他是自然之子，人中龙凤，还是以圣人孔子对老子的评价作结吧——

“鸟，吾知其能飞；鱼，吾知其能游；兽，吾知其能走。走者可以为罔，游者可以为纶，飞者可以为矰。至于龙，吾不能知，其乘风云而上天。吾今日见老子，其犹龙邪!”

后　　记

《道德经》是道家经典，也是传统文化的经典，它与佛学触类旁通，与儒学源流相继，是传统文化的一个制高点。

因为“制高”，所以博大而精深，往往言简而义丰，须要通过解读来铺路搭桥——降解它的深奥，迎合大众的理解能力。这是普及古文典籍，特别是其中的哲学著作，必须先行完成的工作。

《道德经》叫人叹为观止，又令人望而生畏，五千言说尽天机，俯瞰红尘，其外延无所不包，其内涵深不可测。

本人因敬爱而研读，因研读而搜求近现代的解读，结果令人失望——多为望文生义、敷衍扭捏之作，读来令人惆怅。

惆怅之余，知难而进：熟读原文，通读全文，细心体会，静心融通；如此这般，大约经过三四年才突破文字进入文意，而后逐渐突破概念进入观念，突破分论进入通论，突破片面进入全面，最后是突破对立进入统一。

这一过程，回想起来，宛如《庖丁解牛》所言：

“臣之所好者道也，进乎技矣。始臣之解牛之时，所见无非牛者。三年之后，未尝见全牛也。方今之时，臣以神遇而不以目视，官知止而神欲行。依乎天理，批大郤，导大窾，因其固然，技经肯綮之未尝，而况大軱乎！”

“十年辛苦不寻常”，《道德经浅读》可以说是我十年心血的结果，这是事实。然而，本人悟性有限，而老子情思无限，以有限之悟性去体悟无限之情思，必有尚未参透之处，诚愿同道中人继续发掘《道德经》这一思想宝藏，“三人成虎”，前赴后继，如此或可望悟出《道德经》的全部真意。

《道德经》中的“道”，我觉得当解释为“自然的轨迹”，即自然及其全部历史，如此解读，方可契合老子笔下的“道”的实体性和价值性、创造性和指导性。

这一理解是通过全文通读而体会出来的，读者阅读原著时也应注重整体性的理解，不可偏执一字、一章、一层、一面。

阅读《道德经浅读》是阅读《道德经》的入门阶梯，是为最终阅读原著服务的，它的作用，一言以蔽之，就是浅白化。这是我的写作目的，具体说来：

一是实现文言文向白话文的转化；

二是揭示老子的言下之意；

三是实现言下之意与言中之意的整合；

四是揭示原文的辩证性内涵；

五是追求跨视角、跨视距的文意整合；

六是说明“有我”与“无我”的两重境界。

读者阅读时，也要由浅求深，由偏求全，由静入动，由小入大，立体式地观照，渐进式地领会。

《道德经浅读》可视为我远隔千年与先哲老子“书会”而“心谈”的心得，如今之所以不揣浅陋，不怕见笑，拿出来与广大读者，特别是与“道友”们分享，是因为对老子的敬重，对《道德经》的敬爱；是因为——

传统文化，特别是《道德经》这样的奠基性的人文典籍的育人济世潜能不可限量，不可闲置，吾辈当竭诚尽力悟而传之，传而广之。

张江红

2018 年 8 月 12 日